劳动教育与实践

主　编　贺天柱　郝　军
参　编　陈耀文　赵　松　陈东梅
　　　　万永亮　刘　冽　闫　军
　　　　乔晶策　赵盼盼　高　鹏

北京理工大学出版社
BEIJING INSTITUTE OF TECHNOLOGY PRESS

图书在版编目（CIP）数据

劳动教育与实践 / 贺天柱，郝军主编. – – 北京：
北京理工大学出版社，2022.9（2025.7 重印）
　ISBN 978-7-5763-1687-2

　Ⅰ．①劳…　Ⅱ．①贺… ②郝…　Ⅲ．①劳动教育–高
等职业教育–教材　Ⅳ．①G40–015

　中国版本图书馆 CIP 数据核字（2022）第 162808 号

责任编辑：徐艳君　　**文案编辑：**徐艳君
责任校对：周瑞红　　**责任印制：**施胜娟

出版发行 / 北京理工大学出版社有限责任公司
社　　址 / 北京市丰台区四合庄路 6 号
邮　　编 / 100070
电　　话 / (010) 68914026 （教材售后服务热线）
　　　　　　 (010) 68944437 （课件资源服务热线）
网　　址 / http://www.bitpress.com.cn

版 印 次 / 2025 年 7 月第 1 版第 5 次印刷
印　　刷 / 河北盛世彩捷印刷有限公司
开　　本 / 787 mm×1092 mm　1/16
印　　张 / 12.75
字　　数 / 300 千字
定　　价 / 37.50 元

前　言

党的二十大报告指出："在全社会弘扬劳动精神、奋斗精神、奉献精神、创造精神、勤俭节约精神，培育时代新风新貌。"伟大实践孕育伟大精神，伟大精神引领伟大实践。在全社会弘扬劳动精神，让劳动最光荣、劳动最崇高、劳动最伟大、劳动最美丽蔚然成风，努力推动形成适应新时代要求的思想观念、精神面貌、文明风尚、行为规范，是建设社会主义文化强国的重要任务。

劳动是创造物质财富和精神财富的过程，是人类特有的基本社会实践活动。习近平总书记在 2018 年 9 月全国教育大会讲话中强调，坚持中国特色社会主义教育发展道路，培育德智体美劳全面发展的社会主义建设者和接班人。"要在学生中弘扬劳动精神，教育引导学生崇尚劳动、尊重劳动，懂得劳动最光荣、劳动最崇高、劳动最伟大、劳动最美丽的道理，长大后能够辛勤劳动、诚实劳动、创造性劳动。"

2019 年 11 月，中央全面深化改革委员会第十一次会议审议通过了《关于全面加强新时代大中小学劳动教育的意见》。2020 年 3 月，中共中央、国务院印发了《关于全面加强新时代大中小学劳动教育的意见》，对劳动教育做了顶层设计和全面部署，从基本目标、总体内涵、课程设置、内容要求、评价制度五个方面明确了劳动教育体系的构建。2020 年 7 月，教育部印发了《大中小学劳动教育指导纲要（试行）》，进一步明确了劳动教育性质和基本理念，劳动教育目标和内容，劳动教育途径、关键环节和评价，学校劳动教育的规划与实施，劳动教育条件保障与专业支持五个方面的内容和要求。

为深入贯彻中共中央、国务院和教育部有关劳动教育文件精神，充分发挥劳动教育在立德树人中的重要作用，结合高职院校劳动教育的实际特点，我们编写了《劳动教育与实践》。本书由陕西工业职业技术学院贺天柱、郝军担任主编，全书框架结构的设计和统稿、定稿工作由贺天柱、郝军承担，陈耀文也参与了部分定稿工作。第一章由陈耀文（陕西工业职业技术学院）编写；第二章由万永亮（陕西工业职业技术学院）编写；第三章由陈东梅（陕西工业职业技术学院）编写；第四章由刘冽（陕西工业职业技术学院）和闫军（陕西工业职业技术学院）编写；第五章由乔晶策（陕西财经职业技术学院）、赵盼盼（陕西工业职业技术学院）和高鹏（咸阳职业技术学院）编写；第六章由赵松（陕西工业职业技术学院）编写；第七章、第八章由郝军（陕西工业职业技术学院）编写；第九章由贺天柱（陕西工业职业技术学院）编写。

　　本书在编写过程中参考了国内一些专家、学者的相关成果和网络资源，在此表示衷心的感谢。由于编者水平有限以及时间仓促，书中难免有不足和疏漏之处，恳请广大师生批评指正。

编　者

2023 年 7 月

目 录

第一章　劳动概述

学习目标

1. 了解劳动的含义、分类、价值和特征；
2. 理解马克思主义劳动观和新时代劳动精神的内涵；
3. 领会习近平总书记提出的新时代劳动观念和精神，树立正确的唯物史观；
4. 了解新时代高等职业院校劳动教育发展历程，积极践行工匠精神。

课程导入

职业院校学生需要什么样的劳动教育课？

情景一：2019 年 9 月，四川城市职业学院开始推行一项学生管理改革：将劳动课纳入必修课，从 2019 级开始，每个学生必须修满每学期 24 学时、总计 2 个学分的劳动课。(2019 年 12 月 5 日《中国教育报》) 对此，有人认为是"多此一举"，浪费学生时间；也有人认为劳动课有其他课程不能替代的积极意义，能强化学生的劳动观念，提升学生的劳动技能。

情景二：某职业学院开设的"种田"课引起广泛讨论。为培养学生吃苦耐劳的品德，该学院自 2006 年起便开设了这门特殊的"种田"课程。该校将"种田"设置为学生的必修课，要求每名在校生必须在农场里修满 40 学时、共计 2 学分的劳动课，才能毕业。学生、家长对"种田"课程的看法，偏向质疑的较多，认为学校教育提倡的实践课程，大部分落脚在本校企业、社会服务、孵化基地上，而面朝黄土背朝天的"种田"课程与当今职业教育要求相差甚远。

【想一想】

你支持学校开设劳动教育课吗？请结合上述材料简要说明理由，并谈谈你对劳动教育的理解。

第一节　劳动的概念和内涵

学习目标

1. 深入理解劳动的概念和分类；
2. 深刻体会劳动对于个人生存、实现价值、社会发展的重要意义；

3. 对劳动初步树立正确的认识态度。

劳模风采

袁隆平，男，汉族，江西省九江市德安县人，1930年9月7日出生于北京。他用毕生的精力在解决吃饭——这个人类一直未能解决的大问题，他用智慧改造了大地，用心血造福了人类，他的名字、事业、精神光耀环宇。他是中国杂交水稻育种专家，中国研究与发展杂交水稻的开创者，被誉为"世界杂交水稻之父"（图1-1-1）。

图1-1-1 袁隆平查看杂交水稻

袁隆平是杂交水稻研究领域的开创者和带头人。从1946年开始，他几十年如一日，全心致力于杂交水稻技术的研究，成功研发出"三系法"杂交水稻。1987年，国家"863"计划将两系法杂交水稻研究立为专题，袁隆平组成了两系法杂交水稻研究协作组开展协作攻关。历经9年的艰苦攻关，1995年两系法杂交水稻取得了成功，一般比同熟期的三系法杂交水稻增产5%~10%，且米质一般都较好。两系法杂交水稻为中国独创，它的成功是作物育种上的重大突破，体现了以袁隆平为首的中国杂交水稻科技工作者的聪明智慧。随后他又率领团队创建了超级杂交水稻技术体系，使水稻产量平均亩产提高到900千克。截至2017年，杂交水稻在中国已累计推广超90亿亩，共增产稻谷6000多亿千克。他多次赴印度、越南等国家，传授杂交水稻技术，以帮助当地人克服粮食短缺和饥饿问题。

袁隆平从事杂交水稻研究半个多世纪，他不畏艰难，甘于奉献，呕心沥血，苦苦追求，使中国杂交水稻研究始终居世界领先水平，为中国粮食安全、农业科学发展和世界粮食供给作出了杰出贡献。他被授予全国劳动模范，被评为全国道德模范，荣获国家最高科学技术奖和联合国教科文组织科学奖，2018年他还获得了国家"改革先锋"荣誉称号。

问题导学

袁隆平深入田间地头，埋头苦干，呕心沥血，不断对杂交水稻技术进行改良创新。在这背后，我们应思考：是什么力量支持袁隆平几十年如一日，矢志不渝？袁隆平改良杂交水稻技术，不断提高水稻单产和总产，给人类社会带来了怎样的价值和贡献？

▶ 一、劳动概述

（一）劳动的概念

从哲学角度来看，劳动是主体、客体和意义的内涵集成体。劳动，是人类实践活动的一种特殊形式，主要是指生产物质资料的过程，多指创造物质财富和精神财富的活动，是能够对外输出劳动量或劳动价值的人类运动。在经济学中，"劳动"则是指劳动力（含体力和脑力）的支出和使用。例如，在《资本论》中，马克思对"劳动"的定义是："劳动力的使用就是劳动本身。劳动力的买者消费劳动力，就是让劳动力的卖者为其提供劳动。"

劳动是人类社会存在和发展的基本条件，是人维持自我生存和自我发展的唯一手段。劳动创造、改变着未来，也改变着劳动者自身。劳动创造了美，它是脑力劳动和体力劳动的结合。

（二）劳动的分类

按照不同的分类标准，我们可以把劳动分为以下几种类型：根据劳动主体所耗费的劳动力的形态，劳动可分为体力劳动和脑力劳动；根据劳动对劳动主体的知识、经验和技能的要求，以及劳动主体所实际耗费的劳动力（体力、脑力或体力与脑力的综合量）的多少，劳动可分为简单劳动和复杂劳动；根据商品生产的劳动二重性，劳动可分为具体劳动和抽象劳动；根据劳动者付出劳动的必要程度可分为必要劳动和剩余劳动。

知识拓展

劳动与社会发展的关系

马克思在《德意志意识形态》一书中指出："我们首先应当确定一切人类生存的第一个前提，也就是一切历史的第一个前提，这个前提是：人们为了能够'创造历史'，必须能够生活。但是为了生活，首先就需要吃喝住穿以及其他一些东西。因此第一个历史活动就是生产满足这些需要的资料，即生产物质生活本身，而且这是人们从几千年前直到今天单是为了维持生活就必须每日每时从事的历史活动，是一切历史的基本条件。"在马克思看来，劳动是"一切历史的基本条件"，有了人类的劳动，有了满足人类生存必需的前提，才产生了生活和历史。

讨论思考

大学生淘粪工上岗经严格考核脱颖而出

淘粪工这个入不了很多人法眼的职业，却在济南市环卫局出现了激烈竞争的火爆场景。2010 年 3 月 2 日，5 名大学生淘粪工正式签约拜师，他们分别来自济南大学、沈阳建筑科技大学、山东经济学院和山东政法大学。3 男 2 女，其中 4 人是本科学历，1 人是大专学历，这 5 名大学生是从 391 名报考者中脱颖而出的。

据了解，此次被录取的王延峰、邢鸿雁就出自"淘粪世家"：王延峰的姥爷是著名的全国劳模淘粪工人时传祥，爷爷曾是肥料厂工人，父亲是淘粪工；而邢鸿雁的父亲也是淘粪工。

▶ 二、劳动的价值

从哲学和经济学的角度来看，劳动具有两方面的价值：一是社会价值；二是个体价值。

（一）劳动的社会价值

劳动贯穿人类社会始终。生产劳动为人类社会创造了物质财富和精神财富。劳动首先是创造物质资料的活动。物质资料的生产是人类社会存在和发展的基础和前提，这就要求人们必须投入生产劳动中去，通过劳动创造物质财富，以满足衣食住行等方面的物质需求，以维持社会的正常循环和发展。作为创造物质资料的活动，劳动在新时代和以往时代相比，其内容或许发生了变化，但劳动提供物质生活资料的根本性质是不会发生变化的，因为这是劳动最一般的价值所在。

经济基础决定上层建筑，只有社会经济发展了，政治、文化、科技等才能够得到很好的发展。人们在劳动中创造了文化，积累了极多的精神财富，促进社会政治制度和精神文明的发展。人们在劳动中不断丰富文化知识，创新文化知识，促进社会文化的发展。同时，人们在劳动改造世界的过程中，不断改造劳动工具和提升劳动技术，通过劳动也促进了社会科技的进步。

（二）劳动的个体价值

习近平总书记指出："劳动是人类的本质活动，劳动光荣、创造伟大是对人类文明进步规律的重要诠释。"对于个人来说，劳动不仅具有谋生价值，还具有自我实现的价值。劳动为人的全面发展创造了条件，同时也开拓了更广阔的空间。劳动本身是正价值的实践活动，但不当的劳动会给劳动者和社会带来负价值，比如过度劳动会给劳动者带来身心的损害，过度的挣钱欲望驱使劳动者从事更多的劳动，将缩短其寿命等。

1. 个体谋生价值

马克思在《哥达纲领批判》中指出："劳动已不仅仅是谋生的手段，而且本身成了生活的第一需要。"要想满足美好生活的需要，人们就要参加各种各样的劳动，创造更多的物质财富和精神财富。对美好生活的需要，不仅仅是物质财富的丰富，还有对民主、法治、公平、正义、安全、环境等的理性诉求。党的十九大报告指出："中国特色社会主义进入新时代，我国社会矛盾已经转化为人民日益增长的美好生活需要和不平衡不充分的发展之间的矛盾。"并提出要"不断满足人民日益增长的美好生活需要，不断促进社会公平正义，形成有效的社会治理、良好的社会秩序，使人民获得感、幸福感、安全感更加充实、更有保障、更可持续"。

2. 自我实现价值

黑格尔指出："个体满足他自己需要的劳动，既是他自己的需要的满足，同样也是对其他个体的需要的一个满足，并且一个个体需要满足他的需要就只能通过别的个体的劳动才能达到满足的目的。个别的人在他的个别劳动里本就不自觉地或无意识地在完成着一种普遍的劳动。"我们看到社会上有很多义工，他们每天也在工作，但并不获取任何报酬，他们劳动的目的不是金钱和财富，而是满足内心自我实现的需求。他们通过劳动为社会的发展和祖国的建设贡献自己的力量，通过劳动实现了自己人生的价值与意义。

劳动节的由来

"五一"国际劳动节，又称国际劳动节、劳动节，是世界上大多数国家的劳动节。1886年5月1日，芝加哥的20多万名工人为争取实行8小时工作制而斗争，终于获得了胜利。为纪念这次工人运动，1889年7月14日，由各国马克思主义者召开的社会主义者代表大会在法国巴黎隆重开幕。大会上，与会代表一致同意：把5月1日定为国际无产阶级的共同节日。这一决议得到世界各国工人的积极响应。从此，每逢这一天世界各国的劳动人民都要庆祝。

中国中央人民政府政务院（现国务院）于1949年12月作出决定，将5月1日确定为劳动节。1989年后，国务院基本上每5年表彰一次全国劳动模范和先进工作者，每次表彰3000人左右。

▶ 三、劳动的特征

劳动作为拥有智慧的人类特有的活动，不仅拥有其本身所具有的特定含义，也拥有人类所赋予它的人文价值。这一既有主观性又有客观性的特殊活动，从此便有了更为深刻和持久的内涵。

（一）劳动是有明确目的的改造自然的自觉性活动

在漫长的人类社会演进过程中，劳动扮演了非常重要的角色。劳动在人类认识世界和改造世界的过程中发挥了不可替代的作用，劳动将人类社会和自然界区分开来。劳动是一种充满人类主观能动性的客观物质活动。

（二）劳动必须创造并使用一定的物质手段，主要是劳动工具

人类要想将头脑中观念性的东西变为现实性的东西，就必须进行社会实践活动，也就是劳动。人是能够制造工具并使用工具以从事生产劳动的动物，这一点将人与动物彻底分离开来。

（三）劳动的对象具有广泛性

劳动是以人类自身为主体去改造整个世界并创造人化世界。劳动的对象既可以是有形的，如土地、房屋等；也可以是无形的，如思想、伦理、价值观等。总之，劳动的对象是丰富多样的。人使用劳动工具作用于劳动对象，通过这种方式，人类可以认识并改造世界，从而创造出自然界没有的东西。

（四）衡量人类劳动的尺度具有多维性

衡量人类劳动的尺度包括真理尺度、价值尺度和审美尺度，即真、善、美的统一。

习近平的劳动观

全面建成小康社会，进而建成富强民主文明和谐的社会主义现代化国家，根本上靠劳动、靠劳动者创造……劳动是人类的本质活动，劳动光荣、创造伟大是对人类文明进步

规律的重要诠释。"民生在勤，勤则不匮。"中华民族是勤于劳动、善于创造的民族。正是因为劳动创造，我们拥有了历史的辉煌；也正是因为劳动创造，我们拥有了今天的成就。

——2015年4月28日习近平在庆祝五一国际劳动节暨表彰全国劳动模范和先进工作者大会上的讲话

劳动是一切成功的必经之路。当前，全国各族人民正满怀信心为实现"两个一百年"奋斗目标而努力。实现我们确立的奋斗目标，归根到底要靠辛勤劳动、诚实劳动、科学劳动……劳动，是共产党人保持政治本色的重要途径，是共产党人保持政治肌体健康的重要手段，也是共产党人发扬优良作风、自觉抵御"四风"的重要保障。

——2014年4月30日，习近平在乌鲁木齐接见劳动模范和先进工作者、先进人物代表，向全国广大劳动者致以五一劳动节问候

人民创造历史，劳动开创未来。劳动是推动人类社会进步的根本力量。实现我们的奋斗目标，开创我们的美好未来，必须紧紧依靠人民、始终为了人民，必须依靠辛勤劳动、诚实劳动、创造性劳动。劳动是财富的源泉，也是幸福的源泉。人世间的美好梦想，只有通过诚实劳动才能实现；发展中的各种难题，只有通过诚实劳动才能破解；生命里的一切辉煌，只有通过诚实劳动才能铸就。

——2013年4月28日，习近平来到全国总工会机关，同全国劳动模范代表座谈并发表重要讲话

课后作业

搜索袁隆平的工作事迹或报道，了解袁隆平对中国和世界的伟大贡献。

第二节 马克思主义劳动观和新时代劳动教育的内涵

学习目标

1. 理解马克思主义劳动观的内涵；
2. 深刻领会新时代劳动教育的内涵。

劳模风采

钟南山，男，汉族，福建厦门人，1936年10月出生于南京，中国工程院院士，著名呼吸病学专家，中国抗击非典的领军人物。钟南山长期从事呼吸内科的医疗、教学、科研工作。

钟南山献身医学教育事业，从医从教60多年。1992—2002年，他担任广州医学院党委书记、院长，他辛勤耕耘在教育教学第一线，坚持为本科生授课，定期为实习生开设临床讲座，坚持每周一次全院性临床教学查房，融"教书育人"于教育教学全过程。在教学实践中，他提出了要注重培养学生具有"五性"，即"对学习的自主性""对工作的创造性""对病人的责任性""对集体的合群性""对社会的适应性"。

钟南山坚定地站在维护公共利益的立场，坚持真理，敢于质疑，敢于追问，发出不同的声音，提出不同的判断。在抗击非典疫情中，钟南山带领团队率先投入战斗，主动要求收治危重非典患者，积极倡导国际大协作，组织了广东省非典防治研究，创建了"合理使用皮质激素，合理使用无创通气，合理治疗并发症"的方法治疗危重非典患者，获得了 96.2% 的国际最高存活率。新冠疫情发生后，他立足事实，勇敢决断，敢医敢言，提出存在"人传人"现象，强调严格防控，领导撰写新冠肺炎诊疗方案，在疫情防控、重症救治、科研攻关等方面做出杰出贡献，从而决定了疫情的走向，避免了万千人的死亡。

2003 年，钟南山因抗击非典功勋卓著，被广东省人民政府荣记特等功、被广州市人民政府授予"抗非英雄"称号；2018 年 12 月 18 日，党中央、国务院授予钟南山"改革先锋"称号，颁授改革先锋奖章。2019 年 9 月 25 日，钟南山被评选为"最美奋斗者"。2020 年 8 月 11 日，习近平签署主席令，授予钟南山"共和国勋章"。

问题导学

一个人的行动由思维决定，思维的判断取决于人的观念。"最美奋斗者"钟南山的行动来源是他的什么精神和观念呢？

▶ 一、马克思主义劳动观

（一）劳动观的概念

人们在劳动的过程中，总会形成对劳动的看法和认识，这就是劳动观。劳动观反映着劳动者对劳动的态度，决定着劳动者在劳动过程中的行为。劳动观作为意识形态领域的内容，与世界观、人生观是一脉相承的，生动地反映着世界观、人生观。

一个人只有树立了正确的劳动观，才能自觉强化劳动意识，用双手和智慧去创造人生，实现自己的理想，并对世界观、人生观的形成起到积极的作用。

（二）马克思主义劳动观

马克思认为，"全部人的活动迄今都是劳动"。劳动是马克思思想体系的核心观念，是马克思主义理论研究的基础。马克思把劳动比喻成整个社会为之旋转的太阳，劳动是人类生存的本质，人类的发展过程就是劳动的发展史。马克思主义对劳动的论述，主要体现为劳动本质论、劳动价值论以及劳动解放论。

讨论思考

行行出状元——快递小哥评上杭州市高层次人才

快递小哥李庆恒，被评定为"高层次人才"并获得 100 万元购房补贴的新闻火了。在普通人眼里，只有高中学历的他，与"高层次人才"是截然对立的两面。"95 后"的李庆恒，高中毕业后就开始独自闯荡社会，在不起眼的快递行业已工作了 5 年。从客服岗到一线快递员工，李庆恒的能力也在不断提升，正所谓厚积薄发。在被领导认可了娴熟的业务能力后，李庆恒被指派参加了快递员有奖比赛，那也是他第一次参赛，就捧回了一个奖杯。此后，每年的比赛他都会参加，即使在最难的环节，李庆恒也能带领团队突破难关，结果就是比赛证书铺满了整个桌子。而在浙江省第三届快递职业技能竞赛中，李庆恒更是带领团队拿下了金牌大奖，此次比赛的含金量较高，李庆恒最终获评杭州市"高层次人才"。

随着快递业的迅猛发展，需要的快递员越来越多，对技能的要求也越来越高。俗话说"三百六十行，行行出状元"，李庆恒的热情和努力，为他带来了许多荣誉和奖金，而这些荣誉和奖金是支撑他继续前行的力量。新时代大学生，更应该树立正确的劳动观，干一行、爱一行，在喜欢的领域努力钻研，终有出彩的一天！

▶ 二、新时代劳动教育的内涵

党的十八大以来，习近平总书记在多次重要讲话中围绕劳动、劳动者、劳模精神等内容进行深刻阐述，党的十九大报告又对劳动和劳动者作出了一系列重要论断。新时代背景下，这些论述既继承和发展了马克思主义，又勾勒出中国特色社会主义伟大事业的实践路径，构建了包含"实干兴邦"的劳动实践观、"崇尚劳动"的劳动价值观、"热爱劳动"的劳动教育观等内容的新时代劳动教育的内涵，成为习近平新时代中国特色社会主义思想的重要组成部分。

（一）理论渊源：马克思主义劳动哲学的继承和发展

1. 劳动与人类

在马克思主义经典著作中，关于劳动的论述很多。从某种程度上讲，马克思的思想体系都是围绕着劳动问题展开的，如《1844 年经济学哲学手稿》提出了"异化劳动"，《德意志意识形态》提出了"物质生产劳动"，《资本论》和很多手稿则是围绕"雇佣劳动""剩余劳动""自主劳动"等展开论述。

马克思在《1844 年经济学哲学手稿》中指出，"正是在改造对象世界中，人才真正地证明自己是类存在物。这种生产是人的能动的类生活。通过这种生产，自然界才表现为他的作品和他的现实。因此，劳动的对象是人的类生活的对象化，人不仅像在意识中那样理智地复现自己，而且能动地、现实地复现自己，从而在他所创造的世界中直观自身。"正是劳动，彻底将人与猿区别开来。恩格斯在《劳动在从猿到人转变过程中的作用》中指出，"其实劳动和自然界一起才是一切财富的源泉，自然界为劳动提供材料，劳动把材料变为财富。但是，劳动还远不止如此。它是整个人类生活的第一个基本条件，而且达到这样的程度，以致我们在某种意义上必须说：劳动创造了人类本身"。所以，劳动是人类赖以生存、发展的决定力量。在劳动的直接推动下，人类经历了从早期猿人到晚期智人的发展过程。劳动促使人类的脑量不断增大优化，使人类体态特征越来越区别于猿，而且使劳动工具日益改进和多样化，人类的物质生活逐渐丰富起来。

习近平总书记指出："人类是劳动创造的，社会是劳动创造的。"这一论述立足于唯物史观，强调了劳动对人类的重要性，进一步指出无论时代条件如何变化，人类文明进步的历史事实告诉人们，劳动不仅创造了人类，而且是人类基本的实践活动和存在方式，是人类生存和发展的最基本条件，是人类创造物质财富和精神财富的基本途径。从恩格斯的"劳动创造了人本身"到习近平总书记强调的"劳动是人类的本质活动"，是对唯物史观劳动思想的继承与发展。从这个意义上讲，新时代的劳动教育观的形成与中国优良的传统劳动思想、马克思劳动教育思想、中国共产党人劳动观有紧密联系。

2. 劳动与社会发展

在马克思看来，劳动是"一切历史的基本条件"，有了人类的劳动，有了满足人类生存必需的前提，才产生了生活和历史。马克思从唯物主义立场出发，充分肯定了劳动对于整个人类和人类历史的重要意义。他进一步强调说："任何一个民族，如果停止劳动，不用说一年，就是几个星期，也要灭亡，这是每一个小孩都知道的。"

习近平总书记指出，"劳动是推动人类社会进步的根本力量""劳动是一切成功的必由之路"。这些论述深刻阐释了劳动创造的重要意义，重申和强调了劳动创造的历史价值，丰富和发展了马克思主义劳动观。应该讲，劳动不仅创造了人类，而且创造了社会，并推动着社会历史向前发展。正是站在这一理论高度上，习近平总书记深刻指出，"人民创造历史，劳动开创未来。"从马克思的"劳动是任何一个民族存在和发展的基础"到习近平总书记的"劳动开创未来"，进一步揭示了劳动与社会发展的本质联系。

3. 劳动与人的发展

马克思以异化劳动理论为基础，尖锐批判了资本主义社会的异化扭曲人的本质。在私有制条件下，本应是"自由自觉的活动"的生产劳动却变成了异化劳动，劳动本身成为劳动者的一种异己力量。从本质上看，劳动异化折射出因私有制而导致无产阶级和资产阶级的对立，因此，马克思认为，在未来的共产主义社会里消灭了旧式的社会分工，消灭了异化劳动，将使人的本质重新还给人，从而实现人的自由全面发展。

习近平总书记在党的十八大中外记者见面会上的讲话中指出，"人民对美好生活的向往，就是我们的奋斗目标。"之后，习近平总书记又多次强调，"全心全意为工人阶级和广大劳动群众谋利益，是我国社会主义制度的根本要求，是党和国家的神圣职责，也是发挥我国工人阶级和广大劳动群众主力军作用最重要最基础的工作。"基于这一出发点，习近平总书记强调劳动应以人为中心，重视劳动对劳动者自身的价值与作用。新时代劳动教育的重要内涵之一就是"造福劳动者"，特别注重"共建"与"共享"的关系，即"国家建设是全体人民共同的事业，国家发展过程也是全体人民共享成果的过程"，在共同建设的基础上，更要"实现好、维护好、发展好最广大人民的根本利益，特别是实现好、维护好、发展好广大普通劳动者的根本利益"，让改革发展成果更多、更公平地惠及人民。"造福劳动者"让马克思关于实现人的自由全面发展思想在新时代焕发出新的光芒。

（二）根本遵循：新时代中国特色社会主义伟大事业的实践道路

1. 实现中华民族伟大复兴的中国梦必须依靠劳动

党的十八大以来，以习近平同志为核心的党中央以恢宏的理论勇气和卓绝的政治智慧，描绘了中国梦的宏伟图景，确立了中国人民的奋斗目标。实现中华民族伟大复兴的中国梦是中华民族近代以来最伟大的梦想，这个梦想凝聚了几代中国人的夙愿。现在，我们比历史上任何时期都更接近这一目标。但我们也应清醒地认识到，在这一伟大征程中，幸福不会从天而降，梦想不会自动成真，正如习近平总书记所指出的，"劳动是财富的源泉，也是幸福的源泉。人世间的美好梦想，只有通过诚实劳动才能实现；发展中的各种难题，只有通过诚实劳动才能破解；生命里的一切辉煌，只有通过诚实劳动才能铸就。"有鉴于此，"中华民族伟大复兴，绝不是轻轻松松、敲锣打鼓就能实现的。全党必须准备付出更为艰巨、更为艰苦的努力。"那么该如何努力呢？习近平总书记给出了明确答案，"实现我们的奋斗目标，开创我们的美好未来，必须紧紧依靠人民、始终为了人民，必须依靠辛勤劳动、诚实劳动、创造性劳动。""两个一百年"奋斗目标的实现，需要人民的劳动创造来铸就，需要一代又一代中国人努力拼搏。正因为如此，习近平总书记在2015年劳动模范和先进工作者表彰大会上讲话时，最后用了一句铿锵有力的话向全社会发出了动员与号召——"以劳动托起中国梦"！

2. 深化供给侧结构性改革需要构建和谐劳动关系

2014年以来，我国经济运行渐渐迈入新常态，伴随着供给侧结构性改革的持续推进和逐步深化，经济发展方式深刻转变，经济结构深刻调整，劳动力市场灵活性增强。在各级各地政府"三去一降一补"化解过剩产能过程中，劳动关系的运行也发生了深刻变化，职工队伍结构更加复杂，劳动关系领域的新问题和新矛盾也随之凸显。

习近平总书记指出，"劳动关系是最基本的社会关系之一。要最大限度增加和谐因素、最大限度减少不和谐因素，构建和发展和谐劳动关系，促进社会和谐。"2015年，中共中央、国务院出台了《关于构建和谐劳动关系的意见》，进一步加强调整劳动关系的法律、体制、制度、机制和能力建设，加快健全党委领导、政府负责、社会协同、企业和职工参与、法治保障的工作体制，以建立规范有序、公正合理、互利共赢、和谐稳定的劳动关系。

党的十九大报告中提出，"建设现代化经济体系必须以供给侧结构性改革为主线""建设知识型、技能型、创新型劳动者大军""完善政府、工会、企业共同参与的协商协调机制，构建和谐劳动关系"。着眼长远，我们必须从统筹推进"五位一体"总体布局和协调推进"四个全面"战略布局的高度来认识构建和谐劳动关系的重大意义。进入新时代，必须适应新情况、把握新规律，积极面对劳动关系出现的新变化，客观分析劳动关系呈现的新特点，准确把握构建和谐劳动关系的着力点，切实维护职工合法权益，进一步巩固劳动者的主体地位。

3. 中国制造转型升级需要一支高素质产业工人队伍

人是生产力中最活跃、最根本的要素，一个国家的发展能否在全球格局中抢占先机、赢得主动，国民素质，特别是广大劳动者素质起着至关重要的作用。无论是"中国制造"，还是"中国创造"，乃至"中国智造"，既需要一支结构优化、素质过硬的产业工人队伍，也需要大规模布局合理、技艺精湛的技能人才，更需要一大批精益求精、追求卓越的大国工匠。

然而，当前我国劳动者素质状况并不乐观：我国拥有产业工人1.4亿人，仅占就业人员的20%，其中，技术工人7000万人；高级技术工人245万人，仅占技术工人总数的3.5%，与发达国家高级技术工人40%的比例差距很大；工人技师100万人，仅占技术工人总数的1.4%，而发达国家的这一比例为20%；高级技师仅有7万多人，仅占技术工人的0.1%。由此可见，我国掌握"高、精、尖"技术的工人比例严重偏低。从一定意义上讲，高素质技术工人短缺是制约我国制造业发展的瓶颈，远不能支撑优化现代产业体系的需要，直接导致了我国制造业尚处于大而不强的状态。

基于这样的情势，习近平总书记明确提出，"要实施职工素质建设工程，推动建设宏大的知识型、技术型、创新型劳动者大军。……我们一定要深入实施科教兴国战略、人才强国战略、创新驱动战略，把提高职工队伍整体素质作为一项战略任务抓紧抓好。"理念是行动的先导。2017 年 4 月，中共中央、国务院印发了《新时期产业工人队伍建设改革方案》，针对影响产业工人队伍发展的突出问题，创新体制机制，提高产业工人素质，畅通发展通道，依法保障权益，努力造就一支有理想守信念、懂技术会创新、敢担当讲奉献的宏大产业工人队伍。

4. 加强党的自身建设需要通过劳动来锤炼作风锻炼干部

党是实现中国梦的坚强领导核心，坚持党的领导是中国特色社会主义的最本质特征。用习近平新时代中国特色社会主义思想武装全党，以劳动为载体锤炼作风锻炼干部，则是不断提高党的执政能力和领导水平的有效途径。

习近平总书记指出："劳动，是共产党人保持政治本色的重要途径，是共产党人保持政治肌体健康的重要手段，也是共产党人发扬优良作风、自觉抵御'四风'的重要保障。"这一重要论述将劳动的价值与全面从严治党有机结合起来，进一步阐述了劳动之于一个政党的重要意义。艰苦奋斗之所以成为我们党的一个优良传统，是因为即使在物资匮乏、环境恶劣的艰苦条件下，共产党人依然保持了昂扬向上、辛勤劳动的奋斗面貌，从而取得了一个又一个胜利。时至今日，经济社会发展取得显著进步，物质环境得到极大改善，如果领导干部一味贪图享乐、好逸恶劳，必将疏远同劳动群众的情感，滑入贪腐的深渊，走向自我毁灭，也将给党的肌体造成损害。基于这一研判，为了加强党的建设、确保党健康发展，习近平总书记谆谆告诫广大党员干部，"要带头弘扬劳动精神，增强同劳动人民的感情，带头在各自岗位上勤奋工作、踏实劳动。"

（三）理论体系：新时代劳动教育的内涵

1. 劳动实践观

马克思主义实践观认为，人的实践活动具有自主性，人通过实践不但能够认识客观规律，而且能够利用客观规律，使客观规律为人所用。同时，实践还具有创造性，能够创造出自然界本身不具有的事物。实践的自主性和创造性一起，共同体现了人的主体性特征。

"全面建成小康社会，进而建成富强民主文明和谐的社会主义现代化国家，根本上靠劳动、靠劳动者创造。"这一论述彰显了一个基本观点，即"社会主义是干出来的"，充分体现了马克思主义实践观思想。同时，这一论述也深刻揭示了梦想与现实的辩证关系，即梦想的实现要靠勤奋不辍、持之以恒的劳动，架起梦想与现实之间桥梁的是实实在在的行动，即劳动实践。也只有在劳动实践中，人们的梦想才有可能变成现实。

习近平总书记指出，"中华民族是勤于劳动、善于创造的民族。正是因为劳动创造，我们拥有了历史的辉煌；也正是因为劳动创造，我们拥有了今天的成就。"近代以来，中华民族实现站起来、富起来、强起来的根本转变，依靠的正是一代又一代中国人的辛勤劳动、接续奋斗。这些论述和历史实践夯实了全民族"实干兴邦"的劳动实践观，只有在全社会牢固树立"干在实处，走在前列"的"实干"精神，才能实现"兴邦"的伟大梦想。

2. 劳动价值观

习近平总书记在多个场合、多次讲话中阐述了劳动模范、劳模精神在中国特色社会主义事业中的重要作用，他号召全社会始终弘扬劳模精神、劳动精神、工匠精神，为中国经济社会发展汇聚强大正能量，为实现中国梦提供"崇尚劳动"的价值引领。

2013 年以来，习近平总书记先后使用"是民族的精英、人民的楷模""是我国劳动人民的杰出代表，是祖国和人民的骄傲""是坚持中国道路、弘扬中国精神、凝聚中国力量的楷模""是劳动群众的杰出代表，是最美的劳动者"等表述来充分肯定广大劳动模范和先进工作者。对于他们的贡献，两次用"他们以高度的主人翁责任感、卓越的劳动创造、忘我的拼搏奉献，为全国各族人民树立了光辉的学习榜样"予以强调。这些重要论述充分体现出党中央对劳动模范成绩的高度认可。

对于劳模精神，习近平总书记做了如下深刻阐述：劳模精神"丰富了民族精神和时代精神的内涵，是我们极为宝贵的精神财富"，"生动诠释了社会主义核心价值观，是我们的宝贵精神财富和强大精神力量"。这既强调了劳模精神作为精神财富的重要意义，更凸显了劳模精神的时代价值。党的十九大报告进一步提出，要"弘扬劳模精神和工匠精神，营造劳动光荣的社会风尚和精益求精的敬业风气"。基于此，从国家层面上讲，我们要始终弘扬劳模精神、劳动精神，为实现中华民族伟大复兴的中国梦注入强大的精神动力。从社会层面上讲，弘扬劳模精神有利于在全社会营造"崇尚劳动"的浓厚氛围和精益求精的敬业风气，为中国特色社会主义事业汇聚起强大的正能量。从个人层面上讲，榜样的力量是无穷的，劳模精神可以感染并引领广大劳动者勤奋做事、勤勉为人、勤劳致富，培育践行社会主义核心价值观。

3. 劳动教育观

青年兴则国兴，青年强则国强。习近平总书记对广大青少年培养深厚的劳动情怀抱有殷切期待，"要通过各种措施和方式，教育引导广大青少年牢固树立热爱劳动的思想、牢固养成热爱劳动的习惯，为祖国发展培养一代又一代勤于劳动、善于劳动的高素质劳动者。"但从现实情况来看，由于家庭的宠爱、学校劳动教育的不足和社会风气的影响，一部分青少年缺乏最基本的劳动习惯，劳动情怀也比较淡薄，劳动价值观存在一定偏差。

"要教育孩子们从小热爱劳动、热爱创造，通过劳动和创造播种希望、收获果实，也通过劳动和创造磨炼意志、提高自己。"习近平总书记这一重要论述从劳动创造的功能角度强调了对青少年从小开始进行劳动教育的必要性。回顾中华人民共和国成立以来党的教育方针，"劳动者""生产劳动""社会实践"这些词汇一直在我国教育方针的表述中有所体现，但在实际中，学校层面的劳动教育往往还比较欠缺。在马克思看来，生产劳动同智育和体育相结合，它不仅是提高社会生产的一种方法，而且是造就全面发展的人的唯一方法。著名教育家陶行知也曾指出："劳动教育的目的，在谋手脑相长，以增进自立之能力，获得事物之真知及了解劳动者之甘苦。"正是由于劳动在育人中发挥着塑造健全人格、磨炼顽强意志、锤炼高尚品格的重要作用，所以，要强化实践育人，坚持教育同生产劳动和社会实践相结合，让广大青少年在投身实践、亲身参与中认识国情、了解社会，在增长才干和磨炼意志中感受劳动所带来的收获和乐趣，进而形成尊重劳动、热爱劳动的真挚情感。

习近平总书记围绕劳动、劳动者、劳动模范、劳模精神等进行了一系列重要阐述，构建了独具中国特色的新时代劳动教育内涵，丰富和发展了马克思主义劳动观，这些已经成为习近平新时代中国特色社会主义思想的重要组成部分。站在新的历史方位，我们坚信，只要最充分调动广大劳动人民的积极性、主动性和创造性，就能够最大限度地聚合起人们饱满的奋斗热情、激发起昂扬的拼搏斗志，从而为早日实现中国梦提供强有力的支撑。

知识拓展

习近平总书记回信勉励中国劳动关系学院劳模本科班学员

让劳动模范有更多机会接受高等教育，是党和国家对劳模群体的关怀和厚爱。1992年，中国劳动关系学院创办劳模本科班，学员主要是全国劳动模范、全国"五一劳动奖章"获得者和全国先进工作者。2018年"五一"国际劳动节前夕，该校劳模本科班的全体学员给习近平总书记写信，汇报了学习习近平新时代中国特色社会主义思想的体会，表达了当好主人翁、建功新时代的决心。

习近平总书记给中国劳动关系学院劳模本科班学员的回信如下：

中国劳动关系学院劳模本科班的同志们：

你们好！"五一"国际劳动节前夕，收到你们的来信，我感到十分高兴。你们为党和国家事业发展作出了突出贡献，被评为劳动模范，如今又在读书深造，这是对大家辛勤劳动、无私奉献的褒奖，也是党和国家对劳动者的关怀。

社会主义是干出来的，新时代也是干出来的。希望你们珍惜荣誉、努力学习，在各自岗位上继续拼搏、再创佳绩，用你们的干劲、闯劲、钻劲鼓舞更多的人，激励广大劳动群众争做新时代的奋斗者。

我一直强调，劳动最光荣、劳动最崇高、劳动最伟大、劳动最美丽。全社会都应该尊敬劳动模范、弘扬劳模精神，让诚实劳动、勤勉工作蔚然成风。

值此"五一"国际劳动节之际，我向你们、向全国所有劳动模范、向全国广大劳动者，致以节日的问候。

习近平

2018 年 4 月 30 日

课后作业思考

查阅相关资料，认真学习习近平总书记在多次重要讲话中围绕劳动、劳动者、劳模精神等内容的系列阐述。

第三节 新时代高职院校劳动教育

学习目标

1. 知道我国劳动教育的发展历程；
2. 积极学习劳模精神、弘扬工匠精神；
3. 积极践行劳动、投入劳动，树立为实现中华民族伟大复兴而努力奋斗的志向。

劳模风采

全国劳动模范申纪兰

2019 年 9 月 29 日，为党和人民事业作出巨大贡献的"共和国勋章"获得者——申纪兰，登上国家最高领奖台，接受党和人民的致敬，这让申纪兰，这位心系群众、梦随共和、用一生践行"不忘初心、牢记使命"，为中国劳动妇女拼出"半边天"的老劳模激动万分。

20世纪50年代，平顺县西沟村还是一个山连山、沟连沟的贫穷小山村。1947年，18岁的申纪兰嫁到了西沟村，婚后第6天便开始下地劳动。

那个时候，妇女连劳动的权利也没有。而倔强的申纪兰不但自己打破旧俗下地劳动，还动员其他六七个姐妹一起参加劳动。为了争取妇女平等的劳动权利，她组织村里开展男女劳动竞赛，并最终赢得了比赛，用劳动成果争得了"男女同工同酬"的待遇。

1954年，25岁的申纪兰作为劳模代表，当选第一届全国人大代表，在她的积极倡导和推动下，"男女同工同酬"被正式写入《中华人民共和国宪法》。

作为全国唯一一名从第一届连任至第十三届的全国人大代表，申纪兰始终保持爱国爱党初心不渝，扎根农村本色不改。"当人大代表，就要代表人民，为人民说话，给人民办事。"担任全国人大代表60多年来，申纪兰始终将目光聚焦"三农"，她通过建议和议案，将加强农业基础地位、珍惜和合理使用土地、减轻农民负担、加强山区公路交通建设等问题推动落实，带动老区脱贫振兴进入快车道。

1973年至1983年，在担任山西省妇联主任期间，手握权力的申纪兰却提出了著名的"六不"约定，即不转户口、不定级别、不领工资、不要住房、不调工作关系、不脱离劳动。她说她的根在农村，西沟的每座山上都有她的脚印，每片土地上都有她的汗水，她只是一名农民，她获得的荣誉也属于劳动人民。

申纪兰一路见证着新中国从站起来、富起来到强起来的巨大飞跃，心中沉淀的是共产党人始终不渝的使命和初心。

问题导学

从这个为中国劳动妇女拼出"半边天"，用一生都在践行"不忘初心、牢记使命"的老劳模申纪兰身上，我们应该学习什么呢？

▶ 一、中华人民共和国成立以来劳动教育的发展历程

劳动教育，人们并不陌生。在中华民族的文化传统中，劳动是每个人对于家庭（家族）的天然义务和责任，自食其力是基本伦理纲常。在我们每个人的童年经历中，大都体验过来自长辈们关于"辛勤劳动""诚实劳动""义务劳动"的道德建构和历史叙事，大都因自觉主动地劳动而受到表扬和称赞，也大都因"懒惰""欺骗""懈怠"而被严厉斥责。在以农业生产为安身立命之本的古代中国，劳动是家庭（家族）的核心功能，"日出而作，日入而息"的规律性、周期性劳动推动中华民族的繁衍和生息，也孕育出中华民族热爱劳动、辛勤劳动、诚实劳动的伟大民族精神。在中国语境下，劳动教育首先发生于家庭（家族）内部，是家庭治理和家族再生产的一部分，它以道德教育和伦理建构的形式发挥作用。中华人民共和国成立以后，为进行社会主义建设、推进现代化，党和国家对如何开展劳动教育进行了实践和探索。

中华人民共和国成立以来劳动教育经历了以下三个时期：

（一）劳动教育的奠基与曲折发展时期（1949—1977 年）

中华人民共和国成立初期，各领域建设百废待兴，为适应国家的发展需要，这一时期我国的主要任务是建设适应社会主义建设的新教育。毛泽东继承和发展了早期无产阶级领导人马克思、恩格斯关于教育与生产劳动相结合的观点，借鉴苏联的教育经验和教育模式，力图摸索出一条符合新中国实际情况的劳动教育之路。1949 年，第一次全国教育工作会议提出了教育要为无产阶级政治服务，与生产劳动相结合，与社会实践相结合的教育方针。1957年，毛泽东在《关于正确处理人民内部矛盾的问题》中谈到，通过教育，要让受教育者在德育，智育、体育等方面得到发展，成为有社会主义觉悟的有文化的劳动者。同时还规定，学校必须将生产劳动列为正式课程，并在中学和小学分别增加了"劳动、手工劳动课"和教学工厂实习课程，主张边学习边劳动。

在此期间，以毛泽东为核心的党中央高度重视劳动教育问题，其外显性表现为强调教育与生产劳动相结合，注重劳动的生产性和实用性，注重培养学生的动手能力和实践能力。但是在"文化大革命"期间，教育与生产劳动相结合被误解为要在生产劳动过程中改造人们的思想，忽视了教育的发展规律。总体而言，毛泽东提出的一系列关于劳动教育的方针符合劳动教育的发展方向，更重要的是有助于我国培养一大批素质较高的社会主义社会劳动后备军。

（二）劳动教育的探索革新时期（1978—2011 年）

1978 年，邓小平在全国教育工作会议上指出，让教育事业同国民经济发展的要求相适应是重点，我们需要认真研究工作的方式方法，贯彻落实教育与劳动相结合的方针，培养合格的社会主义建设人才。随着改革开放的深入推进，我国面对的是与以往不同的新形势，拥有的是与以往不同的新条件，社会现代化生产的速度，要求我国必须拥有高水平、有经验、有技能的劳动者。十一届三中全会后，党的工作重心开始转移，随即对劳动等相关问题展开了一系列讨论。

一是重申脑力劳动者的地位。十一届三中全会后，邓小平明确指出，要注重知识分子与工人农民相结合，知识分子是工人阶级的一部分，也是社会主义现代化建设的一支基本力量。

二是在全国范围内倡导尊重知识与劳动。1982 年教育部印发《关于普通中学开设劳动技术教育课的试行意见》，这也是中华人民共和国成立以来首个对劳动教育考核有明确标准和要求的教育文件。文件不仅规定了初中及高中劳动技术教育课程的相关安排，而且将学生的劳动态度和劳动素养纳入"三好学生"的评选标准。

三是提出"科学技术是第一生产力"的重要论断，强调重视科学技术及教育在劳动生产中的作用。1995 年，江泽民在"科学技术是第一生产力"的指导下提出"科教兴国"战略。他认为，经济的建设应该更多地依靠科技进步和高素质劳动者的劳动，要把提高全民族的科技文化素质作为教育目标之一。1998 年，教育部办公厅出台的《关于加强普通中学劳动技术教育管理的若干意见》明确指出，要把劳动技术教育纳入督导评估内容的指标体系，将劳动技术教育的开展效果作为评选教育先进单位和先进学校的重要指标。

在 21 世纪的时代背景下，要建设现代化的社会，除了坚持教育与社会实践相结合，还必须培养大量高素质的劳动人才。江泽民强调"必须把经济建设转移到依靠科技进步和提高劳动者素质的轨道上来"，指出了现代教育的重要特征。2004 年以来，劳动教育相关信息出现的频次越来越高，我党高度重视劳动教育工作，为大力推进校企合作、工学结合，加强勤工俭学，为劳动实践提供实现依据，并在 2005 年全国劳动模范表彰大会上指出要全面贯彻"四个尊重"的方针。胡锦涛根据全面建设小康社会的时代特点，倡导要在全社会范围内形成尊重劳动、尊重知识、尊重人才的良好社会风气，进一步推进了劳动教育的发展。

（三）劳动教育的创新发展时期（2012 年至今）

党的十八大以来，习近平总书记曾多次强调劳动的地位和劳动的作用。习近平总书记在全国教育大会上强调：新时代下，改革开放与社会发展对教育和学习提出了新的更高的要求。通过劳动教育，要让学生形成正确的劳动观，要让学生意识到劳动是实现个人全面发展的基础。这是习近平总书记对我国劳动教育方针的准确阐释，凸显出劳动教育在新时代中国特色社会主义中的重要作用，回答了新时代"怎样培养人"的问题，明确劳动的价值和劳动教育的重要性。2019 年政府教育工作要点明确指出，要大力加强劳动教育，全面构建实施劳动教育的政策保障体系，修订教育法将"劳"纳入教育方针。新时代下的劳动教育，旨在树立学生正确的劳动观念和劳动态度，养成学生勤于劳动、善于劳动的习惯和本领，让学生意识到劳动是实现个人全面发展的基础。

2020 年 3 月 20 日，中共中央、国务院印发了《关于全面加强新时代大中小学劳动教育的意见》（以下简称《意见》）。这是中华人民共和国成立以来，国家最高层面首次对大中小学劳动教育进行顶层设计和系统部署，我国的劳动教育步入了"快车道"。劳动教育直接决定社会主义建设者和接班人的劳动精神面貌、劳动价值取向和劳动技能水平。《意见》中特别提出了健全劳动素养评价制度，强调将劳动素养纳入学生综合素质评价体系，制定评价标准，建立激励机制，组织开展劳动技能和劳动成果展示、劳动竞赛等活动，全面客观记录课内外劳动过程和结果，加强实际劳动技能和价值体认情况的考核。把劳动素养评价结果作为衡量学生全面发展情况的重要内容，作为评优评先的重要参考和毕业依据，作为高一级学校录取的重要参考或依据。这一重大举措对于系统培育学生生活劳动、生产劳动、服务性劳动的技能，提升人们的职业素养，提振全社会的职业水平、营造全社会良好的职业生态具有重大、深远的意义。

知识拓展

劳动是最好的教育

习近平总书记在全国教育大会上发表重要讲话，对加快推进教育现代化、建设教育强国、办好人民满意的教育作出了全面部署。他在讲话中强调，要在学生中弘扬劳动精神，教育引导学生崇尚劳动、尊重劳动，懂得劳动最光荣、劳动最崇高、劳动最伟大、劳动最美丽的道理，使他们长大后能够辛勤劳动、诚实劳动、创造性劳动。

"教育必须与生产劳动相结合"曾经是学校教育的一个基本原则。随着时间的推移，劳动教育逐渐被悬置，并成为当今教育的一大痛点。我们把应对考试这件事做到了无以复加的地步，而劳动这一传统的美德却在学校里渐行渐远。人们在不经意间把主要精力都放在了学习上，家庭里父母习惯于包办，学校里老师习惯于"退而求其次"，以至于日常的劳动被弱化，甚至把劳动当惩罚的手段，所以今天的学生距离劳动的环境越来越远。

实际上，在2013年六一儿童节前夕，习近平总书记就曾指出，"少年儿童从小就要立志向、有梦想，爱学习、爱劳动、爱祖国"，强调"生活靠劳动创造，人生也靠劳动创造"，希望广大中小学生"从小就要树立劳动光荣的观念，自己的事自己做，他人的事帮着做，公益的事争着做"。

新时代的教育要矫正"错位"的教育，要拉长"短板"的教育，要破解"瘸腿"的教育，努力构建德智体美劳全面培养的教育体系，形成更高水平的人才培养体系。这就要求中小学教育工作者要重拾劳动教育，擦亮劳动精神。

劳动是最好的教育。劳动即教育。劳动教育是基础性教育，它可以促进德智体美协同发展。劳动教育做好了，就可以更好地实现"以劳立品，以劳树德，以劳修行，以劳启智，以劳健体，以劳育美，以劳为乐"的综合效果。会劳动的人往往是会学习的人。中小学要引导学生树立"劳动最光荣、劳动最崇高、劳动最伟大、劳动最美丽"的劳动审美观，把劳动作为最好的教育，真正做到"五育并举"、全面发展。

劳动是一种生活。劳动教育不是去开设多少相关的课程，而是让学生从身边的"小劳动"做起，让劳动成为一种生活。陶行知当年倡导共教、共学、共做、共生活，他曾创编过一首儿歌："流自己的汗，才能吃自己的饭，自己的事你得自己干。"中小学生可以在劳动中学会自主、学会合作、学会主动做事情。学会劳动就学会了生存，学会了生活。

劳动是一种精神。我们常说，有一种美叫劳动美，有一种精神叫劳动精神。劳动才能有所得，才能有所获。每一位学生首先要做好一名劳动者，成为一名自食其力的劳动者。做好劳动教育就是培养学生生活自理能力，从而在劳动中发现生活的美，感知收获的快乐，让劳动精神滋养学生生命的完整成长。

当我们重视劳动教育时，有一点值得警惕，那就是不要将劳动教育过度课程化，更不要将劳动教育纳入考试。因为一旦被考试，就可能被异化，就可能被窄化。劳动是中华民族的传统美德，重视劳动不只是学校的事情，全社会都要重视劳动，让劳动变成学生生活的需要、成长的需要。如此，劳动才可能成为最好的教育。

（资料来源：《中国教师报》，2018-11-14）

讨论思考

每位同学都说一说自己小学、中学时期的劳动教育课程教学情形，你参与过劳动吗？学校对劳动有什么要求？有什么特别有趣的事？

▶ 二、高职院校劳动教育的内涵、目的和意义

劳动是人类创造社会物质财富和精神财富的根源，劳动是人们生存和发展的基础，劳动是职业生涯发展最重要的支撑。劳动教育是中国特色社会主义教育制度的重要内容，对于培养社会主义建设者和接班人具有重要战略意义。不可否认，在当下，在青少年中出现不珍惜劳动成果、不想劳动、不会劳动的现象，这与社会主义建设者和接班人的培养要求是背道而驰的。

2018年9月，习近平总书记在全国教育大会上发表重要讲话，强调培养德智体美劳全

面发展的社会主义建设者和接班人。作为新时代的职业院校学生,我们要按照新时代党对劳动教育的新要求、按照新时代对于职业教育的要求,有效接受劳动教育,积极参加劳动锻炼,树立正确的劳动观念,养成良好的劳动习惯,做新时代合格的劳动者。

(一) 职业院校劳动教育的类型和内涵

马克思说:"未来教育对所有已满一定年龄的儿童来说,就是生产劳动与智育和体育相结合,它不仅是提高社会生产的一种方法,而且是造就全面发展的人的唯一方法。"劳动教育是学生成长的必要途径,具有树德、增智、强体、育美的综合育人价值。劳动教育的重点是在系统的文化知识学习之外,学生有目的、有计划地参加日常生活劳动、生产劳动和服务性劳动,切实经历动手实践、出力流汗、接受锻炼、磨炼意志,培养学生的正确劳动价值观和良好劳动品质,养成爱劳动、勤劳动的习惯。

依据马克思主义劳动观,我们将劳动分为生产劳动和非生产劳动,将劳动教育分为生产劳动教育和非生产劳动教育。非生产劳动教育又可以分为日常生活劳动教育和服务性劳动教育。日常生活劳动教育注重在学生个人生活自理中强化劳动自立意识,体验持家之道,这也是学生健康发展、适应社会生活的重要基础。服务性劳动教育具有较强的时代特点,注重利用知识、技能、工具、设备等为他人和社会提供服务,特别是在公益劳动、志愿服务中强化社会责任,培养良好的社会公德。例如:在服务性劳动中,培育起公共服务意识,能够使学生在面对重大疫情、灾害等危机时,具有主动作为的奉献精神。两类劳动教育内容不同,我们在学习、实践时可以根据不同的时段有所侧重,但从总体上看,两个方面的劳动教育内容都很重要,不能偏废。职业院校的学生要积极参加不同形式的劳动,以促进自己综合职业素质的提升。

新时代职业院校学生要通过接受劳动教育、通过参加丰富的劳动实践,努力学习、践行劳动精神、劳模精神和工匠精神,增强自己的职业荣誉感,提高职业技能和劳动水平;要注重围绕创新创业,结合学科和专业,积极参加实习实训、专业服务、社会实践、勤工助学等;重视新知识、新技术、新工艺、新方法的应用,创造性地解决实际问题,增强诚实劳动意识,积累职业经验,提升就业创业能力,树立正确的择业观;要具有到艰苦地区和行业工作的奋斗精神,使自己懂得空谈误国、实干兴邦的深刻道理;在劳动教育、劳动实践中,要自觉培育自己的公共服务意识,在面对重大疫情、灾害等危机时,能够主动作为、勇于奉献。

家庭是学生进行劳动的重要场所,学生要自觉参与、坚持不懈地进行劳动,每年努力掌握1~2项生活技能,日积月累,劳动技能会不断丰富、劳动水平将不断提高。要积极利用节假日参加社会劳动,通过参加社会劳动,培育、巩固劳动观念,提高劳动能力,进一步养成良好的劳动习惯。要积极参加学校、社会所组织的相关社会实践、社区志愿服务、公益劳动、创新创业活动等,在丰富的劳动实践中成长成才。

(二) 职业院校劳动教育的目的和意义

职业院校开展劳动教育,其目的是让学生通过劳动教育、实践,能够理解和形成正确的劳动观,牢固树立劳动最光荣、劳动最崇高、劳动最伟大、劳动最美丽的观念;体会劳动创造美好生活,认识到劳动不分贵贱,热爱劳动,尊重普通劳动者,培养勤俭、奋斗、创新、奉献的劳动精神；具备满足生存发展需要的基本劳动能力，形成良好劳动习惯。

劳动教育的具体目标是帮助学生增强劳动意识，树立正确的劳动观，懂得劳动的价值和意义；了解人类的历史首先是生产发展的历史，是劳动人民创造的历史；懂得劳动是"中国梦""个人梦"实现的保证。

通过学习、实践，培养学生热爱劳动、崇尚劳动、尊重创造，热爱、尊重劳动人民的情感。积极参加家庭、学校、社会所组织的相关的家务劳动、生产性实习、校园劳动、社会服务、公益劳动、创新创业等多种形式的劳动。掌握一定的劳动技能，具备职业生涯发展所需要的劳动能力。学习体验、理解掌握、内化践行劳动精神、劳模精神、工匠精神，积极担当，勤于劳动，善于创新，努力提供高质量劳动产品，养成勤于劳动、善于劳动的良好劳动习惯，促进学生形成正确的世界观、人生观、价值观。

在新时代职业院校学生中开展劳动教育具有重大意义。劳动教育是中国特色社会主义教育制度的重要内容，直接决定社会主义建设者和接班人的劳动精神面貌、劳动价值取向和劳动技能水平。劳动教育能有效帮助学生深化对劳动意义的认识，进一步端正劳动态度，加深对劳动和劳动人民的感情；劳动教育有助于帮助学生养成良好劳动习惯，促进劳动素质的提高；劳动教育有助于培养学生的艰苦创业精神。

通过劳动教育，培养学生自立自强、不怕困难、追求卓越的精神，增强自身的责任感；引导学生在学习、实践中锐意进取、扎实工作，为新时代作出应有贡献。创新是一个民族进步的灵魂，是国家发展的不竭动力；创新素质是学生综合职业素质中的一个不可或缺的组成部分，以劳促创，劳动教育会有效促进学生创新素质的提升。

同时也要看到，近年来，在一些学生中出现了不珍惜劳动成果、不想劳动、不会劳动的现象，劳动的独特育人价值在一定程度上被忽视，劳动的育人功能在一定程度上被淡化、弱化。这对学生的成长成才、对我们国家和社会的进步极为不利。我们应当与不正确的劳动观念和行为进行斗争，自觉弘扬劳动精神、劳模精神、工匠精神，积极投身到新时代的劳动创造的大潮中，以良好的劳动素养和高质量的劳动助力"中国梦""个人梦"的实现。

课后作业思考

查阅相关资料，了解教育家陶行知对劳动意义、价值和路径的阐发，和其倡导的"生活即教育、社会即学校、教学做合一"教育理念。

课堂活动

考察劳动的"前生后世"

（一）活动目标

通过探究劳动创造历史过程，收集劳动印记的历史证据，绘制劳动创造历史的路线图，发现劳动在人类历史进程中的作用，研究劳动智慧。

（二）活动形式

分小组讨论，将收集到的资料以电子演示文稿、视频短片或图文海报的形式呈现，要求每个小组有一个汇报人说明小组的发现与感悟。

（三）活动时间

建议 30 分钟。

（四）考核等级及标准

根据表 1-3-1，现场由全班同学打分。

表 1-3-1 考核等级及标准

等级	考核标准
1	汇报说明详略得当，小组感悟充实，有一定的学习意义
2	汇报说明较好，小组感悟得当
3	汇报说明一般，有小组讨论要点的展示
4	汇报说明缺乏主题，没有展现小组的讨论要点

劳动实践

温馨宿舍，定时扫除

（一）教学目标

（1）宣传"宿舍为家"的理念，让全校学生拥有一个干净整齐、温馨舒适的休息环境。

（2）督促学生养成自觉维护、打扫宿舍卫生的习惯，树立宿舍主人翁意识。

（3）培养学生树立团结合作意识。

（二）活动设计

1. 前期准备

（1）修改并完善宿舍卫生标准方案，确定卫生清洁日期。

（2）下发通知，召开舍长会议，布置卫生打扫事宜，对卫生检查标准进行详细讲解。

（3）舍长为舍员分配宿舍打扫任务。

（4）准备相关清洁工具。

2. 活动实施

（1）由舍长带领宿舍成员领取清洁工具，按照宿舍卫生标准方案打扫宿舍及宿舍楼公共区域。

（2）舍长及宿舍成员共同检查宿舍是否存在安全隐患。

（3）卫生打扫结束后，由各舍长带领指导教师、宿舍管理员、学生会成员代表进行审核检查。

3. 活动总结

（1）每个宿舍完成一份打扫记录及劳动体会。

（2）由指导教师或宿舍管理员召开舍长会议进行整体总结，呼吁全体学生保持干净整齐、美好温馨的宿舍环境。

（三）工具使用

扫帚、垃圾袋、簸箕、垃圾桶、抹布、拖把、消毒液等。

（四）考核评价

（1）考核评价要公平公正。

（2）提前确定宿舍卫生考核小组，人员组成应包括学院领导、宿舍管理员、学生会成员、普通学生等。

（3）对床铺、书桌、地面、卫生间、阳台等进行检查打分、统计数据，取总成绩的平均值，分数最高的宿舍可以获"优秀宿舍"荣誉称号，相应人员可获得"劳动优等"评价。

（五）安全保护

（1）保证活动过程中从事整理上铺、擦玻璃等危险活动的学生的人身安全。

（2）注意电器设备安全，要求打扫卫生前全部断电。

第二章　劳动法律法规与劳动权益

学习目标 ▶▶▶▶▶▶ ▶▶▶▶▶▶

1. 熟悉与劳动相关的法律法规；
2. 掌握签订劳动合同的基本要求；
3. 学会运用法律知识解决劳动关系中的实际问题；
4. 明确在劳动关系和职场中自己的权利与义务，切实维护自身的权益。

课程导入 ▶▶▶▶▶▶ ▶▶▶▶▶▶

996 工作制违法了吗？

996 工作制是指早上 9 点上班、晚上 9 点下班，中午和傍晚休息 1 小时（或不到），总计工作 10 小时以上，并且一周工作 6 天的工作制度。这一制度，反映了中国互联网企业盛行的加班文化。

2019 年 3 月 27 日，一个名为"996.ICU"的项目在 GitHub 上传开。程序员们揭露了"996.ICU"互联网公司，抵制互联网公司的 996 工作制度。4 月 11 日，人民日报针对"996 工作制"发表评论员文章《强制加班不应成为企业文化》；4 月 12 日，阿里巴巴通过其官方微信号分享了马云支持 996 的观点，当天下午马云回应称"任何公司不应该，也不能强制员工 996"。

996 工作制是违反《中华人民共和国劳动法》（以下简称《劳动法》）的工作制度。2021 年 3 月，针对"加班文化"，有媒体表示，现行《劳动法》明确规定，劳动者每日的工作时间不能超过 8 小时，平均每周的工作时间不能超过 44 小时。不管是 996，还是 007，都是违法行为。8 月，最高人民法院与人力资源和社会保障部联合发布了超时加班典型案例，明确规定 996 工作制严重违反法律关于延长工作时间上限的规定，应认定为无效。

【想一想】

大学生应该熟悉《劳动法》中的哪些条款，用以维护自身合法权益呢？

第一节 劳动法律法规

学习目标

1. 了解我国的劳动法律体系；
2. 了解学生劳动者的界定；
3. 熟悉常用的劳动法律法规。

▶ 一、我国的劳动法律体系

法律是社会的基本行为准则，遵守法律也是社会中每个人应尽的义务。我们在劳动和生活中都应该筑牢守法意识，树立正确的法治观念，依法约束自己的言行，让法律成为校准人生轨迹的重要准绳（见图 2-1-1）。

图 2-1-1 法律天平

（一）劳动法

我国劳动法学界认为，劳动法"是调整劳动关系以及与劳动关系密切联系的一切社会关系的法律"。这里的劳动关系既包括个别劳动关系，也包括集体劳动关系。从属性上来看，劳动法属于公法和私法之外的社会法。我国最高立法机关将社会法视为调整劳动关系、社会保障、社会福利和特殊群体权益保障方面的法律规范的总和，是中国特色社会主义法律体系中一个独立门类，包括劳动法、社会保障法、特殊群体权益保障法等。

我国劳动法的基本原则包括劳动权平等原则、劳动自由原则以及倾斜保护劳动者合法权益原则。

（二）劳动关系

从劳动要素出发来界定劳动法的调整对象，劳动关系可以认为是劳动力的所有者与使用者，即"劳动者"与"雇主或用人单位"之间，为实现劳动过程而发生的一方有偿提供劳动力，由另一方用于同其生产资料相结合的关系。也可以简单地理解为是劳动者与用人单位之间在劳动过程中发生的社会和经济关系，但从本质上来说，劳动关系体现的是劳资之间的利益关系（见图2-1-2）。

图 2-1-2　和谐劳动关系

（三）劳动法律关系

劳动法律关系是《劳动法》调整劳动关系所形成的权利和义务关系。劳动关系是劳动法律关系的现实基础，劳动法律关系是劳动关系的法律形式，但并非所有的劳动关系都表现为劳动法律关系。《劳动法》中的法律关系包括两类：一类是劳动法调整劳动关系所形成的法律关系，一般称为劳动法律关系；另一类是劳动法调整与劳动关系密切联系的其他社会关系所形成的法律关系，一般称为附随法律关系，主要是劳动行政法律关系和劳动服务法律关系。

（四）劳动法形式与体系

1. 劳动法形式

法的形式也称为法的渊源，是指法律规范的具体表现形式，表明具体的法律规范以什么形式存在于法律体系中。在我国，劳动法的形式包括规范性文件和准规范性文件两种。

规范性文件主要包括宪法、法律、行政法规、地方性法规、经济特区法规、部门规章、地区规章、国际法律文件。准规范性文件包括劳动政策、劳动领域技术标准、抽象劳动行政行为、工会规章、规范性劳动法规解释、集体合同。

我国主要的劳动法律法规包括《劳动法》、《中华人民共和国劳动合同法》（以下简称《劳动合同法》）、《中华人民共和国劳动争议调解仲裁法》（以下简称《劳动争议调解仲裁法》）、《中华人民共和国社会保险法》（以下简称《社会保险法》）、《中华人民共和国就业促进法》（以下简称《就业促进法》）、《中华人民共和国工会法》（以下简称《工会法》）等。

2. 劳动法体系

当前我国基本上形成了比较健全的劳动法体系，包括促进就业制度、劳动合同和集体合同制度、工作时间和休息休假制度、工资制度、劳动安全卫生制度、女职工和未成年工特殊保护制度、职业培训制度、社会保险和福利制度、劳动争议制度、监督检查制度和法律责任等。

▶ 二、高职院校学生劳动者的界定

（一）劳动者

作为一个法律概念，劳动者在不同法律中界定的内涵和外延并不一致，甚至在劳动法体系的不同制度中也不尽相同。作为劳动法协调的对象，劳动者这一概念在《劳动法》中，一般意义上是指劳动力市场上的劳动者（如包括就业劳动者和未就业劳动者）、劳动关系中的劳动者（如劳动合同中的劳动者，通常称为职工）。而公民要成为劳动者，还必须具备劳动权利能力和劳动行为能力这两个劳动者资格前提。劳动权利能力是指公民依法能够享有劳动权利和承担劳动义务的资格。我国公民的劳动权利能力具有平等性，但会因公民个体的户籍、所受制裁、竞业限制、特殊身份以及工龄的不同而受到限制。

《劳动法》依据公民的劳动能力水平对劳动行为能力作出规定，但劳动行为能力并非指劳动能力，而是指公民依法能够以自身行为行使劳动权利和履行劳动义务的资格。依据《劳动法》规定，我国公民的劳动行为能力受制于以下几点：

1. 年龄

《劳动法》第十五条规定了劳动者应当达到的法定就业年龄："禁止用人单位招用未满十六周岁的未成年人。文艺、体育和特种工艺单位招用未满十六周岁的未成年人，必须依照国家有关规定，履行审批手续，并保障其接受义务教育。"

2. 健康状况

健康状况既包括身体健康也包括精神健康状况。这一限制主要是对劳动能力被限制者（包括疾病、残疾以及妇女生理限制）的保护，并非歧视。如我国《就业服务与就业管理规定》第十八条规定："用人单位招用人员，不得歧视残疾人。"残疾人并非完全没有劳动能力，虽然其劳动能力受到一定限制，但可以从事其身体状况允许的劳动。

3. 智力

《劳动法》要求劳动者必备的智力因素，包括精神健全（精神病患者被规定为无劳动行为能力人）、文化水平与技术水平。我国禁止用人单位招用应当接受义务教育的适龄儿童，招聘对象必须具备初中以上文化水平。对于某些职业技术岗位，还对岗位所需要运用的特定知识与技术水平有严格要求。

4. 行为自由

具有支配自身劳动能力所必要的行为自由才能开展劳动。如在校生由于行为自由受到限制，一般不得成为招工对象，仅在寒暑假的非学业时间可被招为临时工。

讨论思考

首例在校大学生劳动合同纠纷

2006年2月，大学生晓燕获悉海门某公司欲招收一名办公室文员，遂拿着所在高校的

《2006届毕业生双向选择就业推荐表》前去应聘。双方签订了一份《劳动合同协议书》，约定：合同期限为一年，试用期为三个月，试用期月薪为500元。试用期满后，根据技术水平、劳动态度、工作效益评定级别或职务后确定月薪等条款。协议签订后，晓燕即到公司上班。此时，晓燕的毕业论文及答辩尚未完成。

2006年4月21日，晓燕因发生交通事故未继续到公司上班，在治疗和休息期间，她完成了论文及答辩，并于同年7月1日毕业。

同年11月8日，晓燕向劳动部门提出认定工伤的申请。同时，公司也向劳动部门提出仲裁申请，要求确认劳动合同无效。对此，晓燕提出反诉，请求确认试用期月薪500元等条款违法，要求公司按社会平均工资标准发放月薪，并为其办理社会保险，缴纳保险金。海门市劳动争议仲裁委员会经过审理，认为晓燕在签订劳动合同时仍属在校大学生，不符合就业条件，不具备建立劳动关系的主体资格，劳动合同协议书自始无效，遂作出了双方签订的《劳动合同协议书》无效、驳回晓燕反诉请求的裁决。晓燕不服裁决，遂向法院提出诉讼。

庭审中，晓燕认为，自己已年满16周岁，具有就业的权利和行为能力，学校已经向其发放了双向选择推荐表，具有到社会上就业的资格，推荐表中已载明了大学尚未毕业的事实，公司录用时进行了审查，自己不存在隐瞒和欺诈，法律也没有禁止在校大学生就业的规定。所以，其具备劳动主体资格，双方签订的劳动合同应当有效。被告公司认为，晓燕在签订劳动合同时是在校大学生，其应受学校的管理，不可能同时具有劳动者的身份，不可能成为企业职员。因此，晓燕不具备签订劳动合同的主体资格，劳动仲裁部门的裁决正确，双方签订的劳动合同无效。

海门法院经审理认为，原告年满16周岁，已符合《劳动法》规定的就业年龄，其在校大学生的身份也非《劳动法》规定排除适用的对象，何况，原告已取得学校颁发的《2006届毕业生双向选择就业推荐表》，已完全具备面向社会求职、就业的条件。被告在与原告签订劳动合同时，对原告的基本情况进行了审查和考核（面试），对原告至2006年6月底方才正式毕业的情况也完全知晓，在此基础之上，双方就应聘、录用达成一致意见而签订的劳动合同应是双方真实意思的表示，不存在欺诈、隐瞒事实或威胁等情形，双方签订的劳动合同也不违反法律、行政法规的有关规定，因此，该劳动合同应当有效，应对双方具有法律约束力。因此，原告与被告签订的《劳动合同协议书》不具备法定无效的情形，依照《劳动法》第十八条的规定，一审判决原告晓燕与被告海门某公司于2006年2月27日签订的《劳动合同协议书》有效。

（二）高职院校学生劳动者的界定

作为劳动者资格的特殊形式，高职院校学生劳动者的实习、勤工俭学、自发受雇劳动，都涉及《劳动法》适用的问题。

1. 实习

职业学校学生实习，是指实施全日制学历教育的中职学校、高职专科学校、高职本科学校（以下简称职业学校）学生按照专业培养目标要求和人才培养方案安排，由职业学校安排或者经职业学校批准自行到企（事）业等单位进行职业道德和技术技能培养的实践性教育教学活动，包括认识实习和岗位实习。

认识实习指学生由职业学校组织到实习单位参观、观摩和体验，形成对实习单位和相关岗位的初步认识的活动。

岗位实习指具备一定实践岗位工作能力的学生，在专业人员指导下，辅助或相对独立参与实际工作的活动（见图 2-1-3）。

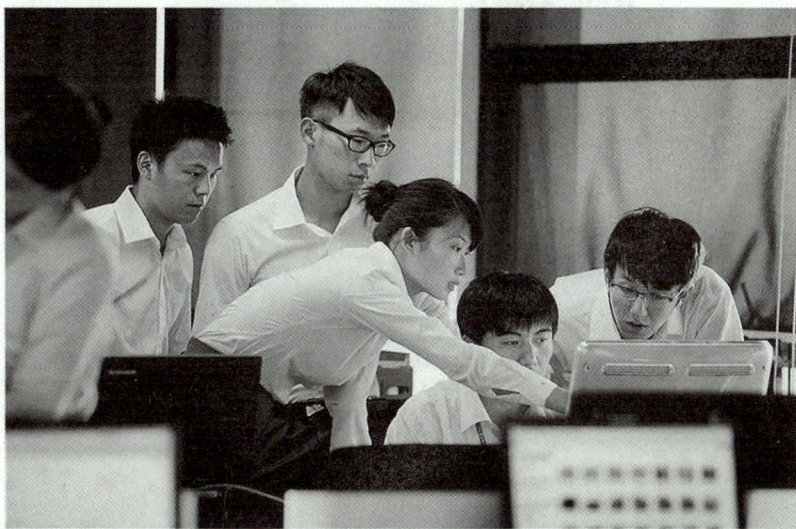

图 2-1-3　大学生岗位实习

接收学生岗位实习的实习单位，应当参考本单位相同岗位的报酬标准和岗位实习学生的工作量、工作强度、工作时间等因素，给予适当的实习报酬。在实习岗位相对独立参与实际工作、初步具备实践岗位独立工作能力的学生，原则上应不低于本单位相同岗位工资标准的80%或最低档工资标准，并按照实习协议约定，以货币形式及时、足额、直接支付给学生，原则上支付周期不得超过1个月，不得以物品或代金券等代替货币支付或经过第三方转发。

2. 勤工助学

勤工助学，也称勤工俭学，分为狭义和广义两种。狭义的勤工助学仅指以改善学习和生活条件为目的，由学校组织学生利用课余时间在校内外参加劳动实践，并取得合法报酬（见图 2-1-4）。广义的勤工助学还包括学生自发的勤工助学行为，即未经学校组织审批，自行在校外从事有报酬劳动的行为。

教育部、财政部《高等学校勤工助学管理办法》（2018）所规定的勤工助学仅限于狭义勤工助学；其中，第六条规定"勤工助学活动由学校统一组织和管理，学生私自在校外兼职的行为，不在本法规定之列"，第二十五条至第二十七条还指出"校内勤工助学报酬原则上不低于当地政府或有关部门制定的最低工资标准或居民最低生活保障标准，校外勤工助学酬金标准不应低于学校当地政府或有关部门规定的最低工资标准"。在学校或校外用人单位设置的岗位中从事劳动，属于从属性劳动。这里的劳动力使用关系具有劳动关系的属性，应作为劳动关系的一种特殊形态看待。

图 2-1-4　勤工助学

知识拓展

勤工助学，筑梦青春

2020 年春节，安徽农业大学 2017 级应用化学专业的陈耀同学将一万元交到妈妈手里，这些都是他利用课余时间进行勤工助学扣除生活开支之外的结余。

陈耀是一名建档立卡家庭学生，两年多来，他利用课余时间在一家餐厅勤工助学，合计收入 36000 多元。陈耀认为学校搭建平台开展的勤工助学活动不仅缓解了他的家庭经济负担，更是拓宽了他的视野。现在他已经升任餐厅管理组长，对生活常怀感恩之心，他说是勤工助学活动给了他解决问题的勇气、用心向上的人生态度和直面未来的决心。

该校很多参与勤工助学的学生像陈耀一样，大学期间没有花费过家里一分钱，他们通过勤工助学不仅缓解了家庭的经济压力，也让勤奋踏实、吃苦耐劳、工作适应能力强等优良品质得到传承，受到用人单位的广泛认可。不少学生因有校内外勤工助学经历受到用人单位青睐，部分学生还走上了创业之路。

2007 年起至今，安徽农业大学已经累计为学校家庭经济困难学生争取校外勤工助学岗位 49541 个，为学生创收 4327.4188 万元；安排校内勤工助学 103450 人次，发放校内勤工助学工资 2005.0665 万元。

（资料来源：安徽省教育厅网站）

3. 自发性受雇劳动

在校学生课余时间或利用节假日外出打工兼职，其目的在于获取劳动报酬，双方也就劳动报酬达成了协议，则可作为特殊的劳动关系看待。《劳动合同法》第五章第三节也规定了非全日制用工形式。大学生由于有学习任务在身，通常会采取被法律认可的非全日制工作方式进行兼职工作。在这种情况下，在校学生可以被定位为特殊的劳动者（见图 2-1-5）。

图 2-1-5　外卖骑手成为大学生兼职新宠

▶ 三、部分劳动法规简介

（一）《劳动法》

《劳动法》是为了保护劳动者的合法权益，调整劳动关系，建立和维护适应社会主义市场经济的劳动制度，促进经济发展和社会进步，根据宪法制定的法律。由 1994 年 7 月 5 日第八届全国人民代表大会常务委员会第八次会议通过。根据 2009 年 8 月 27 日第十一届全国人民代表大会常务委员会第十次会议《关于修改部分法律的决定》第一次修正；根据 2018 年 12 月 29 日第十三全国人民代表大会常务委员会第七次会议《关于修改〈中华人民共和国劳动法〉等七部法律的决定》第二次修正。

该法共十三章一百零七条，主要内容有总则、促进就业、劳动合同和集体合同、工作时间和休息休假、工资、劳动安全卫生、女职工和未成年工特殊保护、职业培训、社会保险和福利、劳动争议、监督检查、法律责任和附则（见图 2-1-6）。

中华人民共和国
劳动法

法律出版社

图 2-1-6　《劳动法》

（二）《劳动合同法》

《劳动合同法》是为了完善劳动合同制度，明确劳动合同双方当事人的权利和义务，保护劳动者的合法权益，构建和发展和谐稳定的劳动关系制定的法律。由第十届全国人民代表大会常务委员会第二十八次会议于 2007 年 6 月 29 日修订通过，自 2008 年 1 月 1 日起施行。根据 2012 年 12 月 28 日第十一届全国人民代表大会常务委员会第三十次会议《关于修改〈中华人民共和国劳动合同法〉的决定》修正。

该法共八章九十八条，主要内容有总则、劳动合同的订立、劳动合同的履行和变更、劳动合同的解除和终止、特别规定、监督检查、法律责任和附则（见图2-1-7）。

图2-1-7 《劳动合同法》

（三）《劳动争议调解仲裁法》

为了公正及时解决劳动争议，保护当事人合法权益，促进劳动关系和谐稳定，第十届全国人民代表大会常务委员会第三十一次会议于2007年12月29日通过《劳动争议调解仲裁法》，自2008年5月1日起施行。

该法共四章五十四条，主要内容有总则、调解、仲裁和附则（见图2-1-8）。

图2-1-8 《劳动争议调解仲裁法》

（四）《妇女权益保障法》

《妇女权益保障法》是为了保障妇女的合法权益，促进男女平等，充分发挥妇女在社会主义现代化建设中的作用，根据宪法和我国的实际情况而制定的法律。由 1992 年 4 月 3 日第七届全国人民代表大会第五次会议通过，自 1992 年 10 月 1 日起施行。2018 年 10 月 26 日第十三届全国人民代表大会常务委员会第六次会议进行第二次修正。

该法共九章六十一条，主要内容有总则、政治权利、文化教育权益、劳动和社会保障权益、财产权益、人身权利、婚姻家庭权益、法律责任和附则（见图 2-1-9）。

图 2-1-9　《妇女权益保障法》

知识拓展

我国女职工"四期"劳动保护标准

1. 经期保护标准

女职工在月经期间，所在单位不得安排其从事高空、低温、冷水和国家规定的第三级体力劳动强度的劳动。患有重度痛经及月经过多的女职工，经医疗或妇幼保健机构确诊后，月经期间可适当给予 1~2 天的休假。

2. 孕期保护标准

女职工在怀孕期间，所在单位不得安排其从事国家规定的第三级体力劳动强度的劳动和孕期禁忌从事的劳动。对于怀孕 7 个月以上的女职工，用人单位不得安排其从事夜班劳动，也不得安排其在正常劳动时间以外延长劳动时间，对不能胜任原劳动的怀孕女职工，应当根据医务部门的证明予以减轻劳动量或者安排其他劳动，并在劳动时间内应当安排一定的休息时间。怀孕女职工在劳动时间内需要进行产前检查的，应当视为劳动时间，并要相应减少生产定额，以保证产前检查时间。

3. 产期保护标准

女职工生育享受不少于 90 天的产假。产假分为两个部分，即产前假 15 天，产后假 75

天。如果孕妇早产，可以将不足的产前假和产后假合并使用。如果推迟生产，可将超出的天数按病假处理。女职工如果难产，增加产假15天。多胞胎生育的，每多生育一个婴儿，增加产假15天。产假期满恢复工作时，应允许有1~2周的时间逐步恢复原定额产量。女职工怀孕不满4个月流产时，应当根据医务部门的意见，给予15~30天的产假；怀孕满4个月以上流产的，给予42天产假。产假期间，工资照发。

4. 哺乳期保护标准

女职工在哺乳未满1周岁的婴儿期间，用人单位不得安排其从事国家规定的第三级体力劳动强度的劳动和哺乳期禁忌从事的其他劳动，不得安排其延长工作时间和夜班劳动。对于有不满1周岁婴儿的女职工，其所在单位应当给予每班2次，每次不少于30分钟的哺乳时间。多胞胎生育的，每多哺乳一个婴儿，每次哺乳时间增加30分钟。每班2次的哺乳时间可以合并使用。哺乳时间和在本单位内哺乳往返途中的时间算作劳动时间。如果婴儿满周岁后身体特别虚弱，经医务部门证明，可将哺乳期酌情延长。如果哺乳期满正值夏季，也可延长1个月至2个月。

（资料来源：人力资源和社会保障部网站）

（五）《就业促进法》

《就业促进法》于2008年1月1日开始施行，2015年4月24日第十二届全国人民代表大会常务委员会第十四次会议修订。该法将就业工作纳入法制化轨道，从法律层面形成了更有利于学生就业的社会环境。其内容涉及转变就业观念、提高就业能力，强化依法管理、加大资金投入，规范就业市场、打击违法行为，鼓励自主创业、加强就业援助，反对就业歧视、营造公平环境等方面。当学生在就业中遇到困难时可以向相关政府部门申请援助，当受到歧视时可以向相关政府部门反映甚至诉讼。

该法共有九章六十九条，主要内容有总则、政策支持、公平就业、就业服务和管理、职业教育和培训、就业援助、监督检查、法律责任和附则（见图2-1-10）。

图2-1-10　《就业促进法》

（六）《社会保险法》

《社会保险法》于 2011 年 7 月 1 日起施行。2018 年第十三届全国人民代表大会常务委员会第七次会议对《社会保险法》部分条款做了修改。

《社会保险法》是中国特色社会主义法律体系中起支架作用的重要法律，是一部着力保障和改善民生的法律。《社会保险法》规定，国家建立基本养老保险、基本医疗保险、工伤保险、失业保险、生育保险等社会保险制度，保障公民在年老、疾病、工伤、失业、生育等情况下依法从国家和社会获得物质帮助的权利。

该法共十二章九十八条，主要内容有总则、基本养老保险、基本医疗保险、工伤保险、失业保险、生育保险、社会保险费征缴、社会保险基金、社会保险经办、社会保险监督、法律责任、附则（见图 2-1-11）。

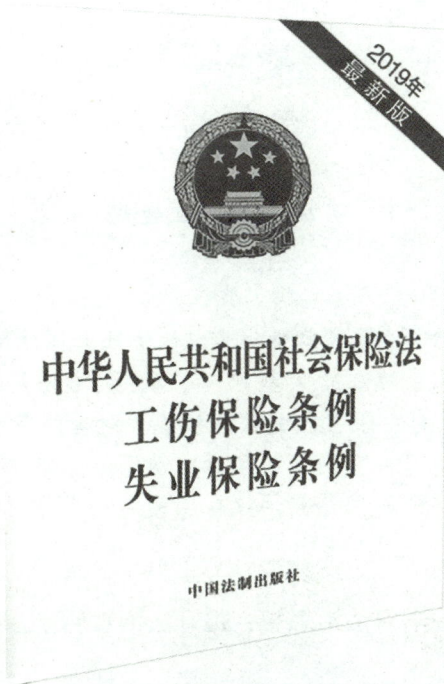

图 2-1-11 《社会保险法》

（七）《工会法》

《工会法》是为保障工会在国家政治、经济和社会生活中的地位，确定工会的权利与义务，发挥工会在社会主义现代化建设事业中的作用，根据宪法制定的法律。

《工会法》于 1992 年 4 月 3 日起实施。2021 年 12 月 24 日由第十三届全国人民代表大会常务委员会第三十二次会议修订，自 2022 年 1 月 1 日起施行。

该法共七章五十八条，主要内容有总则、工会组织、工会的权利和义务、基层工会组织、工会的经费和财产、法律责任、附则（见图 2-1-12）。

图 2-1-12 《工会法》

讨论思考

近些年来，随着《劳动合同法》《就业促进法》《社会保险法》等相继实施，我国逐渐形成了以《宪法》为依据，《劳动法》为基础，《就业促进法》《劳动合同法》《社会保险法》《劳动争议调解仲裁法》为主干，相关法律法规为配套的劳动保障法律体系。

同学们，通过本节课的学习，我们加深了对劳动保障法律体系的了解，那么，我们的实习、实训与就业与其中的哪一部或哪几部法律息息相关？为什么？

课后作业思考

大学生如何在实际生活中学习法治思想，提升法治素质？

第二节 劳动合同与权益保障

学习目标

1. 熟悉劳动合同的基本知识；

2. 了解劳动者的权利与义务；

3. 在劳动关系中，学会利用法律保护自身的合法权益。

案例导入

2020年6月，小王从陕西省某高职院校毕业后经过笔试和面试被一家广告公司录用。小王拿到了正式的录取通知书后按约定的日期报到，上班第一天就接到了人力资源部的通知，要求所有的新人都必须参加1个月的岗前培训。

考虑到自己已经毕业且家庭负担重，所以小王壮胆去人力资源部问了一下人力资源部经理，岗前培训这1个月的工资能发放多少。人力资源部经理对她说："这1个月是培训期，不算正式工作，不发工资，但公司会给予每个人800元的生活补贴。"小王觉得给的钱太少了，所以就直接对人力资源部经理说："经理，现在物价这么高，还有通勤费，这800元怎么活呀？！"人力资源部经理回答她说："你参加培训没有为公司创造价值，哪来的工资？公司给予补贴已经很好了！"听到人力资源部经理这么说，小王既不满意也觉得不合理，但她又不知道该如何捍卫自己的权益。

【想一想】

面对以上情景，如果你是小王，你该怎么处理？

▶ 一、劳动合同

劳动合同与权益保障

（一）劳动合同概述

劳动合同是劳动者与用人单位确立劳动关系、明确双方权利和义务的协议。劳动合同的形式一般有书面形式和口头形式两种，书面合同是由双方当事人达成协议后，将协议的内容用文字形式固定下来，并经双方签字。劳动合同是确立劳动关系的普遍性法律形式，是用人单位与劳动者履行劳动权利义务的重要依据。劳动合同被誉为劳动者的"保护伞"，它为构建与发展和谐稳定的劳动关系提供了法律保障。劳动合同分为固定期限劳动合同、无固定期限劳动合同和以完成一定工作任务为期限的劳动合同（见图2-2-1）。

图 2-2-1　劳动合同

（二）劳动合同的特征

劳动合同主体具有特定性。一方是用人单位，即具有使用劳动能力的权利能力和行为能力的企业、个体经济组织、事业组织、国家机关、社会团体等；另一方是劳动者，即具有劳动权利能力和劳动行为能力的中国人、外国人和无国籍人。双方在实现劳动过程中具有支配与被支配、领导与服从的从属关系。

劳动合同内容具有劳动权利和义务的统一性和对应性。没有只享受劳动权利而不履行劳动义务的，也没有只履行劳动义务而不享受劳动权利的。一方的劳动权利是另一方的劳动义务，反之亦然。

劳动合同客体具有单一性，即劳动行为。

劳动合同具有诺成、有偿、双务合同的特征。劳动者与用人单位就劳动合同条款内容达成一致意见，劳动合同即成立。用人单位根据劳动者劳动的数量和质量给付劳动报酬，不能无偿使用劳动力。劳动者与用人单位均享有一定的权利并履行相应的义务。

劳动合同往往涉及第三人的物质利益关系。劳动合同必须具备社会保险条款，同时劳动合同双方当事人也可以在劳动合同中明确规定有关福利待遇条款，而这些条款往往涉及第三人物质利益待遇。

（三）劳动合同的签订原则

1. 合法原则

劳动合同的形式和内容必须合法。按照《劳动合同法》的规定，除了非全日用工，其他用工都应当以书面形式订立劳动合同。劳动合同内容必须具备必备条款，且内容不得违反法律规定。

2. 协商一致原则

在合法的前提下，劳动合同的订立必须是劳动者与用人单位双方协商一致的结果，是双方"合意"的表现，不能仅是一方意思的表达。

3. 合同主体地位平等原则

在劳动合同的订立过程中，双方当事人的法律地位是平等的。劳动者与用人单位不因为各自性质的不同而处于不平等地位。任何一方不得对他方进行胁迫或强制命令，严禁用人单位对劳动者横加限制或强迫命令的情况。只有真正做到地位平等，才能使所订立的劳动合同具有公正性。

4. 等价有偿原则

劳动合同是一种双务有偿合同，劳动者承担和完成用人单位分配的劳动任务，用人单位付给劳动者一定的报酬，并负责劳动者的保险金额。

（四）劳动合同内容

《劳动合同法》明确规定，用人单位与劳动者签订劳动合同应以书面形式确立（见图 2-2-2）。劳动合同内容就是劳动合同中包含的具体条款，这些条款分为必备条款和补充条款。

1. 必备条款

（1）用人单位的名称、住所和法定代表人或者主要负责人。

图 2-2-2　劳动合同保障劳动者合法权益

（2）劳动者的姓名、住址和居民身份证或者其他有效身份证件号码。

（3）劳动合同期限。它指的是劳动合同的有效时间，是双方当事人所订立的劳动合同起始时间和终止时间，即劳动关系具有法律效力的时间。

（4）工作内容和工作地点。工作内容包含从事劳动的工种、岗位，以及应该完成的生产（工作）任务及工作班次等；工作地点指的是劳动者具体上班的地点，对劳动者来说越详细越好。

（5）劳动报酬。它主要包括工资、奖金、津贴和补贴等内容。

（6）劳动纪律。它是劳动者在生产（工作）过程中必须遵守的工作秩序和劳动规则。

（7）劳动合同终止的条件。劳动合同中约定的合同终止条件是指除法律、法规规定的合同终止以外，双方当事人自己协商确定的终止合同效力的条件。

（8）劳动保护、劳动条件和职业危害防护。它们指的是用人单位应当为劳动者提供的劳动保护措施和劳动条件，主要包括劳动安全和卫生规程、工作时间和休息休假等内容。

（9）违反劳动合同的责任。它是指当事人由于自己的过错而造成劳动合同的不履行或不适当履行所应当承担的责任。

（10）法律法规规定应当纳入劳动合同的其他事项。

2. 补充条款

补充条款又称为"可备条款"，是双方当事人通过协商订立的条款。补充条款的内容如下：

（1）试用期。试用期条款是劳动合同中的常见条款，法律对试用期有较明确的规定。如试用期应当包含在劳动期内，并应当参加社会保险，以及试用期最长不得超过 6 个月等。其中合同期在 1 年以上、2 年以内的，试用期不得超过 60 日；合同期在 6 个月以上、1 年以下的，试用期不得超过 30 日；合同期在 6 个月以下的，试用期不得超过 15 日等。

（2）保守商业秘密条款。约定这一条款的目的在于保护用人单位的经济利益。目前越来越多的用人单位开始重视商业秘密的保护，在录用一些关键岗位的人员时均要求签订相应的保密条款。这对劳动者而言，不仅加重了义务，还限制了自己今后的择业自由和发展空间，并且劳动者一旦违反，不仅涉及劳动法上的责任，还可能要承担民法及刑法上的责任。因此劳动者在签署此类劳动合同的过程中，一定要慎重审查保密条款，明确保密主体、保密范围、保密周期和泄密责任等。

知识拓展

签订劳动合同的注意事项

1. 劳动合同条款应当完整、准确

《劳动法》第十九条规定，劳动合同应当以书面形式订立，并具备以下条款：劳动合同期限；工作内容；劳动保护和劳动条件；劳动报酬；劳动纪律；劳动合同终止条件；违反劳动合同的责任。

《劳动合同法》第十七条对劳动合同的内容做了进一步的规定，劳动合同应具备以下条款：用人单位的名称、住所和法定代表人或者主要负责人；劳动者的姓名、住址和居民身份证或者其他有效身份证件号码；劳动合同期限；工作内容和工作地点；工作时间和休息休假；劳动报酬；社会保险；劳动保护、劳动条件和职业危害防护；法律、法规规定应当纳入劳动合同的其他事项。劳动合同除前款规定的必备条款外，用人单位与劳动者可以约定试用期、培训、保守秘密、补充保险和福利待遇等其他事项。

合同条款表达的意思应当清晰，没有任何歧义，双方在理解上是完全一致的。这样的合同可以减少劳动争议，更好地维护双方的利益，约束双方的行为。

2. 注意劳动保护和劳动条件的条款内容

在劳动合同中，应有专门的条款规定用人单位为劳动者提供的劳动条件，采取的劳动保护措施。尤其对那些存在不安全因素和职业危害的劳动岗位，用人单位应将工作过程中可能产生的职业病危害及其后果、防护措施和待遇等如实告知劳动者，并在劳动合同中定明。劳动者更应当注意劳动合同中劳动保护和劳动条件的条款内容，通过这些条款，保护自己的权益，维护自己的健康。如在粉尘危害较大的岗位工作，劳动保护和劳动条件条款应要求企业采取各种防尘措施，降低作业场所粉尘浓度，为劳动者发放个人防护用品。

（五）劳动合同的终止和解除

劳动合同的终止，是指符合法律规定的情形时，双方当事人的权利义务不复存在，劳动合同的效力消失。劳动合同终止不存在约定终止，只有法定终止。用人单位与劳动者不得再另行约定其他的劳动合同终止条件。有以下情形之一的，劳动合同终止：劳动合同期满的；劳动者开始依法享受基本养老保险待遇的；劳动者死亡，或者被人民法院宣告死亡或者宣告失踪的；用人单位被依法宣告破产的；用人单位被吊销营业执照、责令关闭、撤销或者用人单位决定提前解散的；法律、行政法规规定的其他情形。因此，当出现《劳动合同法》规定的上述事实之一时，劳动合同即行终止。

劳动合同的解除，是指双方当事人提前终止劳动合同的法律效力，解除双方的权利和义务关系。劳动合同解除分为意定解除、劳动者提前通知单方解除（即劳动者主动辞职）、劳动者随时单方解除（即被迫解除）、用人单位单方通知解除、用人单位提前通知单方解除。除了意定解除以及劳动者人身受到威胁，被强迫解除劳动合同，不需要履行相应的法定程序，其他均需履行相应的程序。

（六）劳务关系

劳务关系是由两个或两个以上的平等主体，通过劳务合同建立的一种民事权利和义务关系。劳务合同可以是书面形式，也可以是口头形式和其他形式。其适用的法律主要是《中华人民共和国民法典》（简称《民法典》）。劳务关系、劳务合同是一种通俗称呼，在《民法典》中是没有这类名词的。属于承包劳务情形的劳务合同，似可归属法定的"承揽合同"，属于劳务人员输出情形的劳务合同，似可归属法定的"租赁合同"。劳务合同与劳动合同不同，没有固定的格式、必备的条款。其内容可依照《民法典》第四百七十条规定，由当事人根据具体情况自主随机选择条款，具体约定。劳务关系中，不存在一方当事人是另一方当事人的职工这种隶属关系，且在劳务关系中的一方当事人不存在必须承担另一方当事人社会保险的义务。如某一居民使用一名按小时计酬的家政服务员，家政服务员不可能是该户居民家的职工，与该居民也不可能存在劳动关系，居民也不必为其雇用的家政服务员承担缴纳社会保险的义务。

讨论思考

劳动关系还是劳务关系？

2020 年 7 月，某高职院校大二学生小方利用暑假时间在父母工作的某公司从事机器修理工作，父亲系班组的组长，每月工资由父亲作为组长与公司按件结算，约每天 100 元。8 月 7 日，小方在工作期间手被机器压伤，后被立即送至县人民医院治疗，经诊断，小方的右手小指断离，花费治疗费 1 万余元。

2020 年 10 月，小方及父母至公司协商医疗费用问题，但双方协商无果。2020 年 11 月，小方提起劳动仲裁，要求确认与某公司之间存在劳动关系，劳动争议仲裁委员会裁决驳回小方的仲裁请求。小方不服上述裁决，向县人民法院提起诉讼，要求确认劳动关系。

本案中，小方发生事故时仍是大二学生，学籍档案仍在学校，小方与公司之间并未建立长期稳定的劳动关系的合意，只是通过其父亲进行按件计算报酬，小方本人陈述也是利用暑假时间帮助父母一起多挣点钱。法院认为，大学生利用假期打工，尚未与用人单位形成劳动关系，故彼此的权利义务不受《劳动法》和《劳动合同法》的调整和保护。按照目前的司法实践，均将此种用工视为劳务关系而非劳动关系。由此认为小王与公司之间未建立劳动关系，故判决驳回小王的诉讼请求。双方均未提起上诉。

▶ 二、劳动权利与义务

作为一名劳动者，在走上工作岗位之前，应当了解国家法律、法规赋予自己的合法权利，从而珍惜这些权利，自觉地争取和维护这些权利。当然，权利和义务是密切联系的，任何权利的实现总是以义务的履行为条件。没有权利就无所谓义务，没有义务就没有权利。劳动者需要清楚地认识自己必须要履行的责任。

（一）劳动者的劳动权利

1. 平等就业与选择职业的权利

平等就业和选择职业是每个劳动者都拥有的劳动权利。所谓平等就业就是指在劳动就业中实行男女平等及民族平等的原则。招工时不得歧视妇女，不得歧视少数民族的劳动者，男女之间及不同民族之间应一视同仁。在录用职工时，除国家规定的不适合妇女的工种或者岗位外，不得以性别为由拒绝录用妇女或者提高对妇女的录用标准。在劳动和工作的调配方面，应根据实际情况对妇女予以必要的照顾，根据政策等对少数民族应有适当的照顾，在工资方面应贯彻同工同酬的原则。

2. 取得劳动报酬的权利

取得劳动报酬是每个劳动者都拥有的权利，它是指劳动者有权根据自己的劳动数量和质量及时得到合理的报酬，任何用人单位不得克扣或无故延期支付。《劳动合同法》规定，全日制用工的，工资应当至少每月支付一次；非全日制用工的，劳动报酬结算支付周期最长不超过 15 日。在此规定下，用人单位工资发放时间由用人单位与职工在劳动合同中约定。

在我国，劳动者取得劳动报酬的分配方式是按劳分配。按劳分配是根据劳动者提供的劳动量给付报酬，多劳多得，少劳少得，不劳不得。

为给予劳动者必要的社会保护，国家实行最低工资保障制度。最低工资是指保障劳动者及其家庭的最低生活需要的工资，其标准由各省、自治区及直辖市人民政府规定，报国务院备案。

3. 休息休假的权利

《中华人民共和国宪法》（以下简称《宪法》）第四十三条规定，中华人民共和国劳动者有休息的权利，这一权利的重要意义在于能够保证劳动者的身体和精神上的疲劳得以解除，借以恢复劳动能力。

我国实行每日工作 8 小时，平均每周工作 40 小时的工作制度。

在一般情况下，在法定的节假日期间，用人单位应当按照国家规定的休假天数安排劳动者休假，而不能任意组织加班。用人单位由于生产经验需要，经与工会和劳动者协商可以延长工作时间，一般每日不得超过 1 小时；因特殊原因需要延长工作时间的，在保证劳动者身体健康的条件下，延长工作时间每日不得超过 3 小时，但是每月不得超过 36 小时。

用人单位在符合法律规定的条件下延长劳动者的工作时间，必须向劳动者支付报酬，而且要支付高于劳动者正常工作时间的工资报酬。

此外，我国还实行带薪休假制度。劳动者连续工作一年以上，享受带薪年休假。

4. 获得劳动安全和卫生保护的权利

获得劳动安全和卫生保护是每个劳动者都拥有的劳动权利。在劳动生产过程中存在各种不安全和不卫生因素，如不采取措施加以保护，就会危害劳动者的生命安全和身体健康，甚至妨碍生产的正常进行。劳动者有权要求改善劳动条件和加强劳动保护，保证在生产过程中能够安全和健康。

劳动者在劳动过程中必须严格遵守安全操作规程，对用人单位管理人员违章指挥及强令冒险作业等有权拒绝执行；对危害生命安全和身体健康的行为有权提出批评、检举和控告。从事特种作业的劳动者必须经过专门培训并取得特种作业资格。

5. 接受职业技能培训的权利

职业技术培训是为了给人们提供从事各种职业所需的技术业务知识和实际操作技能而进行的教育和训练，劳动者有权要求接受这种教育和训练。

职业培训是国民教育体系的一个重要组成部分，用人单位应当建立职业培训制度，按照国家规定提取和使用职业培训经费。企业要根据本单位实际，有规划地对劳动者进行培训。从事技术工种的劳动者，上岗前必须经过培训。

6. 享受社会保险福利的权利

享受社会福利保险是每个劳动者都拥有的劳动权利，《宪法》明确规定："中华人民共和国公民在养老、疾病或者丧失劳动能力的情况下，有从国家和社会获得物质资助的权利。"劳动者享受的社会保险和福利权也就是劳动者享受的物质帮助权。

用人单位和劳动者必须依法参加社会保险，缴纳社会保险费。国家鼓励用人单位根据本单位实际情况为劳动者建立补充保险，提倡劳动者个人进行储蓄性保险，将基本保险、补充保险和储蓄性保险相结合，使劳动者享受的社会保险待遇得到切实保障。

7. 提请劳动争议处理的权利

劳动争议涉及劳动者的健康安全、工作和生活的各个方面，关系到劳动者的切身利益，因此一旦劳动争议出现，劳动者就有权请求处理。

解决劳动争议应当根据合法、公正和及时处理的原则，依法维护劳动争议当事人的合法权益。

（二）劳动者的劳动义务

《劳动法》第三条规定，劳动义务是指劳动者必须履行的责任。这些责任包括劳动者应当完成劳动任务、劳动者必须提高职业技能、劳动者必须执行劳动安全卫生规程、劳动者必须遵守劳动纪律、劳动者必须遵守职业道德。

1. 劳动者应当完成劳动任务

劳动者有劳动就业的权利，而劳动者一旦与用人单位发生劳动关系，就必须履行其应尽的义务，其中最主要的义务就是完成劳动生产任务。这是劳动关系范围内的法定义务，同时也是强制性义务。劳动者不能完成劳动义务，就意味着劳动者违反劳动合同的约定，用人单位可以解除劳动合同。

2. 劳动者必须提高职业技能

劳动者努力提高职业技能，提高技术业务知识和实际操作技能，使劳动者成为适应社会主义建设的熟练劳动者，有利于提高劳动生产率，加快社会主义建设的速度。

3. 劳动者必须执行劳动安全卫生规程

劳动者对国家以及企业内部关于劳动安全卫生规程的规定，必须严格执行，以保障安全生产，从而保证劳动任务的完成。

4. 劳动者必须遵守劳动纪律

遵守劳动纪律和职业道德，是作为劳动者的起码条件。《宪法》规定遵守劳动纪律是公民的基本义务，其意义是重大的。劳动纪律是劳动者在共同劳动中所必须遵守的劳动规则和秩序，它要求每个劳动者按照规定的时间、质量、程序和方法完成自己应承担的工作。劳动者应当履行规定的义务，不断增强国家主人翁责任感，兢兢业业、勤勤恳恳地劳动，保质保量地完成规定的生产任务，自觉地遵守劳动纪律，维护工作制度和生产秩序。

5. 劳动者必须遵守职业道德

职业道德是从业人员在职业活动中应当遵循的道德。职业道德在职业生活中形成和发展，调节职业活动中的特殊道德关系和利益矛盾，它是一般社会道德在职业活动中的体现，其基本要求是忠于职守，并对社会负责。遵守劳动纪律和职业道德，是保证生产正常进行和提高劳动生产率的需要。

权利和义务是密切联系的，任何权利的实现总是以义务的履行为条件。没有权利就无所谓义务，没有义务就没有权利。劳动者的这些义务是法律所规定的，是受法律制约的；当劳动者没有履行这些义务时，必须会受到法律的制裁。

讨论思考

个人意志？公司规则？

珠海市中级人民法院日前审理了这样一起案件：珠海的林女士怀孕期间因路程远、身体不适，上班期间找同事代打卡遭公司辞退后，将公司告上法庭，索赔 494000 元。

林女士在珠海某公司工作十余年，被解雇前任公司高级销售支持岗位，月薪 1.7 万元。2019 年其怀孕，之后被公司发现上班期间存在找同事代打卡的行为，于 2020 年 3 月被解雇。

在法庭上，林女士表示，自己处于孕晚期，因上班路途遥远、行动不便，其向公司申请了上午 9 点到 10 点的一个小时休息时间，公司也已经批准同意。在这种情况下，其虽存在由他人代为打卡的行为，但并未减少自己应当为公司提供劳动的时间。

林女士补充说，按公司提供的资料，自己早上也仅仅迟到了多则半小时、少则几分钟的时间，到岗后实际上并未使用和享受一个小时的休息时间。其由他人代为打卡的行为虽不妥或不对，但情有可原。

对于林女士的质疑，公司在法庭上逐一反驳，称林女士以自己上班时间未减少来解释找人代打卡的合规性，再次以个人的意志凌驾于公司规则之上。公司虽同意了其"一上班就休息"的过分要求，但同时明确其应该准时上班，就是在提醒林女士应遵守相关制度。但林女士个人对于公司的要求作出了自以为是、自私自利的解读，以实际行动践踏公司的制度规定。

公司同时指出，林女士能做出长期找人代打卡的行为，是由于其一向都不能正确认识公司管理的必要性、相关规定合理性，而以是否满足个人需求来行为，其做出重大违规行为有一定必然性，恳请法院依法驳回其诉讼请求。

该案历经一审、二审，法院以"代打卡是一种典型的欺骗行为，并不以劳动者实际上是否提供足够时间的劳动而决定代打卡行为的欺骗性质，劳动者应按照公司的规章制度如实进行打卡考勤是每个劳动者起码应当遵守的劳动纪律和职业道德"等为由，驳回了林女士的诉求。

▶ 三、劳动争议处理

（一）劳动争议概述

劳动争议是劳动关系当事人之间因劳动的权利与义务发生分歧而引起的争议，又称劳动纠纷。其中有的属于既定权利的争议，即因适用《劳动法》和劳动合同、集体合同的既定内容而发生的争议；有的属于要求新的权利而出现的争议，是因制定或变更劳动条件而发生的争议。

（二）劳动争议处理范围

根据《劳动争议调解仲裁法》第二条规定，劳动争议处理的范围包括以下 6 个方面的内容：

（1）因确认劳动关系发生的争议；

（2）因订立、履行、变更、解除和终止劳动合同发生的争议；

（3）因除名、辞退和辞职、离职发生的争议；

（4）因工作时间、休息休假、社会保险、福利、培训以及劳动保护发生的争议；

（5）因劳动报酬、工伤医疗费、经济补偿或者赔偿金等发生的争议；

（6）法律、法规规定的其他劳动争议。

（三）劳动争议处理方式

1. 协商

《劳动争议调解仲裁法》第四条规定："发生劳动争议，劳动者可以与用人单位协商。也可以请工会或者第三方共同与用人单位协商，达成和解协议。"

2. 调解

根据《劳动争议调解仲裁法》第五条规定："发生劳动争议，当事人不愿协商、协商不成或者达成和解协议后不履行的，可以向调解组织申请调解；不愿调解、调解不成或者达成调解协议后不履行的，可以向劳动争议委员会申请仲裁；对仲裁裁决不服的，除本法另有规定的外，可以向人民法院提起诉讼。"

3. 仲裁

劳动争议仲裁是劳动争议仲裁机构根据劳动争议当事人一方或双方的申请，依法就劳动争议的事实和当事人应承担的责任做出判断和裁决的活动。

4. 诉讼

劳动者如对仲裁裁决不服，可自收到仲裁裁决之日起 15 日内向人民法院提起诉讼。在劳动争议中，仲裁是诉讼的前置程序，即当劳动争议发生后，劳动者不能直接到法院起诉，只有在不服劳动仲裁裁决的情况下，在法定期间内才可以诉诸法院解决。劳动争议诉讼是解决劳动争议的最终程序，因此劳动者应当积极把握这一法律上的最后维权机会。

知识拓展

应届生三方协议与劳动合同的关系

三方协议是《普通高等学校毕业生、毕业研究生就业协议书》的简称，它是明确毕业生、用人单位、学校三方在毕业生就业工作中的权利和义务的书面表现形式，解决应届毕业生户籍、档案、保险、公积金等一系列相关问题。三方协议是普通高等学校毕业生和用人单位在正式确立劳动人事关系前，经双向选择，在规定期限内就确立就业关系、明确双方权利和义务而达成的书面协议，是用人单位确认毕业生相关信息真实可靠以及接收毕业生的重要凭证，是高校进行毕业生就业管理、编制就业方案以及毕业生办理就业落户手续等有关事项的重要依据。

2009 年教育部高校学生司发布了《关于修订〈普通高等学校毕业生就业书〉若干意见

的通知》，将三方协议的制定权下放至省级教育主管部门，各省修订后的三方协议文本上均采用了经过数据加密处理的专用条码防伪方式，每个毕业生有且仅有一份。

三方协议虽然也规定一些劳动关系涉及的内容，但其不能代替劳动合同，与劳动合同相比存在以下区别：

第一，签订时间不同。三方协议是学生在校期间签订的，而劳动合同是在毕业生毕业离校后到单位正式报到时签订的。

第二，主体不同。三方协议的主体是三方，即学校、毕业生和用人单位；而劳动合同的主体是两方，即劳动者和用人单位。

第三，内容不同。三方协议的主要内容是毕业生如实介绍自身情况，并表示愿意到用人单位就业，用人单位表示愿意接收毕业生，学校同意推荐毕业生并列入就业方案；而劳动合同记载劳动者和用人单位的权利和义务，是劳动关系确立的法律凭证。

第四，目的不同。三方协议是毕业生和用人单位关于将来就业意向的初步约定，是编制毕业生就业方案和将来双方订立劳动合同的依据；而劳动合同主要是劳动关系确立后使劳动者和用人单位的合法权益得到应有的保障。

第五，适用的法律不同。三方协议订立后如发生争议，主要解决依据是《国家关于高校毕业生就业的规定》《民法典》等；而劳动合同订立后，发生争议解决主要依据是《劳动法》《劳动合同法》及相关法律法规、司法解释。

但需要注意的是，三方协议与劳动合同并非没有任何联系。三方协议中的毕业生就业之后的工作性质、地点、期限、工资薪金、社会保险及公积金等涉及劳动合同关系的条款与双方正式签订的劳动合同内容上基本一致。通过三方协议中的内容，毕业生基本可以预见到自己与用人单位建立劳动关系之后所享有的权利和应承担的义务。

讨论思考

崇尚劳动、尊重劳动者、激励每个劳动者创造性地工作，是凝聚力量、实现"中国梦"的重要基础。每个劳动者都希望拥有理想的职业，都期盼通过劳动在奉献社会的同时收获幸福，实现个人价值；但在现实中，我们难免会遇到一些侵犯劳动者权益的事情，如侵占假期、拖欠工资、歧视女性劳动者等。为此，我们要学会运用法律武器维护自己的合法权益。

课后作业思考

劳动者在面对劳动争议时，正确的处理步骤是什么？

第三章 劳动素养

学习目标 ▶▶▶▶ ▶▶▶▶

1. 了解劳动素养的内涵和基本要求；
2. 明晰一名优秀劳动者应该具备的基本素质；
3. 树立新时代职业道德观和劳动纪律观；
4. 掌握提升劳动素养的途径，积极参与劳动实践。

课程导入 ▶▶▶▶ ▶▶▶▶

杭州"90后"教师杨金龙：每个职业都有为国争光的机会

这是一个青年才俊层出不穷的时代，年龄和经验不再是决定性的因素，这让有着旺盛生命力和创造力的青年们更能脱颖而出。这些佼佼者在各个领域中锐意进取，更早地"建功"或"立言"，成为这个时代当之无愧的主角。

他们引导着同时代的年轻人向高处迈进，以行动引领时代风范。他们鼓舞了年轻人，鼓舞了梦想，鼓舞了无数的"自我"。

此人名叫杨金龙，云南保山人士，杭州技师学院的一名教师，在2015年8月举办的第43届世界技能大赛中，他在喷漆项目上为中国夺得历史上的首枚金牌。11月，经中共杭州市委宣传部和共青团浙江省委员会共同推荐，杨金龙成为"最美浙江人——2015青春领袖"评选活动候选人。

六年钻研，一身修为，得奖绝非偶然

这位世界冠军得主可是位不折不扣的"90后"，在同龄人还在为学业忙碌、为工作奔波的时候，他却已在杭州技师学院教了两年书了。杨金龙主教"汽车喷漆"专业课，一周6节，学生只小他三四岁。获奖后不久，他更是被浙江省政府破格授予了特级技师职业资格，破格享受高级职称待遇，破格入编成为杭州技师学院在编教师。

2009年初中毕业后，杨金龙进入汽车维修专业学习，随后转入汽车喷漆专业，自此杨金龙就和这个专业开始了长达6年的"爱情"长跑。在别人眼中，汽修是一个"又脏又累又辛苦"的专业，但到了杨金龙这儿却是甘之如饴。杨金龙说，有时候他想一个钣金或者喷漆的问题，能在寝室想一天。他曾用四个月的时间去练习手工砂纸打磨，逐渐琢磨出人工打磨的手的力道和动作节奏。现在，杨金龙手工打磨的效果都赶上机器打磨了。他也曾经一连9小时待在训练场里，就为了调出和车子的色调一模一样的颜色。"来修理的车子因为经过使用，颜色早已有所变化。"杨金龙说，这时候，就需要人工加入其他颜色，勾兑出车子目前的色调。而这个勾兑的过程就全凭经验了，"你得把握那个比例，不停地对比，再不停地改良。"

自2014年6月开始参加国家队的培训，备战世界技能大赛后，杨金龙每天的练习时间都在8小时以上，几乎没有节假日。他要完成18小时的极限训练，也需长时间待在室温高达45℃的烤房中。不断的练习，为他换来了比赛时的"正常发挥"，也为他赢得了一枚宝贵的金牌。经过这次大赛，杨金龙正式迈入汽车喷漆领域的世界顶级高手行列。

因为喜欢，所以一再探索。在这周而复始的探索中，杨金龙从门外汉变成了高精尖。而成功不易，我们眼中的6年，在他那里则是2190个钻研的日日夜夜。虽然贵为世界冠军，但他并不满足于已有的技术水平，而是投身于对汽车彩绘技术的研究中，"国外的汽车彩绘已经做得相当好了，但是在国内，能做这个的没有几个，我就想能不能自己研究，学成这门技术。"

放弃高薪，投身教学，培养接班人才

面对高薪水、高职位，人们很难做到不动摇，尤其是对需要养家糊口的男生来说，但杨金龙却拒绝了两次，坚定地站在教师的岗位上。

第一次是在毕业时，他先是为了提高自己的调色技术，拒绝了一家4S店里开出的7000元月薪的邀请，到昆明一家汽车油漆供应商处工作。几个月后，当他已在公司站稳脚跟时，杭州技师学院有意邀请往届优秀毕业生回校任教的消息从杭州传了过来，于是他毅然辞职，回到杭州，加入了杭州技师学院的教师团队，成了学校年纪最小的教师。对此，杨金龙说："当老师是我的一个梦想，我很希望把多年在汽修方面的经验和学生分享。另外也是因为回到学校后，能做更多专业研究，增强技术。"

第二次则是在获奖回国时。当斩下汽车喷漆首金的消息传回国内后，很多公司的高薪聘书就静静地躺在了杨金龙的邮箱里。"那段时间，手机经常接到陌生电话，除了记者的采访邀请，就是公司的工作邀约了。"杨金龙回忆道。但是记者的采访他都答应了，公司的邀请却都婉拒了。"我喜欢教师这个工作，喜欢教更多的学生。"杨金龙说，他想把技术教给更多学生，让他们有立足社会的一技之长，也为杭州培养更多技艺精巧的"匠人"。

在他看来，如今国家政策对于技术人才越来越重视，社会对这方面人才需求也比较大。杨金龙希望能通过教师这个职业，把自己参加世界技能大赛的心得经验传递给更多的人。在杨金龙看来，每个职业都有为国争光的机会，而他的梦想就是让自身和所教导的人能为国家创造出更大的价值。

【想一想】

一个成功的劳动者具备了哪些基本的素质，有什么样的坚定信念？我们应该从他们身上学习哪些优秀的品质？

第一节 劳动素养的概念和内涵要求

学习目标

1. 了解素养、劳动素养的基本概念；

2. 掌握劳动素养的内涵要求。

劳模风采

海洋钻井平台走出技术大拿

扎根海上 29 年，一次次冲破钻井平台现场的"卡脖子"技术壁垒——他就是全国五一劳动奖章获得者、中国石化胜利石油工程公司海洋钻井公司职工刘东章。

1993 年，刘东章从技校毕业后，进入胜利油田海洋钻井公司工作。当时正值胜利油田海上钻井平台实现年产油 10 万吨的发展新阶段，为刘东章这样的技能新兵提供了难得的成长机遇。

"一定要干出个样子来。"爱琢磨、爱动手，刚刚迈出校门的刘东章有一股使不完的劲儿。

没想到一上平台就遇到了"拦路虎"。平台引进的国外 CAT 柴油机与在学校学习使用的机器有很大差别，而且大部分技术资料是英文的。眼前的困难也让他明白一个道理，作为新时代蓝领，更要懂"国际话"。

为了看懂技术资料，他开始自学英语。休息时，别人看电视、拉家常，他就躲进空房间里自学；倒休在家时，同学聚会、同事聚餐他统统推掉，除了吃饭睡觉，英语书本几乎不离手；为了练听力，他带着复读机走路听、坐车听、睡前也听。3 年下来，他学习用的稿纸摞起来比他的身高还高，随身听也用坏了好几个，终于打下了坚实的英语基础，还顺利拿到山东大学英语专业的文凭。

有了语言优势作"敲门砖"，他工作起来事半功倍。平台柴油机原本的冷却方式为风冷、噪声大、冷却效果差；为了改变这一状况，他白天扎进机房勘察，晚上熬夜查资料、画图纸、写方案，最终设计出一套新的冷却方案，一年可节省燃油 150 吨，降低噪声 50 分贝。

初获成功的他再接再厉，先后完成柴油机进气道关闭装置设计等设计发明与技术改造 121 项，提出并解决现场装备技术难题 600 余项，取得国家专利 76 项，累计增效 7000 多万元，逐步成长为海洋钻井装备领域的行家里手。

"鼓励带动更多人投身创新实践，才能把蓝领汇成'蓝海'，催生更多更好的创新成果应用于海上勘探。"2015 年 9 月，刘东章领衔的创新工作室成立。7 年来，工作室培训 3000 余人次。他带的徒弟中，36 人次在各级比赛中摘金夺银，106 人实现技能等级晋升。

此外，刘东章还翻译了 30 余万字的英文技术资料，编写了吊车司机、司钻、泥浆工等工种的英语"口袋书"，他参与编写的《涉外录井英语》等书籍成为培训教材。

问题导学

普通的人干出了不普通的事，刘东章通过自己的努力实现了自身价值的提升，他背后是什么样的素养支撑呢？

▶ 一、素养和劳动素养

随着社会的飞速发展，高素质的人力和人才资源开创着新时代。高素质的人力人才资源取决于个体的劳动素养，因而，劳动者劳动素养的高低直接影响国家的前途和民族命运。

习近平总书记曾寄语劳动者：三百六十行，行行出状元。任何一名劳动者，要想在百舸争流、千帆竞发的洪流中勇立潮头，在不进则退、不强则弱的竞争中赢得优势，在报效祖国、服务人民的人生中有所作为，就要孜孜不倦学习、勤勉奋发干事。一切劳动者，只要肯学肯干肯钻研，练就一身真本领，掌握一手好技术，就能立足岗位成长成才，就都能在劳动中发现广阔的天地，在劳动中体现价值、展现风采、感受快乐。我国的教育改革也趋向能力为重，促进学生德智体美劳全面发展，帮助学生学会做人做事，适应社会发展的变化。因此，对青年学生劳动素养的关注度在不断上升，全面提升劳动教育也在稳步推进。

（一）素养

素养，所谓由训练和实践而获得的一种道德修养。《汉书·李寻传》："马不伏历，不可以趋道；士不素养，不可以重国。"宋陆游《上殿札子》："气不素养，临事惶遽。"《后汉书·刘表传》："越有所素养者，使人示之以利，必持众来。"

从古代延伸至 20 世纪初的农业社会中，德行是人才"素养"的第一标准。在教育哲学中，素养被认为是集正义、智慧、勇敢于一体的，代表人物有苏格拉底、亚里士多德和孔子。随着工业社会的到来，20 世纪初，以"能力"为中心对素养的概念进行了新的思考与分析，代表人物有皮亚杰、麦克利兰、加德纳等。20 世纪 90 年代以来，随着信息社会的到来，对"素养"的概念进行了扩展与升级，强调核心素养才是培养能自我实现与社会和谐发展的高素质国民的基础。从认知的角度出发，素养定义为一个人在具体的社会环境中对知识、技术能力、态度等的应用。

素养是指一个人的修养，从广义上讲，包括道德品质、外表形象、知识水平与能力等各个方面。在知识经济的今天，人的素养的含义大为扩展，它包括思想政治素养、文化素养、业务素养、身心素养等各个方面。学生发展核心素养，主要指学生应具备的，能够适应终身发展和社会发展需要的必备品格和关键能力。研究学生发展核心素养是落实立德树人根本任务的一项重要举措，也是适应世界教育改革发展趋势、提升我国教育国际竞争力的迫切需要。

2016 年 9 月北京师范大学发布了《中国学生核心素养》的研究成果，为我国学生发展核心素养体系构建了较为权威的总体框架。《中国学生发展核心素养》将中国学生核心素养分为文化基础、自主发展、社会参与 3 个方面，并提出了人文底蕴、科学精神、学会学习、健康生活、责任担当、实践创新 6 大核心素养及 18 个基本要点（见图 3-1-1）。

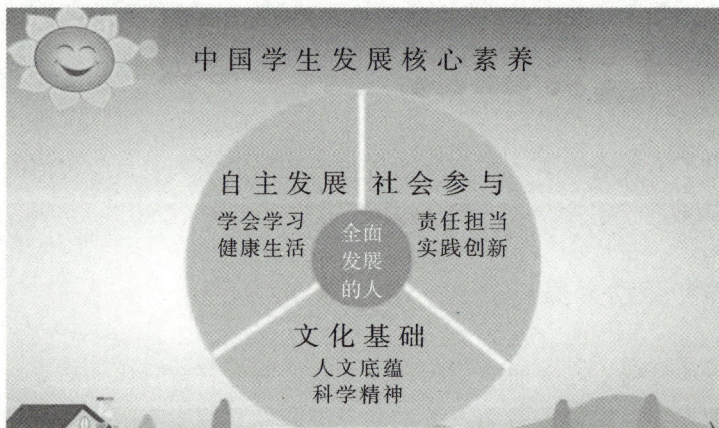

图 3-1-1　中国学生发展核心素养

（二）劳动素养

新时代教育使命，首先是指中国特色社会主义教育性质决定中国教育的宗旨之一是培养有劳动素养的时代新人。马克思主义经典作家特别强调要通过"教育与生产劳动相结合"的方式培育全面发展的人，在工人阶级取得政权后，"教育与生产劳动相结合"则应当有更为自觉、水平更高的教育安排。因此劳动者当家做主的社会主义国家强调劳动教育理所当然。正如《意见》所指出的那样：劳动教育是中国特色社会主义教育制度的重要内容，直接决定社会主义建设者和接班人的劳动精神面貌、劳动价值取向和劳动技能水平。

高等学校培养的人才必须是具备良好劳动素养的高素质劳动者。因而，大学生的劳动素养指的是大学阶段的学生在劳动教育的过程中所形成的包含劳动认知、态度、情感和实践状态等内容的一种综合劳动素养，它是大学生综合素养的重要组成部分，是大学生的核心竞争力，有助于大学生的社会化和自我成长。具体而言，大学生在掌握扎实专业知识的同时，具有积极主动的劳动意识，具有良好的热爱劳动的心态，尊重他人劳动成果，不仅能够开展学习、生活、工作中的脑力与体力实践活动，而且能够根据条件变化创造性地开展活动。大学生的劳动素养左右着他们对未来职业、岗位和人生道路的选择，影响着他们人生价值的实现，进而在一定程度上影响国家和社会的未来。

1. 劳动素养的内涵

"劳动素养"一词从结构上分析，由"劳动"和"素养"组成。一般意义上的劳动是指"人通过自身肢体对外输出劳动量而产生价值的人类运动，是人维持自我生存和发展的唯一手段"。具体包括体力劳动和脑力劳动两种形式。素养在《现代汉语词典》（第7版）中解释为"平日的修养"，而修养则指"理论、知识、艺术、思想等方面的一定水平；也指正确待人接物的态度"。因而，素养主要指个体后天形成的知识、思想、价值观念和态度等良好的品质及与之相适应的能力。由此，劳动素养是指个体通过体力劳动和脑力劳动所形成的与劳动相关的品质修养和行为能力。

劳动素养涵括劳动者在劳动过程中与之相匹配的劳动心态和劳动技能，在掌握一定知识储备和劳动技能基础上开展实践活动，展现在劳动实践中的优良品质，包括劳动意识、劳动精神、劳动能力及知识储备和创新精神等状况。《中国学生核心素养》的研究成果在实践创新核心素养部分中指出：强调"劳动素养"是重要内容，强调学生要尊重劳动，培养良好的劳动习惯、劳动态度和劳动能力。劳动素养维度见表3-1-1。

表 3-1-1　劳动素养维度

劳动素养维度	内容表述
劳动认知	认识、尊重劳动，对劳动的重要性有明确的认知，有正确的劳动观
劳动态度	积极健康的劳动热情、良好的劳动习惯和崇高的劳动品质
劳动能力	结合已有知识掌握劳动技能，具有动手操作能力、实践能力、创新能力、利用已有资源解决实际问题；承担社会责任，具有通过诚实合法劳动创造成功生活的行动

劳动素养不仅是知识方面的重视，更重要的是价值观、态度和能力的要求，最终的目标是实现学生的全面发展。劳动素养不仅单方面的表现在劳动教育相关知识的传授，更应该重视学生的态度和能力方面的培养。一个人能力的高低与其劳动态度是密切相关的。大学生劳

动教育的最终目标不局限于劳动技能水平的提升，而是通过劳动教育改善学生的认识结构，开发其潜能，丰富其情感与情操。依据劳动素养基本指标的成果，将劳动素养划分为劳动认知、劳动态度及劳动能力 3 个方面。

（1）劳动认知方面。从现代认知心理学角度而言，认知是指人的一种认识活动，它是刺激与反应之间的一种中介因素，也是影响人类行为决定的一个重要因素。人们经过外界环境和事件的刺激和影响，作出认知选择。在这一过程中，人们自身会产生不同的观点，从而产生不一样的行为表现。

青少年阶段生命个体的思维能力发展较快，思维活跃，动手实践能力较好，思考和概括能力也有较好的发展和提高。因此，高职院校要注重学生认知能力的培养。劳动认知是指获取劳动知识和进行劳动实践（包括在学校接受劳动教育的课程教学、课外实践活动、家庭生活劳动等），根据自身的劳动兴趣对劳动有关的知识或信息进行选择和加工，重新认识和评价劳动素养。劳动素养认知方面主要体现在正确的劳动价值观。

劳动价值观是马克思的基本观点，马克思认为：劳动不仅是谋生的手段，更是通向客观世界与主观世界的媒介，也是实现人性至美至善、彻底自由的必由之路。价值观是人们在社会生活过程中形成的对周围各种事物、过程和问题的根本观点和看法，而劳动价值观则是人们在劳动中产生感受和认知后，形成对劳动的根本观点和态度。劳动价值观决定着人们怎样对劳动进行价值评判，并决定了他们对劳动的价值取向。

马克思指出：人类最初的历史活动是生产人生存所必需的物质资料本身。人类社会要生存要发展，都必须以劳动为前提和基础；如果人类停止劳动，他们就无法维持自身的生存，进而整个人类社会就会濒临灭亡。马克思主义劳动价值观是唯物史观最基本的观点，它深刻揭示出了劳动才是人类社会形成的决定性因素，也只有劳动才是人类社会赖以生存和发展的基础。离开了劳动，一切都是空谈。

习近平总书记多次强调"劳动最光荣、劳动最崇高、劳动最伟大、劳动最美丽"，这是对新时代劳动价值观的明确定位。落实这一定位，需要引导大学生充分认识"人民创造历史，劳动开创未来"，明白"劳动是推动社会进步的根本力量""劳动是财富的源泉，也是幸福的源泉"的道理，真切体验在劳动创造中"把自己的理想同祖国的前途、把自己的人生同民族的命运紧密联系在一起，扎根人民，奉献国家"的幸福感；正确认识新时代劳动的复杂性和多样性，由衷地认同"劳动没有高低贵贱之分，任何一份职业都光荣""一切劳动，无论体力劳动还是脑力劳动，都值得尊重和鼓励"的道理，切实改变轻视体力劳动和体力劳动者的错误心态。

（2）劳动态度方面。劳动态度是指学生接受劳动教育之后，愿意增强对劳动的认识和理解。同时，学生经过学习劳动知识，开始参与劳动，对劳动实践产生兴趣和好奇心。在此基础上，学生也学会热爱劳动、尊重劳动人民和珍惜劳动成果，学会树立正确的劳动观念，形成优良的劳动品质。在劳动态度的改变下，主要有以下方面的表现：

第一，增强劳动热情。"爱劳动"一直是我国劳动教育特别重视培养的基本劳动情感态度。习近平总书记更是多次强调"要通过各种措施和方式，教育引导广大青少年牢固树立热爱劳动的思想、牢固养成热爱劳动的习惯，为祖国发展培养一代又一代勤于劳动、善于劳动的高素质劳动者""要教育孩子们从小热爱劳动、热爱创造，通过劳动和创造播种希望、收获果实，也通过劳动和创造磨炼意志、提高自己"。培育大学生热爱劳动、热爱创造的情感态度，要教育引导大学生真正做到"任何时候、任何人都不能看不起普通劳动者，都不能贪图不劳而获的生活"，认识到尊重普通劳动者、珍惜他们的劳动成果是人的基本修养。优化高职学生专业实习实训，精心组织社会实践与志愿服务，全面推进创新创业教育，不断深化产教融合，引导大学生在广阔的生产劳动与实践中加强磨炼、增长本领；教育引导高职学生"要敢于做先锋，而不做过客、当看客，让创新成为青春远航的动力，让创业成为青春搏击的能量"；教育引导高职学生勤奋学习、刻苦钻研，使学生由衷认识到这不仅是增长知识的过程，更是磨炼意志、锤炼品行、提高自己的辛勤劳动过程，让勤奋学习成为青春飞扬的动力。

第二，培养良好劳动习惯。劳动习惯是个体在长期劳动实践训练中形成的稳定的行为模式。习近平总书记一直强调"空谈误国，实干兴邦"，倡导"在全社会大力弘扬真抓实干、埋头苦干的良好风尚"，强调"幸福不会从天而降，梦想不会自动成真"，"人世间的美好梦想，只有通过诚实劳动才能实现；发展中的各种难题，只有通过诚实劳动才能破解；生命中的一切辉煌，只有通过诚实劳动才能铸就"，实现我们的奋斗目标，开创我们的美好未来，"必须依靠辛勤劳动、诚实劳动、创造性劳动"。2018 年 5 月 2 日在北京大学师生座谈会上的讲话中，习近平总书记更是谆谆教诲广大青年"要力行，知行合一，做实干家"，"不论学习还是工作，都要面向实际、深入实践，实践出真知；都要严谨务实，一分耕耘一分收获，苦干实干"。新时代高校劳动教育要回到全面的、本原的劳动观上，将劳动看成人类创造世界、改造世界的一切实践活动，是劳动、工作、做事、干事、奋斗的统称，让"真抓实干、埋头苦干"成为新时代大学生学习、工作、做人、做事的基本行为方式。

第三，发扬优秀劳动品质。劳动品质体现了劳动的伦理要求，是指人们在劳动过程中所表现出来的对他人和社会的稳定的心理特征与倾向。习近平总书记对新时代劳动的基本要求是辛勤劳动、诚实劳动、创造性劳动。"一勤天下无难事""民生在勤，勤则不匮"，这些中国人自古秉承的劳动信念在新时代依然熠熠生辉，"坚持艰苦奋斗，不贪图安逸，不惧怕困难，不怨天尤人，依靠勤劳和汗水开辟人生和事业前程"依然是新时代大学生需要发扬的美德。习近平总书记高度讴歌诚实劳动的价值，将其视为实现人世间的美好梦想、破解发展中的各种难题、创造生命里的一切辉煌的必由之路。新时代是创新发展的时代，大学生是新时代创新发展的重要新生力量，要深刻理解新时代的劳动者"不仅有力量，还要有智慧、有技术、能发明、会创新"，以科学家、大国工匠和劳动模范为榜样，胸怀理想、脚踏实地、勤奋学习、锐意进取、敢为先锋、勇于创造，不断谱写新时代的劳动创造之歌。劳动品质是劳动素养的核心和方向标，传统的劳动品质主要凸显的是吃苦耐劳、诚实守信、勤俭节约、坚韧顽强、乐于奉献、不言辛苦等；在新时代背景下，劳动品质增加了新的时代特征，更加凸显了为国争光、团结协作、开放融合、创新创造、精益求精、坚持专注、追求卓越等特征。

（3）劳动能力方面。劳动能力是人进行生产活动的能力，包括体力和脑力两个方面，是体力和脑力的总和；是劳动者以自己的行为依法行使劳动权利和履行劳动义务的能力，即法律上所指的劳动行为能力。它包括劳动者充分发挥自身的操作技能、实践能力和创新能力，做到自我培养和自我判断，有能力组织和实现个人任务或集体任务，它是高职学生劳动素养全面提升的必备基础。习近平总书记强调："素质是立身之基，技能是立业之本。广大劳动群众要勤于学习，学文化、学科学、学技能、学各方面的知识，不断提高综合素质，练就过硬本领。"学生专业知识的学习本身就是一种劳动知识学习，通过专业实习、顶岗实习、日常的生产生活学习，为建设宏大的知识型、技术型、创新型劳动大军奠定基础。

▶ 二、劳动素养的内涵要求

1. 劳动态度端正

劳动态度端正指劳动者树立以劳树德，提升人的劳动意识和劳动责任感。塑造人的精神世界是劳动教育的目的，在劳动中树立并践行社会主义核心价值观，培养劳动者"自己的事情自己干"的意识与责任心，崇尚劳动、尊重劳动、敬畏劳动、勤俭节约、踏实肯干。

2. 劳动能力提升

劳动能力提升表现在以劳增智、以劳健体、以劳创新等方面，重点是让劳动者掌握相关劳动领域的知能，让其会劳动。通过真实的劳动过程，人们经历、体验、感悟现实的劳动活动，掌握日常生活劳动、服务性劳动和生产劳动技能，在实践中激发创新精神，培养团结协作能力、创新创造能力，以及人与人、人与社会和谐相处的能力。

3. 劳动习惯良好

劳动习惯良好旨在培养人自愿劳动、自觉劳动、安全规范劳动、热爱劳动的行为习惯，促进人认识和体验脑力劳动和体力劳动、简单劳动和复杂劳动、线上劳动和线下劳动等多种形式的劳动关系，感受其过程，让人想劳动、会劳动、感受劳动的乐趣。

4. 劳动精神美好

劳动精神美好指以劳育美、劳动美、劳动者美等，以劳动创造幸福生活，让人爱劳动。即通过劳动教育，促进人脑力劳动（学科学习）和体力劳动（应用实践）的贯通，提高人发现劳动美、欣赏劳动美、创造劳动美的能力，引导人形成坚韧不拔的劳动精神和劳动品质。

课堂活动

分享劳模故事

（一）活动目的

本活动以"劳模事迹"为主题，使学生了解中国历史上的劳动模范，对学生进行劳动教育，增强学生爱岗敬业的品质。

（二）活动对象

全体学生。

（三）活动要求

（1）故事内容健康、高雅，格调清新、明朗，充分体现积极进取、健康向上的精神风貌。

（2）故事选材以"我国古今劳动模范事迹"为主，也可以尝试有创意的表演形式。

（3）参赛者必须在3~5分钟内脱稿独立完成，普通话标准，表情丰富。

（四）活动步骤

（1）以小组为单位确定主题，选定要分享的人是谁。

（2）搜集相关资料，如有关的故事、照片、名言佳句等。

（3）把搜集到的人物故事、照片、名言佳句等，在小组里进行交流。

（4）各组选出一名代表参加班上的"讲劳模故事"比赛。

（5）把这次活动的过程和感受写下来，制作劳模故事剪贴报。

课后作业思考

从劳动素养的三个方面对自己进行评价，思考哪些方面需要改善，以及如何提高自己的劳动素养？

第二节　劳动者素质

学习目标

1. 了解劳动者素质的概念及内容；
2. 领悟提高高职学生劳动素质的重要意义。

劳模风采

"冠军梦"成就"全能钳工"

左腿弓，右脚蹬，一把锉刀在张文良手中反复推拉，刀刃下的铁片被打磨变薄，铁屑飞溅。凭借独特的手感，30岁的钳工张文良可以把误差精度控制在一根头发丝直径的三十五分之一。

金属带材被冲压成硬币毛坯，抛光清洗后压印，用放大镜或显微镜检查无瑕疵后进行包装……沈阳造币有限公司造币三部维修钳工、机修班班长张文良，主要负责造币专用设备的维修、检查和保养。设备零件一旦磨损，精度就会下降，张文良要做的，就是恢复它们的精度。

21岁就登上全国技能大赛最高领奖台，成为双料高级技师，熟练掌握车工、电工、铣工等6个工种……年少成名的张文良，曾被诊断为"不宜从事体力劳动"，却在"冠军梦"的指引下成了"全能钳工"。

参赛改变人生轨迹

厂房里一片安静，每次锉刀平稳推出，都能听到"唰唰唰"的声响，张文良特别喜欢这种声音。

一根头发丝的直径通常是 0.07~0.08 毫米，普通钳工的操作误差精度只能达到 0.01 毫米，而张文良锉过的平面，误差精度可以控制在 0.002 毫米。"每锉一次，感受手的前后摆动力度，我就知道会掉下多少切屑。"一把锉刀在张文良手中变得充满灵性。

2008年，17岁的张文良从老家辽宁省岫岩县来到沈阳，进入沈阳职业技术学院学习模具专业。"那个夏天特别闷热，我走到钳工训练场，看见一个高大的身影对着工件一遍一遍地锉削，后背全湿透了。"张文良的钳工技术启蒙老师曲骊回忆说。

18岁时，张文良患上了严重的腰椎间盘突出，医生建议他不宜从事体力劳动。彼时，想当钳工的张文良感到迷茫。

在曲骊的办公室里，摆着一排技能大赛的奖杯，每次看到，张文良的目光都无法移开。曲骊看出了他的渴望，帮他争取到了参赛机会。张文良训练异常刻苦，光锉刀就用废了十几把。

2011年，21岁的张文良夺得全国青年职业技能竞赛"振兴杯"冠军。同年9月，《国家高技能人才振兴计划实施方案》出台，张文良搭上了政策的"顺风车"。其间，大大小小的技能竞赛，他参加过三四十场。

企业转型成就"全能钳工"

2013年5月，张文良被沈阳造币有限公司作为高技能人才聘用，除了钳工工作，还担任造币设备的维修员。

在生肖猴普通纪念币生产中，张文良发现生产联动线上有包装卷歪斜、碎卷现象，一连几天，他有空就蹲在传送带前仔细看。

"文良啊，别看了。这联动线是专人论证设计的，有毛病得找专家，咱们可解决不了。"老师傅的话反而点亮了他的灵感。经过精细计算，张文良设计并制作了有着合适弯曲弧度和安全角度的不锈钢板，不仅提高了生产效率，还降低了生产成本。

2019年，泰山币——首枚异形普通纪念币即将生产发行。作为整个生产线的关键一环，新上马的设备运行效率不高，成为全线生产的瓶颈环节。张文良担负起设备改进重任。生产前夕，他每天守在机台前13个小时以上，通过不断改造和调试，最终提出了"自动装筒"的改造设想，满足了生产需求，企业迅速投入生产。在这个过程中，他提出的《方形币检查机转盘处的改进》等改造方案，也得到推广应用。

企业转型给张文良带来丰富技能的动力和契机。在触类旁通学会车工后，他又学习并掌握了电工、铣工等工种的技能，拿下工具钳工、装配钳工两个高级技师资格证书。"要想不被企业、行业抛弃，就要把自己打造成企业所需的，具有新思维、新能力的高技能人才，所以要时刻准备转型。"张文良说。

用技能敲开幸福大门

在2020年的全国首届职业技能大赛装配钳工赛场上，张文良获得了银奖。他对比赛成绩并不满意，遗憾背后，是他对自己的新期待。

9年来，张文良参与研发试验及生产"和"字币、中华人民共和国成立70周年纪念币、建党100周年纪念币等10余项国家重大题材纪念币的生产任务；解决维修技术难题70余项，设备改进100余项；自主设计及加工零件200余件，"五小创新成果"50余项。

问题导学

钳工张文良的精湛技术给我们带来了哪些感受？作为新时代的大学生应如何提高自身劳动素质？

▶ 一、劳动者素质的概念与内容

（一）劳动者素质的概念

劳动者素质是指从事劳动或者能够从事劳动的人的体力因素、智力因素和品德因素的有机结合。

（二）劳动者素质的内容

1. 劳动者的体力

体力是人体活动时所能付出的力量，表现为人的筋骨肌肉力量、灵敏度和感官能力。

2. 劳动者的智力

智力是人认识客观事物并运用知识解决实际问题的能力。通常表现为人的生产经验、思维能力、文化知识、专业知识、劳动技能等。一定时期劳动者的智力，既是生产力发展的结果，又是生产力进一步发展最强大的推动力量。

3. 劳动者的思想品德

人是有意识的。劳动者的思想品德直接关系到劳动者的劳动热情和劳动积极性。这三方面内容互相联系，有机结合，构成劳动者素质。其中，体力是劳动者从事劳动的物质基础，丧失了体力的人也就丧失了作为劳动者的基础条件，无从发挥其智力。任何体力的发挥，总包含着一定的智力内容，历史上的劳动者都是具有一定智力的劳动者。劳动者的思想品德则是决定其体力和智力增进和运用状况的主观因素。

（三）高职学生劳动素质教育的重要性

新时代的高职学生是社会主义事业的建设者和接班人，是祖国未来高素质的劳动者。对高职学生实施劳动素质教育，培养他们正确的劳动态度和习惯，不断提高他们的实践操作及动手能力，是素质教育的要求，也是落实党的教育方针。

随着社会经济的发展和人们生活水平的不断提高，生活条件的日益改善及对子女的过分呵护，一些学校和家庭渐渐地忽视了对孩子的劳动教育和劳动锻炼，使得高职学生劳动观念淡薄、劳动知识缺乏，缺少基本的生活自理能力，学生宿舍脏、乱、差现象普遍，加上平时缺乏必要的体力劳动和体育锻炼，身体状况不甚理想，将来就业后，恐怕难以担负起艰苦而繁重的工作。因此，要在高职学生中广泛开展劳动素质教育，帮助学生了解劳动知识，引导学生经常地自觉地参加各类劳动，形成良好的劳动习惯，全面提高其劳动素质。

知识拓展

打通技能、技术和管理晋升通道　锻造更多大国工匠

中国经济正在迈向高质量发展，这将是高素质技术工人的"大时代"。

安徽以25条改革举措拓宽产业工人发展空间，广东省成立工匠学院为产业工人教育培训搭建"立交桥"，内蒙古着力构建产业工人技能形成体系……近期以来，各地纷纷出台产业工人队伍建设改革举措，让产业工人更有保障、更有尊严，涵养着劳动情怀、激发出劳动热情。

产业工人队伍建设，是实施科教兴国战略、人才强国战略、创新驱动发展战略的重要支撑和基础保障。当前，我国经济转向高质量发展，国际产业结构深刻调整，科技革命和产业革命的发生，给产业工人带来机遇也带来挑战；我国产业工人队伍建设在技术技能、素质结构、体制机制等方面还存在一些障碍，也影响到产业工人队伍的发展壮大。吸引更多人才投身制造业，建设一支高素质的产业工人队伍，事关国家和民族的长远大业。

发展高端制造业不仅需要高端装备、高端技术，更需要高端的技能人才队伍。从世界工

业发展史看，但凡工业强国，都是技师技工大国。我国两亿多产业工人，为改革发展作出了重要贡献；但不可否认的是，目前我国技术工人缺乏尤其是高技能人才缺乏、技能形成缺少顶层设计、产业工人职业发展通道不畅等问题仍然存在，相关法律法规政策也需要进一步完善落实。推进产业工人队伍建设势在必行。

虽说收入预期在职业选择中占有很高的权重，但并不是说只有简单提高薪酬才是唯一的激励方式。渴求为人重视、实现自身价值，是人类的天性。一些来自一线的技能人才感叹，与收入提升相对应，不少年轻技术工人更渴望人生出彩的机会。实践中，一些企业进行了卓有成效的创新。比如，实行面向技术工人的股权激励，打通技能、技术和管理晋升通道，试行技术工人创新成果按要素参与分配，设立技能大师创新工作室等。这些创新举措，有利于促进形成"当工人有前途"的价值导向。

讨论思考

劳动者素质的提高对于企业的发展、社会的进步有什么重要意义？

▶ 二、提升高职学生劳动素质的重要意义

劳动教育是国民教育体系的重要内容，是学生成长的必要途径，具有树德、增智、强体、育美的综合育人价值。实施劳动教育重点是在系统的文化知识学习之外，有目的、有计划地组织学生参加日常生活劳动、生产劳动和服务性劳动，让学生动手实践、出力流汗，接受锻炼、磨炼意志，培养学生正确的劳动价值观和良好的劳动品质。

（一）提升思想政治教育和道德教育的前提和保证

众所周知，劳动是实现由猿到人这一飞跃的关键，也是人类生存和发展的最根本方式，人类的一切物质文明和精神文明都是劳动的产物。因此，劳动教育可以培养大学生对劳动和劳动者的感情以及珍惜劳动、热爱劳动的优良品质，还能让学生懂得只有通过全体人民的艰苦创业、勤奋劳动，国家才能富强、人民才能幸福的道理。劳动教育中深入爱国主义教育，帮助学生树立正确的劳动观，培养学生具有艰苦朴素、勤俭节约、遵纪守法、认真负责、团结协作、关心集体、珍惜劳动成果的优良品质，激励学生用自己的双手去建设美好的未来。

（二）促进高职学生全面发展素质的需要

大学生的文化素质包括知识、智力和技能三个方面，它们的最终目的都是指导实践。学生只有结合书本知识，参加大量的劳动实践，才能把所学的知识转化成服务社会的技能。生产劳动教育可以使学生感受到科学知识的重要性，从而提高学生学习的积极性和兴趣，并且可以加深学生对科学原理的理解，从而启发学生的创造性。劳动素质教育是大学生增强自身身体素质和提高审美素质的需要。大学生正处在身体发育的重要时期，适度的劳动会使体质和体力得到增强。劳动素质教育还可以培养大学生的美感，从而提高其审美能力。

（三）增强大学生心理素质的需要

随着独生子女的增多，家中的地位使许多孩子丧失了最基本的劳动技能，他们"四体不勤，五谷不分"，一旦遭遇挫折，就会让他们不知所措。同时，高职学生当下面临的学习

压力、就业压力、交往压力都可能使他们出现各种心理问题。因此，在大力普及心理健康教育的同时，也可以通过劳动素质教育缓解大学生的心理压力，因为劳动既可以培养人的独立思考能力，又可以磨炼人的意志，从而增强抗挫折能力和竞争能力。

课堂活动

请以"新时代的北斗精神"为主题展开一场主题演讲比赛。

【记录过程】

讲稿思路：

写作要点：

演讲准备要点及完成情况：

心得体会：

课后作业思考

高职学生在校期间，通过专业实践和生产生活劳动提升自己的劳动素养，对于以后进入工作岗位有什么样的帮助？

第三节 职业道德与劳动纪律

学习目标

1. 了解职业道德的含义、特点、基本规范；
2. 了解劳动纪律的含义和特征；
3. 了解职业道德与劳动纪律二者的区别与联系；
4. 能够自觉遵守职业道德和劳动纪律。

劳模风采

从爱花少年到园艺国手，于长青把兴趣变成事业
——纤枝细叶谁裁出 十年养护"金剪刀"

"小剪刀、大学问，有规律、无定法，当好园艺师，唯有用心。"

——于长青

4 月 28 日，北京，庆祝"五一"国际劳动节暨全国五一劳动奖和全国工人先锋号表彰大会的领奖台上，热烈的掌声与闪耀的聚光灯下，一位青年园艺国手，迎来荣耀时刻。

他叫于长青，是北京花乡花木集团的园林养护主管，也是今年的全国五一劳动奖章获得者。

20 多年前，辽宁阜新蒙古自治县，位于大兴安岭深处的一个山村里，邻居家的花盆旁，一个蓬头少年，正盯着花儿痴痴凝视。

20 年间，曾经的爱花少年成长为在各类技能竞赛中大放异彩的"金剪刀"，在追梦路上，用热爱写下了一首奋斗"花间辞"。

少年花事

从事园林工作已经整整十年，但于长青的花草情缘，却要从更早说起。

"从小就喜欢，虽然那时还不知道什么是园艺。"生长在大山里，于长青对山上的花草，有着超出同龄人的喜欢。小学时，每次和玩伴上山，遇见路边漂亮的野花，这个文静的男孩，总会随手摘几朵带回家。

到了初中，一门课让于长青对植物的喜爱更进了一步。

"初中生物课上，第一次接触扦插，在农村，扦插材料可以说唾手可得。"这让于长青找到了与植物交流互动的方法。

课后，他的小实验紧锣密鼓地开始了。按照老师教的方法，剪些杨树枝、柳树枝，简单地插到土里，令他意想不到的是，过了一段时间，枝条生根发芽了。这神奇的一幕，让于长青震撼不已。

他对花草的痴迷，也感染着村里的人。

一天，养花的邻居叫住于长青，送给了他一株吊兰。于长青喜出望外，这是他养的第一盆花。

从此，他多了个"串门"的爱好。但凡谁家有漂亮的花，谁家又"上新"了品种，于长青总会第一时间获取"情报"，向叔叔婶婶要一些回家养。

这家给一棵，那家分一株，于长青家的院里，渐渐多出一片小花田。那是他最早的"花圃"。

这个爱侍弄花花草草的男孩子，在村里显得有些与众不同。没人会想到，这院中一方小小的世界，生长着一个少年大大的梦想。

这梦想，在后来，日渐枝繁叶茂，为一位园艺国手的诞生积蓄力量。

小剪刀，大学问

2009年，填报高考志愿，3个批次6个志愿，于长青全部填报农林类学校的园林专业。

几个月后，他出现在辽宁林业大学校园里。这也是他第一志愿的学校。

在这里的4年，爱花少年的兴趣与梦想，得到了系统"发育"。根、茎、叶、花、果、种，这不仅是植物的器官，更是深度了解另一个世界的语法。门、纲、目、科、族、属、组、系、种、亚种……这不仅是植物学分类，更是了解花草树木身世与家谱的密码。

在校期间的一些赛事，让于长青崭露头角。一次，学校组织花艺制作大赛，他为婚礼设计的花艺作品"最浪漫的事"拔得头筹。

"创意灵感来自那首家喻户晓的同名歌曲《最浪漫的事》。园艺就像是把植物当作语言去写作，通过植物讲故事、表达情感。"于长青说。

于长青眼中这份浪漫的工作，实际干起来，不仅纷繁复杂，更需要耐住寂寞。

把自己当成一棵树

2012年工作至今，从北京南海子郊野公园，到二环沿线的碧桃养护，再到上海崇明中国花卉博览会上领衔团队打造的独特展区，于长青修建花卉草木的剪刀，在日夜磨砺中，镀上了一层金色。

2020年，他在北京市第五届职业技能大赛园艺修剪（金剪子）大赛中，一举拿下金奖。

同年11月，于长青接到一个特殊任务。2021年5月，第十届中国花卉博览会将在上海举办，于长青肩负起中国花卉协会零售业分会展园项目的园林养护工作。

南方气候条件，光照、湿度、温度和北方有很大差异，如何在全新环境中养护植物对他来说是不小的挑战，特别是修剪手法，南派北派大相径庭。

为了选择最合适的花卉苗木，他的足迹遍布北京、上海、山东、安徽、江苏、浙江6个省市；为了让花卉在开幕当天达到最完美的开放效果，他既要掌握每种花的花期、产地，倒排工期，还要和苗木供应商以及公司的地景加工、钢构加工等部门沟通，以精准把控栽种时间。

此次展会，他和同事们创新性地采用了地景工艺，独树一帜。将花木修剪下来的枝条回收再利用，用植物设计出惟妙惟肖的大蘑菇、小兔子等，将环保理念应用到园林设计创意中。

在于长青的不懈努力下，一幅"花样生活、田园美景"出现在3000平方米的展园里：200多种花卉苗木鳞次栉比，花草的色彩搭配雅致，树枝绑成的兔子和长颈鹿栩栩如生……观者无不啧啧赞叹。最终，展园项目获得特等奖，于长青本人也被组委会授予"突出贡献个人"。

2021年，于长青作为代表北京市的6位选手之一，参加全国行业职业技能竞赛，夺得职业技能组综合成绩第一名，获全国"金剪子"称号，晋级园艺国手。

回顾职业生涯，他总忘不了有位老匠人告诉他的修剪诀窍："没事你就在树上趴着看树，看烦了，就下来在树下看，把自己当成一棵树。"

在于长青看来，园艺不仅是一门技术，更是一种生命对另一种生命的关照。

"如果有来生，要做一棵树，站成永恒。"这是作家三毛的诗句。从业十多年，每日将花草树木照顾妥帖的于长青，一直铭记那位老匠人的教诲，做一棵树，用自己的方式，站成永恒。

问题导学

把兴趣变成一种事业，于长青践行了内心的坚守，作为当代大学生，如何将自己的兴趣发展成为职业的坚守？

▶ 一、职业道德的基本概念、特点和基本规范

（一）职业道德的基本概念

职业道德指从事一定职业的人员在职业活动中应遵循的行为规范的总和，是社会道德在职业行为和职业关系中的具体体现，是整个社会道德生活的重要组成部分。职业道德的内容包括职业道德意识、职业道德行为规范和职业守则等。

（二）职业道德的特点

1. 社会主义道德体系的重要组成部分

由于每个职业都与国家、人民的利益密切相关，每个工作岗位、每一次职业行为，都包含着如何处理个人与集体、个人与国家利益的关系问题，因此，职业道德是社会主义道德体系的重要组成部分。

2. 树立全新的社会主义劳动态度

职业道德的实质是在社会主义市场经济条件下，约束从业人员的行为，鼓励其通过诚实

的劳动，在改善自己生活的同时，增加社会财富，促进国家建设。劳动既是个人谋生的手段，也是为社会服务的途径。劳动的双重含义决定了从业人员全新的劳动态度和职业道德观念。

（三）职业道德基本规范

1. 爱岗敬业

爱岗敬业，反映的是从业人员热爱自己的工作岗位，敬重自己所从事的职业，勤奋努力，尽职尽责的道德操守。这是社会主义职业道德的最基本要求。

2. 诚实守信

诚实守信，既是做人的准则，也是对从业者的道德要求，即从业者在职业活动中应该诚实劳动，合法经营，信守承诺，讲求信誉。

3. 办事公道

办事公道，就是要求从业人员在职业活动中做到公平、公正，不谋私利，不徇私情，不以权损公，不以私害民，不假公济私。

4. 服务群众

服务群众，就是在职业活动中一切从群众的利益出发，为群众着想，为群众办事，为群众提供高质量的服务。

5. 奉献社会

奉献社会，就是要求从业人员在自己的工作岗位上树立奉献社会的职业精神，并通过兢兢业业的工作，自觉为社会和他人作贡献。这是社会主义职业道德中最高层次的要求，体现了社会主义职业道德的最高目标指向。爱岗敬业、诚实守信、办事公道、服务群众，都体现了奉献社会的精神。

知识拓展

这些年，习近平总书记点赞过的劳模

在 2020 年新年贺词中，总书记点赞了一些"以普通人的平凡书写了不平凡的人生"的英雄，其中就有把青春和生命献给脱贫事业的黄文秀。这不是总书记第一次点赞她，此前，总书记对黄文秀先进事迹作出重要指示，强调：黄文秀研究生毕业后，放弃大城市的工作机会，毅然回到家乡，在脱贫攻坚第一线倾情投入、奉献自我，用美好青春诠释了共产党人的初心使命，谱写了新时代的青春之歌。

黄文秀生前是广西壮族自治区百色市委宣传部干部。2016 年她从北京师范大学研究生毕业后，回到家乡百色工作。2018 年 3 月，黄文秀积极响应组织号召，到乐业县百坭村担任驻村第一书记，埋头苦干，带领 88 户 418 名贫困群众脱贫，全村贫困发生率下降 20% 以上。2019 年 6 月 16 日，黄文秀利用周末回田阳县看望病重手术不久的父亲后，因暴雨心系所驻村群众的生命财产安全，连夜开车返回工作岗位，途中遭遇山洪暴发不幸遇难，年仅30 岁。黄文秀是在习近平新时代中国特色社会主义思想教育指引下成长起来的优秀青年代表，是在脱贫攻坚一线挥洒血汗、忘我奉献的基层党员干部的缩影。2019 年 7 月 17 日，中华全国总工会追授黄文秀全国五一劳动奖章。

我们今天所拥有的一切，无不凝聚着劳动者的聪明才智，浸透着劳动者的辛勤汗水，蕴含着劳动者的牺牲奉献。习近平总书记指出："广大劳动群众要以劳动模范为榜样，爱岗敬业、勤奋工作，锐意进取、勇于创造，不断谱写新时代的劳动者之歌。"让我们以劳动模范为榜样，从中汲取力量，以拼搏赓续传统、以奋斗开创明天！

讨论思考

习近平总书记点赞的劳模，我们应该学习他们哪些优秀的品质呢？

▶ 二、劳动纪律的概念、特征及与职业道德的关系

（一）劳动纪律的概念

劳动纪律是指人们在共同劳动过程中，为取得行动一致，保证生产（或工作）过程实现所必须遵守的行为准则。它是人们从事社会劳动的必要条件。不论在任何生产方式下，只要进行共同劳动，就必须有劳动纪律。社会主义的劳动纪律是劳动者共同利益和意志的体现，主要靠广大劳动者的高度自觉性，辅以强制性来维持的。

（二）劳动纪律的特征

从劳动者的角度而言，遵守劳动纪律有利于保护其生命安全和身体健康，制定和遵守劳动纪律是对劳动者利益的保护。因此，劳动者有遵守劳动纪律的主动性和自觉性。

从用人单位的角度而言，制定劳动纪律有利于保证生产和经营的安全有效，制定和遵守劳动纪律也是对用人单位利益的保护。因此，用人单位有权在法律允许的情况下制定劳动纪律，并对违反劳动纪律的劳动者进行处理。

（三）劳动纪律和职业道德的关系

《劳动法》第三条规定，劳动者应当遵守劳动纪律和职业道德。劳动纪律与职业道德既有联系，又有区别，二者相辅相成，关系密切，在社会主义建设中都是不可或缺的。劳动纪律和职业道德对于加强社会主义现代化建设，提高生产效率，建设社会主义精神文明，都将起到十分重要的作用。

1. 区别

（1）性质不同。劳动纪律属于法律关系的范畴，是一种义务；而职业道德属于思想意识的范畴，是一种自律信条。

（2）直接目的不同。劳动纪律的直接目的是保证劳动者劳动义务的实现，保证劳动者能按时、按质、按量完成自己的本职工作；而职业道德的直接目的是企业实现最佳的经济效益以及实现其他劳动者的合法权益。

（3）实现的手段不同。为了保证劳动纪律的实现，法律、法规制定了奖惩制度，以激励和惩戒相结合的方式，促使人们遵守劳动纪律；而职业道德的实现，则主要依靠人们的自觉遵守，依靠社会舆论、社会习俗以及人们的内心信念。

2. 联系

（1）主体相同。它们共同的主体都是劳动者，劳动者在遵守劳动纪律的同时，也应当具有良好的职业道德。

（2）调整对象相同。劳动纪律和职业道德调整的都是劳动者的职业劳动，在劳动者的劳动过程中发挥作用，调整的是同一行为——劳动行为。

（3）最终目的相同。二者的直接目的不同，但它们的最终目的是一致的，都是为了保证社会主义生产劳动的正常进行，促进劳动生产率的提高，完善科学管理，还可以促进社会主义精神文明建设的发展。

▶ **三、加强对高职学生职业道德与劳动纪律的培养**

（1）树立全心全意为人民服务的思想，这是职业道德的出发点和落脚点。

（2）忠于职守，热爱本职工作，刻苦钻研职业技术与业务，在职业活动中发挥创造才能。

（3）遵纪守法，团结协作，诚实守信，以主人翁精神对待工作。

（4）努力提高工作效率，保证工作质量，注意增产节约，爱护公共财物，廉洁奉公。

（5）要想事业获得成功，首先就要从身边的小事做起。

第四节　劳动素养的提升途径

学习目标

1. 了解提高劳动素养的途径；
2. 深刻领悟提高劳动素养的重要意义。

劳模风采

每条焊缝都是最高品质的保证

他参与建造全球首艘极地凝析油轮，为战冰斗雪的巨轮打造钢筋铁骨；他和团队成员完成了中国最大半潜船"新光华"轮等系列大国重器的焊接；他17年如一日，摸爬滚打在焊接生产一线，参与建设的重点舰船不计其数；他长期负责船舶关键部位的焊接，每一条焊缝都是最高品质的保证……

他，就是全国五一劳动奖章获得者、中国船舶集团广船国际电焊工、高级技师冯文虎。

苦练焊接技术

2005年，20岁出头的冯文虎从河南老家只身南下，在一家钢结构企业当电焊工学徒，跟着师傅焊接公路路牌、防撞栏，自此入行。那时候，焊接对于他来说，还只是谋生的手艺。2009年，他加入中国船舶集团旗下广船国际有限公司后，焊接才真正成了他为之奋斗的事业。

在焊接技术方面，造船企业里卧虎藏龙。垂直气电焊、双丝CO_2横焊等高新焊接技术，让冯文虎大开眼界。勤奋好学的他如饥似渴地向身边的师傅学习焊接技术，先后参与了华南首艘超大型油轮"新浦洋"轮、全球首艘极地凝析油轮、中国最大半潜船"新光华"轮等大国重器的建造。在丰富的实践摸索中，冯文虎的焊接技术突飞猛进，先后考取了中国船级社二类、三类焊接证书，美国 ABS 焊接协会的 6GR 焊接证书。

广船国际是华南地区大型骨干造船企业，目前已培养出 2 名全国劳动模范、3 名全国五一劳动奖章获得者，其他获得全国技术能手，省部级、市级劳动模范等荣誉的人员有数十位。

在先进典型的引领下，冯文虎勤学苦练，在各类技能竞赛中屡获殊荣。从 2012 年的中船集团广州地区"精英焊工邀请赛"总分第二名到 2015 年广州市第二届产业人员职业技能竞赛焊工组第一名，从 2018 年首届粤港澳大湾区焊接职业技能大赛个人第一名、团体第一名到 2019 年中国技能大赛中船集团第八届职业技能竞赛船舶焊工组第四名……

苦练焊接技术时，冯文虎的脸常常被电弧光灼伤，一层一层地掉皮，但他从不气馁。"和高手对决，名次不是最重要的，重要的是有机会向他们学习。"他说。

"微创技术"

有一次，一艘船到广船国际进行抢修。这艘船的艉轴处，也就是安装螺旋桨的地方需要焊接。这是一项极具挑战性的任务，焊接处的材质为铸铁，焊接性能较差，焊接处受热面积一旦超过临界点，镶嵌在里面的艉轴运作就会失灵，船舶也将面临在海上失去动力的危险。

冯文虎带领团队反复研究，创造性地提出了采用冷焊法施焊，即焊接一小段焊缝就停下来，用铁锤敲打工件释放应用，待焊缝完全冷却之后，再施焊。这种方法相当于外科手术中的"微创技术"，能最大限度减少焊缝处的受热面积。冯文虎和团队最终圆满完成任务。

近年来，船舶制造行业的焊接技术日新月异，冯文虎凭借过硬的焊接技术，常常和工法部门一起完成各种工艺评定，如双丝横焊、FAB 埋弧焊、机器人全自动焊等。他所参与的工艺评定在实际焊接中均能满足焊接要求，得到一致好评。

培养更多人才

现在，冯文虎所在的班组主要负责船体关键部位的焊接工作，其中经常用到的垂直气电焊具有焊接成型好、速度快等特点。不过，也有一个缺点，就是在焊枪和钢板接触的地方有一块火柴盒一般大小的铜滑块，其内部为镂空结构，是冷却水的热交换舱，由于焊接时焊接溶池温度高，高温下的铜滑块就显得非常脆弱，一不小心就会穿孔漏水，这一方面降低了劳动效率，另一方面也增加了生产成本。

为破解这一难题，冯文虎利用休息时间慢慢摸索，经过无数次焊接试验，成功摸索出了铜滑块的修复技术，并在生产一线推广应用，一年可为公司节省上百万元的采购费用。

在焊接技术领域的不懈追求，成就了冯文虎这一路的收获，他获得了全国优秀农民工等荣誉称号。

2019 年，在广东省总工会的支持指导下，广船国际成立了以冯文虎的名字命名的劳模创新工作室，为培养更多的高技能人才、不断攻克焊接领域关键核心技术搭建了平台。

问题导学

新时代劳动践行者，不是让大学生放弃课堂去学工、学农，而是要从其思想、知识技能、行为准则等方面入手，全面提升新时代大学生的劳动素养。提高劳动者的体力水平，提高劳动者的智力水平，提高劳动者的思想品德，教育是提高劳动者素质的根本途径。冯文虎的先进事迹对我们提升劳动素养有什么启示？

▶ 一、加强马克思主义劳动理论的学习

充分学习马克思主义劳动理论，深刻理解和领会马克思关于劳动创造人、劳动促进人的全面发展等观点，努力提高参加劳动实践、接受劳动锻炼的自觉性和主动性，同时学习新时代劳动教育的内涵和意义，领悟习近平总书记对劳动教育赋予的时代思想意蕴。习近平总书记号召劳动模范"珍惜荣誉、努力学习""用你们的干劲、闯劲、钻劲鼓舞更多的人，激励广大劳动群众争做新时代的奋斗者"，强调"社会主义是干出来的，新时代也是干出来的"，重申"劳动最光荣、劳动最崇高、劳动最伟大、劳动最美丽"，号召"全社会都应该尊敬劳动模范、弘扬劳模精神，让诚实劳动、勤勉工作蔚然成风"。

劳动素养的提升

▶ 二、树立"四最"劳动价值观

"劳动最光荣、劳动最崇高、劳动最伟大、劳动最美丽"，是对新时代劳动价值观的明确定位。这一定位是对马克思提出的劳动创造世界、劳动创造历史、劳动创造人本身的劳动价值观的继承与发扬，也是对新形势下出现的拜金主义、享乐主义思想的拨乱反正。认同"一切劳动，无论是体力劳动还是脑力劳动，都值得尊重和鼓励"的道理，充分认识人民创造历史，劳动开创未来，劳动是推动人类社会进步的根本力量，从内心深处认同劳动最光荣并在实践中践行。

▶ 三、奠定创造性劳动的良好基础

新时代技术技能型人才，不仅需要有力量，更需要有知识、有文化、有技能、会创新、会发明，以实际行动展现当代青年的风采。新时代的大学生，不仅需要辛勤劳动、诚实劳动，更需要创造性劳动。培养创造性劳动能力，要认真学习文化知识和专业理论知识；要提升现代生产劳动技能训练，加强毕业实习、专业实习、生产实习、服务学习等环节的劳动技能训练；要积极参加与劳动有关的实践活动，加强创造性思维能力与动手操作能力的培养。

▶ 四、培养热爱劳动的情感态度

热爱劳动是立业为人的根本。培养热爱劳动的情感态度，要加强辛勤劳动意识与态度的培养。辛勤劳动是热爱劳动的试金石，一个人只有不怕辛苦、不辞辛劳、不惧艰辛，始终保持劳动的热情与干劲，才能真正称得上热爱劳动。要积极参加劳动实践体验课程，在自我服务劳动中体验自主的快乐，在家务劳动中体验感恩的幸福，在集体劳动和公益服务中体验造福他人的欢乐，在生产劳动和专业实践中体验创造的愉悦，不断深化劳动情感体验。尊重普通劳动者、珍惜他们的劳动成果是每个人的基本修养。

▶ 五、培养诚实劳动的优良品德

诚实劳动是社会主义阶段提倡的基本劳动道德。"干一行、爱一行，专一行、精一行"，合法经营、按政策办事，获得利益与为社会尽职尽责和谐统一。充分利用劳动教育实践基地，主题党日、团日活动，主题班会，在日常学习、家务劳动、校园劳动、公益服务、社会实践等方面，以诚信要求自己。

▶ 六、养成勤于劳动的良好习惯

"自己的事自己做，他人的事帮着做，公益的事争着做"，是对青少年劳动习惯培养的基本要求。勤于劳动，是热爱劳动的情感态度习惯化为稳定的行为模式的表现。要培养良好劳动习惯，培养自我服务的劳动习惯；要培养良好的集体劳动习惯，积极参加校园劳动日、校园劳动周、班级大扫除等活动；要培养参加公益劳动的习惯，积极参加社区服务、援助劳动等志愿性质的活动。

课堂活动

大学生劳动素养现状调查

（一）活动目的

通过调查大学生劳动素养现状，引导学生正视自身不足，激发学生的劳动热情。

（二）活动方式

各班以任课教师为指导教师，带领学生编制《大学生劳动素养调查问卷》，展开校园大调查，并撰写调研报告。

课后作业思考

通过本章内容的学习，思考在新时代可以从哪些方面助力全民劳动素养提升？

第四章　劳动价值观和劳动精神、劳模精神

学习目标 ▷▷▷▷▷ ▷▷▷▷

1. 了解劳动价值观的内涵；
2. 掌握劳动精神的内涵及要素；
3. 理解新时代劳模精神的内涵及要求。

课程导入 ▷▷▷▷▷ ▷▷▷▷

用灯光守护一座城的青工获奖

近日，共青团中央公布了 2022 年"全国向上向善好青年"评选结果，其中一名"90后"被广大网友亲切地称为"守灯青年"。

2020 年武汉疫情最严重的时候，他独守武汉长江大桥 70 多天，用灯光守护一座城、温暖一座城。

"守灯青年"名叫温瑞，是中铁十五局集团电气化公司职工。2020 年，他作为该公司武汉三化项目技术员，主要负责武汉长江主轴桥梁彩化、亮化、美化工作。

2020 年 1 月 22 日，为控制新冠疫情蔓延，武汉宣布封城。此时的温瑞，只身一人守在武汉长江二桥边上的板房内。在此之前，他已经向单位提出申请，要留下来坚守岗位。

在之后的日子里，温瑞每天检修桥面不同位置的 20 多个时间控制器，保障每天灯光准时亮起。

2020 年 1 月 27 日 18 时，他如往常一样去给大桥拍照，还没走到地方，就发现桥上的灯光字样变了。原先风景画的灯光效果，变成了"武汉加油"四个大字，矗立在两公里长、100 米高的斜拉桥绳索上。火红的灯光把江面映红了，也照亮了江城的夜空。

从那天起，桥上的灯光轮番显示"中国必胜""武汉必胜""武汉加油""感谢全国人民 致敬抗疫英雄"等字样。温瑞觉得自己守护的不仅仅是灯光，更是一种精神和希望。他巡查得更仔细了。

武汉的工作结束后，温瑞又踏上了去往河北省张家口市的路途，全力投入 2022 年冬奥会配套工程"电代煤气代煤"清洁能源改造工程中。

从湖北武汉"守灯人"到河北张家口冬奥"供暖人"，再到如今的新疆哈密"拓荒人"，温瑞用自己的脚步一步步丈量着祖国的山山水水，将最美的青春书写在神州大地上。

【想一想】

一个人的行动由思维决定，思维的判断取决于人的观念。将最美的青春书写在神州大地上，是什么精神和观念支撑着他呢？

第一节　劳动价值观

学习目标

1. 掌握新时代劳动价值观；
2. 树立正确的劳动价值观。

劳模风采

从"后进生"到全国钳工冠军的背后，凝聚着孟凡东不为人知的付出
——靠技能实现梦想的工人"明星"

2000 年出生的孟凡东，是同事们眼里的技能"明星"。这位徐州重型机械有限公司总装分厂的调试钳工，在 2021 年第七届全国职工职业技能大赛上一战成名，勇夺钳工第一名。今年，他获得了全国五一劳动奖章。

"没想到，当初作为陪练的他，能够一举拿下国赛冠军。"孟凡东一鸣惊人的表现，让教练董波很是感慨。

从一位"后进生"，成长为全国钳工冠军，这背后凝聚着孟凡东不为人知的付出。

"每天都在进步"

2015 年，孟凡东来到徐州工程机械技师学院，开启了钳工技能学习生涯。他发现，钳工作业有很多门道，便在心里暗下决心，"一定要学好"。

2016 年，学校的钳工兴趣班开始海选，采用淘汰制，干得好的可以进入精英班。孟凡东毫不犹豫地报了名。一开始，兴趣班里有 18 人，孟凡东的成绩总是垫底，而好友李万里的成绩一直是前 3 名。看着好友的作品，孟凡东心想："为什么他能做得这么好，我就不行？"

孟凡东的"倔脾气"上来了。他利用课后时间，不断打磨工件，常常练习到凌晨两三点甚至通宵。夏天时，为了节省往返宿舍时间，他常常会在车间里找个角落，或者在起重机模拟器的座椅上和衣而睡。

经过大半年的"魔鬼训练"，孟凡东如愿留下，进入精英班，成绩稳居前 3 名。

2019 年 4 月，孟凡东进入徐州重型机械有限公司总装分厂调试工段。一线生产任务繁重，为了赶制产品，常常要加班到很晚，孟凡东从来没有"掉链子"。

调试一线又苦又累，和他一起来的 8 名同学，不到半年走了 6 人。"孟凡东能吃苦、不浮躁，并且非常好学。"工段长陈昉辉说，孟凡东的口袋里总会装着个小笔记本，边学边记。

"几乎每两天就会换一台新车调试，可以说每天都在进步，感觉非常好！"孟凡东如饥似渴地吸收着新知识。

"努力没有白费"

2021 年年初，得知第七届全国职工职业技能大赛即将开赛的消息，孟凡东决定试一试。12 本指定教材，15300 多道题目，且离比赛只有 8 个月，孟凡东像着了魔一样地背书、分

析、做题、实操……

4月伊始，孟凡东开始全心备战国赛，吃、住都在钳工工作室里。每天早晨5点起床背书，7点开始实操训练，一直到晚上12点，然后继续背书到凌晨2点休息。完成一个大工件至少需要6个小时，在收尾时需要长期保持一个姿势细细打磨。他手上的茧子长了又掉，工作台上的汗水、铁屑也越来越多……

"钳工最重要的是手感，工件要求的加工精度要达到头发丝直径的六分之一，加工时一定要拿着劲、用巧劲。"为了加工好每一个工件，孟凡东经常会蹭破手上的皮肤。每次工件完成后，他的手背上总是扎满了细小的铁屑，将这些细小的铁屑从手背上取下来都要花费很长时间。

"备赛期间最不容易的就是，每天要在2平方米的操作台边站立十几个小时，面对着工件，过程非常枯燥，也非常磨炼心性。"孟凡东说。

2021年10月14日下午，成都国际博览城灯火通明。长达6个小时的比赛和巨大的心理压力，让刚结束比赛的孟凡东直接瘫坐在工具箱上，休息了十几分钟才缓过劲来。第二天，理论考试，孟凡东仅用了三分之二的时间就做完了题目，并取得了99分的好成绩。成绩揭晓，孟凡东以超第二名10.15分的好成绩取得了钳工赛项的第一名，在88名参赛选手中脱颖而出。"努力这么久，没有白费。"

"只要肯努力，照样有前途"

斩获国赛冠军的孟凡东，没有一点张扬，他有着超出年龄的稳重。在孟凡东看来，能够获得国赛冠军，离不开公司的全力支持，离不开教练们的手把手指导。

"小伙子悟性很高。"师傅张胧升看着好学的孟凡东，打心眼里喜欢。下班后，张胧升常常背着电脑到孟凡东的住处给他补课。

孟凡东还加入了公司技能大师工作室，成为"江苏工匠"李戈的徒弟。他参与3项技术攻关项目，参与降低产品回转晃动等QC质量改进项目2项，其中一项获2021年度全国机械工业优秀质量管理小组活动成果一等奖。

徐州重型机械有限公司工会副主席袁尹说，公司对人才培养非常重视，为职工搭建起良好的职业发展通道。"孟凡东是好苗子，企业给他配备了两名师傅。"在薪酬分配上，政策也向"技高者"倾斜，孟凡东拿了国赛第一名，公司一次性奖励10万元，每个月享受技能津贴2000元。

现在，孟凡东有了新的奋斗目标：把师傅们身上的核心技术尽快学到手，利用一到两年时间精通起重机调试工作，成为独当一面的岗位能手。

"我学历不高，起点可能有点低，但是起点决定不了终点，只要肯努力，照样有前途。"孟凡东说，希望自己能够不断进步，靠技能实现梦想。

问题导学

"我学历不高，起点可能有点低，但是起点决定不了终点，只要肯努力，照样有前途。"成功来源于孟凡东个人的努力，当然也离不开他的坚持与奋斗。当代青年应该学习孟凡东的哪些品质呢？

▶ 一、习近平总书记关于劳动的重要论述

习近平总书记关于劳动的论述是习近平新时代中国特色社会主义思想的重要组成部分，在继承马克思劳动观的基础上，开创了习近平新时代中国特色社会主义思想的新境界。习近平总书记强调社会主义是干出来的，勾勒出包括"创新劳动""崇尚劳动"及"和谐劳动"等内容。

（一）注重创新劳动

科技是第一生产力，人才是第一资源。习近平总书记认为："面对日趋激烈的国际竞争，一个国家的发展能否抢占先机、赢得主动，越来越取决于国民素质特别是广大劳动者素质。"所以特别强调要培养创新型人才，充分发挥劳动者主体性和能动性。只有加快对创新型人才的培养，才能实现创新劳动，实现经济社会转型升级，促进经济社会持续健康发展。科技的发展以及新兴技术产业的发展，使得对高技能劳动力的培养需求更为迫切。

（二）注重崇尚劳动

"社会主义是干出来的"，充分体现了马克思主义的实践观思想。习近平总书记指出，"人类是劳动创造的，社会是劳动创造的。"中华民族历来崇尚劳动，新时代劳动教育的开展离不开中华优秀传统文化的滋养，以中华优秀传统文化鼓励劳动人民以辛勤劳动、诚实劳动和创造性劳动成就中华民族的伟大梦想。

（三）注重和谐劳动

和谐劳动关系是社会和谐的基础。习近平总书记指出，"劳动是推动人类进步的根本力量。"和谐劳动关系是指劳动过程中的主体与客体之间的和谐关系，包括人与人、人与物（自然环境劳动条件等）的关系。发展和谐劳动关系是完善社会主义市场经济体制的内在要求，发展和谐劳动关系是协调劳动关系矛盾的迫切需要。劳动者应当树立利益共同体观念，企业的利益就是自己的利益，强化责任感，与企业共荣辱。同时要加强自身学习，多参加培训，学习新技术、掌握新技能，提高职业素养，恪守职业道德，爱岗敬业、诚实守信，干一行爱一行。劳动者还要学法、懂法、守法，依法维权，善于、敢于用法律的手段保护自身利益。

知识拓展

新时代劳动观

广大人民群众坚持爱国奉献，无怨无悔，让我感到千千万万普通人最伟大，同时让我感到幸福都是奋斗出来的。上下同欲者胜。只要我们13亿多人民和衷共济，只要我们党永远同人民站在一起，大家撸起袖子加油干，我们就一定能够走好我们这一代人的长征路。梦想属于每一个人，广大劳动群众要敢想敢干、敢于追梦。说到底，实现中华民族伟大复兴的中国梦，要靠各行业人民群众的辛勤劳动。人类是劳动创造的，社会是劳动创造的。劳动没有高低贵贱之分，任何一份职业都很光荣。

劳动是人类的本质活动，劳动光荣、劳动伟大是对人类文明进步规律的重要诠释。中华民族是勤于劳动、善于创造的民族。正是因为劳动创造，我们拥有了历史的辉煌；也正是因

为劳动创造，我们拥有了今天的成就。

劳动是一切成功的必经之路。当前，全国各族人民正满怀信心为实现"两个一百年"奋斗目标而努力。实现我们确立的奋斗目标，归根到底要靠辛勤劳动、诚实劳动、科学劳动。

人民创造历史，劳动开创未来。劳动是推动人类社会进步的根本力量。实现我们的奋斗目标，开创我们的美好未来，必须紧紧依靠人民、始终为了人民，必须依靠辛勤劳动、诚实劳动、创造性劳动。

讨论思考

劳动是财富的源泉，也是幸福的源泉。新时代的青年应该树立怎样的劳动观念，为实现中华民族的伟大复兴贡献力量？

▶ 二、树立正确的劳动价值观

（一）尊重劳动人民

尊重劳动人民，要树立全心全意为人民服务的思想，培养与劳动人民同甘共苦的思想感情。劳动人民是历史的创造者，是社会主义建设的主力军，是他们通过劳动创造了财富，推动了历史的发展。我们应牢牢树立尊重劳动人民的观念，加深对劳动人民的理解，培养与劳动人民的亲密感情。

（二）珍惜劳动成果

在日常生活中，从点滴入手，从小事做起。爱护教学仪器，严格实验操作规程；爱护门窗玻璃，决不破坏公共设施；爱护图书资料，不能随意涂抹撕毁；爱护每株花草、每棵树木……节约每一滴水、每一粒米、每一张纸、每一度电……珍惜劳动成果，是我国劳动人民的传统美德。我们日常生活中，吃的、穿的、用的、住的都需劳动创造，有些科研成果，往往要花费几年、几十年的精力，经历几十次、几百次的实验，才能取得成功。珍惜劳动成果，从思想上重视，在行动上落实。

（三）养成劳动习惯

良好的劳动习惯主要表现在热爱劳动，习惯于劳动，适应于劳动，自觉自愿地参加劳动。作为青年学生应努力树立正确的劳动观，将劳动看作锻炼自己、发挥才干的必要条件，看作不断完善理想人格的重要前提，只有这样才不至于将劳动看作额外的负担，而皱着眉头去被动地应付。

在"全心全意为人民服务"思想的指导下，在"当人民老黄牛"的吃苦精神的鞭策下，积极主动地经常参加义务劳动，争做好人好事。作为青年学生，应首先积极参加自己职责范围内的劳动和自我服务性质的劳动，从日常学习生活的值日（扫地、擦黑板、擦桌椅门窗等）劳动做起，从环境卫生的打扫做起，从提水洗衣寻找"乐趣"。

课堂活动

请搜索关于珍惜劳动成果的名言或名人事迹，并分享出来。

课后作业思考

新时代，应该怎样做到珍惜劳动成果？

第二节　劳动精神的内涵及要素

学习目标

1. 掌握劳动精神的内涵；
2. 理解新时代的劳动精神；
3. 明白弘扬劳动精神的意义；
4. 明晰弘扬和践行劳动精神的途径。

劳模风采

张硕用勤奋实现了个人蜕变，带动更多乡亲实现共同致富

用奋斗成就"奔跑人生"

5月8日，张硕和同事们全天奔跑在城市里，把一份份饱含深情的母亲节礼物送到各家各户。

从2018年入职美团至今，他已奔跑了4年，也成长为鹤岗市南山区准时达代送物品店（美团外卖）的城市经理。张硕今年跑出了人生新高度：不仅荣获全国五一劳动奖章，还获评"最美职工"。他认为，奔跑就应该是年轻人生命中的主旋律。

跑出身份转变

"只要你肯吃苦，就能赚到钱。"2018年，张硕在第一天应聘外卖快递员时，经理如实告诉他。

当年4月，他入职美团鹤岗工农站，成为一名外卖快递员。接下来的日子，"接单—到店取餐—配送"是他重复最多的流程。就这样，张硕凭着一腔敢闯的劲头，在2019年转岗成为一名业务员。

张硕负责的区域有一家老字号麻辣烫面店，生意特别红火。张硕觉得这家店开通外卖业务后一定会有不错的收益。他一次次拜访，最终打动了店铺的经营者，决定将店铺接入外卖平台。如今，这家老字号每天都能接到五六十笔订单，每月的外卖纯利润超过4000元。后来，这家店铺的经营者开了分店，第一时间想到与张硕合作。

张硕当业务员的这段时间，每天骑着小电动车，一家家门店地拜访。他用真诚打动了很多商户入驻外卖平台，最多的时候，他一人管理了200多家商户。2019年6月，张硕凭借优秀的业务水平，晋升为美团城市经理。

跑出来的共富

"在我的骑手团队中，有80%的人来自农村。"成为城市经理之后，张硕的收入比务农时翻了好几倍，他没有忘记家乡的伙伴。

他想到周围的朋友们，大多农忙时种地，闲下来就打牌，挣不到几个钱。

"跟着我干，一个月能赚不少钱呢！在鹤岗，天天都能回家，过来试试呗！"在张硕的说服下，许多人加入了他的团队，获得了可观的收入。后来，越来越多人加入了张硕的团队，团队从刚开始的40多人发展到现在的近200人。

张硕的团队有一对"夫妻档"，这对夫妻曾经没有固定收入，生活困难，家里有两个孩子要上学，他们得知张硕在招募外卖骑手，便跑来加入。张硕为了方便夫妻俩照顾孩子，专门为他们调整排班。现在，他们夫妻俩一年能赚10多万元，还在鹤岗买了房。

为了更好地帮扶进城务工人员，张硕还为大家免费解决住宿、免费提供车辆与装备。"不想让他们试错，试错还得承担损失金钱的风险。"张硕说。

这些年，他先后帮扶贫困人员300多次，帮助解决了1000多个就业岗位。

跑出的社会责任

2022年3月27日，原本是一个寻常的星期天，鹤岗市南山片区的一个新冠肺炎阳性确诊病例打破了这座小城原本的安静。

在得知消息的第一时间，张硕就带领团队，准备了20台家用车。"疫情来临的时候，老百姓会大量在线上下单。"张硕决定用私家车配送较大型的物资，骑手骑车配送体积较小的物资。

为了保证团队的"战斗力"不受到影响，张硕还联系了朋友，为团队里120名左右的骑手每天免费提供两顿盒饭，每餐两荤两素，保证每位骑手都能吃到热乎的饭菜。在3月依旧寒冷的东北小城，吃上热乎的盒饭，再继续奔跑送物资，团队更加有力量。

"作为新时代的劳动者，就是要服务社会、服务百姓。"作为新兴产业的全国劳模，张硕说，"我的工作好似一座桥梁，连接了用户与商家，给双方提供方便。未来，我想继续扩大团队的力量，让家乡的老百姓能体验到更好的服务。"

问题导学

青春是什么？青春意味着什么？正青春的我们应该怎么样把握好青春？

▶ 一、劳动精神的内涵

"劳动创造了人本身""劳动是唯一价值源泉""劳动创造财富、劳动使人幸福"等，积淀成为劳动者的精神力量。劳动精神是每一位劳动者为创造美好生活而在劳动过程秉持的劳动态度、劳动理念及其展现出的劳动精神风貌。劳动精神是全体劳动者共同的精神财富。

习近平总书记强调，必须坚持崇尚劳动、造福劳动者。全社会都要贯彻尊重劳动、尊重知识、尊重人才、尊重创造的重大方针，维护和发展劳动者的利益，保障劳动者的权利。全社会都要热爱劳动，以辛勤劳动为荣，以好逸恶劳为耻。

劳动精神在理念认知上表现为全社会尊重劳动、崇尚劳动、热爱劳动，在行为实践上表现为劳动者辛勤劳动、诚实劳动、创造性劳动，两者构成劳动精神内涵的整体。

尊重劳动是指对劳动的认识，将劳动作为人类的本质活动，作为创造财富和获得幸福的源泉，尊重一切有益于人民、造福于社会的劳动者及其劳动价值；崇尚劳动是指对劳动的态度，认为劳动价值有大小，劳动分工无贵贱，劳动最光荣、劳动最崇高、劳动最伟大、劳动最美丽；热爱劳动是指对劳动的情感，焕发劳动热情，积极投身劳动，珍惜劳动成果，将劳动与实现自身价值紧密结合起来。尊重劳动、崇尚劳动、热爱劳动这三个层面涉及对劳动的理性认知、感性把握和内在情感，体现为从对劳动共同的社会认识到个人的品行追求这样一个由表及里、逐步内化的过程。

辛勤劳动是指勤奋敬业、埋头苦干，是劳动者应有的基本要求，是诚实劳动、创造性劳动的基础和保障；诚实劳动是指脚踏实地、恪尽职守，遵守法律法规和政策，遵循职业道德规范和工作标准，实事求是地认识和对待劳动过程和劳动成果，是辛勤劳动的升华，也是创造性劳动的前提；创造性劳动是指敢闯敢试、开拓创新，体现了体力劳动和脑力劳动、简单劳动和复杂劳动的结合，是辛勤劳动、诚实劳动的发展。

▶ 二、新时代的劳动精神

人在劳动的过程中生产满足人类物质需求和精神需求的产品，极大地丰富了人类的物质生活和精神生活，改造了人的主观世界，使劳动现实化。在劳动价值论的指引下，通过中国特色社会主义的具体实践探索，最终构成了具有中国特色的社会主义劳动精神。

（一）爱岗敬业、甘于奉献

作为新时代劳动者，首先要做到的就是立足于自身的岗位，服务他人，服务社会，践行社会主义核心价值观，做一个对社会无私奉献的人。在 2020 年抗击新冠肺炎疫情这场没有硝烟的战斗中，广大卫生健康工作者勇于担当，毅然逆行，深入疫情防控一线救治患者，奋力遏制疫情蔓延，守护人民群众生命安全和身体健康。他们是最美逆行者，也是最美劳动者。其中既有国士无双的钟南山、李兰娟院士不顾高龄深入病房一线，也有渐冻症院长张定宇的坚守，另外，还有快递小哥、医疗垃圾处理工等无数劳动者默默坚守岗位。这些可爱的劳动者身上体现了中国劳动者的奉献精神和担当精神。

（二）艰苦奋斗、爱国之情

艰苦奋斗是中国共产党的优良作风，形成了"长征精神""南泥湾精神""大庆精神""红旗渠精神"；以钱学森、华罗庚、朱光亚等为代表的海外专家学者破除一切艰难险阻，怀抱对祖国的浓厚感情，纷纷归国效力，在那个激情燃烧的年代，带领着全国科研人员在极为困难的条件下自力更生、艰苦奋斗，创造了一系列举世瞩目的科技奇迹，更给后人留下了宝贵的精神财富。

（三）勇于创新、敢于创业

在纪念五四运动 100 周年大会上，习近平总书记点赞的青年英杰，他们之中有展示中国硬核实力的北斗团队，有航天报国的嫦娥团队、神舟团队，20 岁出头的申一菲……时代在发展，在全球化竞争中，我们作为劳动者，除吃苦耐劳外，更需要勇于创新、敢于创业，在科技、军事及服务社会方面永立潮头，做强国富民的青年劳动者。

知识拓展

学习总书记回信精神　凝聚劳动精神劳动力量

2020 年 4 月 30 日，"五一"国际劳动节前夕，习近平总书记给郑州圆方集团全体职工回信，向他们并向全国各族劳动群众致以节日的问候。习近平总书记指出，面对这次突如其来的疫情，从一线医务人员到各个方面参与防控的人员，从环卫工人、快递小哥到生产防疫物资的工人，千千万万劳动群众在各自岗位上埋头苦干、默默奉献，汇聚起了战胜疫情的强大力量。希望广大劳动群众坚定信心、保持干劲，弘扬劳动精神，克服艰难险阻，在平凡岗位上续写不平凡的故事，用自己的辛勤劳动为疫情防控和经济社会发展贡献更多力量。

讨论思考

在疫情防控常态化下，千千万万的人守护着我们共同的安全，作为青年大学生，如何为社会进步和国家发展贡献力量？

▶ 三、弘扬劳动精神的意义

习近平总书记高度重视尊崇劳动、十分关心关怀劳动者，对劳动和劳动者的地位、作用、意义作出了深刻论述，成为党中央新理念、新思想、新战略的重要内容。劳动精神是习近平总书记关于工人阶级重要论述的组成部分。明确提出和弘扬劳动精神，是党的"全心全意依靠工人阶级"根本方针、"尊重劳动、尊重知识、尊重人才、尊重创造"重大方针的深化，是对以人民为中心的发展思想的坚持和发展。

（一）对广大劳动者劳动实践的高度肯定与科学总结

在革命、建设和改革中，广大劳动者展示了奋勇拼搏、艰苦创业的风采，成为激励一代又一代劳动者的强大精神力量。劳动精神的提出和弘扬，对于进一步焕发广大劳动者劳动热情，释放创造潜能，为实现中华民族伟大复兴的中国梦建功立业，将产生重要的推动作用。

（二）对马克思主义劳动价值论、劳动观的丰富和发展

马克思主义认为，劳动是人类最基本和最重要的社会实践，是人类社会生存和发展的根本前提，"它是整个人类生活的第一个基本条件，而且达到这样的程度，以致我们在某种意义上不得不说：劳动创造了人本身。"提出和弘扬劳动精神，对劳动在人类活动中的地位及劳动者的尊严给予了应有的肯定和褒扬，是新时期马克思主义劳动观的坚持和延伸。

（三）是社会主义核心价值观的应有之义，与劳模精神、工匠精神相互包容

培育和践行社会主义核心价值观，要求实践个人层面的爱国、敬业、诚信、友善。敬业就是对劳动的尊重、崇尚和热爱，就是要求做到辛勤劳动、诚实劳动、创造性劳动，这与劳动精神高度一致。"爱岗敬业、争创一流，艰苦奋斗、勇于创新，淡泊名利、甘于奉献"的劳模精神彰显劳动的价值、展现劳动者的境界，是劳动精神的集中体现。工匠精神体现劳动者钻研技能、精益求精、敬业担当的职业精神，是对劳动精神的精髓提升。劳动精神是劳模精神、工匠精神的基础，与劳模精神、工匠精神一脉相承又各有侧重，劳动精神面向最广大劳动者，劳模精神面向劳模群体，工匠精神更多的是面向有一技之长的产业工人。

▶ 四、弘扬和践行劳动精神的途径

（一）向优秀劳动者学习

榜样的力量是无穷的，优秀劳动者以他们的出色劳动，艰辛付出，为我们诠释了劳动的

价值和榜样的力量。新时代的中国，更多的普通劳动者涌现出来，成为家喻户晓的人物，营造了一个积极向上、崇尚劳动、劳动光荣的氛围，为社会传递朝气蓬勃的正能量，汇聚起经济社会发展的强大动力。

改革开放40多年的成就史告诉我们，只有靠辛勤诚实的劳动，才能创造更多财富，国家才能繁荣昌盛，人民才能安居乐业。在这一过程中，到处都活跃着劳动者的身影，都流淌着劳动者的汗水。所有创造物质财富和精神财富的劳动者，都是值得尊重的人，让"劳动最光荣、劳动最崇高、劳动最伟大、劳动最美丽"深入人心，蔚然成风。我们通过学习劳动模范，从自我做起，从身边事做起，从小事做起，必定能实现自我劳动意识的飞跃。在我们这个社会、这个时代，先进劳动者不断涌现，他们的业绩、精神和品质是我们取之不尽、用之不竭的力量源泉。大学生应积极从身边的劳动者身上获取前进的动力，做劳动精神的积极传播者和践行者。

（二）将实现个人价值及社会价值融合起来

个人价值与社会价值是密不可分的。我们必须树立自食其力的思想，依靠自己的劳动所得来满足自己的生活，实现自我温饱、他人尊重乃至自我实现。同时，我们在岗位上投入更多劳动，就能实现我们更大的社会价值。我们作为劳动者，应自觉弘扬劳动精神、工匠精神，开展劳动和技能竞赛，投身大众创业、万众创新。通过劳动实现个人的独立，做一个受人尊重的劳动者，在此基础上，通过持续的自强不息，努力奋斗，从而还可以实现更大的人生价值，为社会贡献更大的青春力量。

（三）积极参与社会服务性劳动

青年大学生利用学习之余积极参与社会服务，既是很好的劳动体验，又是提升自身劳动素养和劳动能力的重要方式，有利于更好地接触社会、了解社会，为将来更好地服务社会做准备。志愿服务是指志愿贡献个人的时间及精力，在不求任何物质报酬的情况下，为改善社会、促进社会进步而提供的服务。参与志愿服务活动，一方面，帮助了他人、服务了社会，为社会提供了丰富的劳动产出；另一方面，随着社会的发展，人与人之间的联系更加多元，通过为社会和他人的服务对自己的劳动能力进行培养与提高，从服务社会和帮助他人中获得成就感和幸福感。

课堂活动

致敬劳动者主题摄影活动

（一）活动目的

体会劳动的辛苦，感悟劳动精神。

（二）活动方式

寻找你身边的劳动者，拿起相机，拍下他们劳动的模样，记录劳动的感人瞬间。以"致敬劳动者"为主题，开展摄影活动，将作品展示出来，在班级范围内进行分享及评比。

课后作业思考

1. "我身边的最美劳动者"演讲征文。

2. 弘扬劳动精神有哪些途径？

第三节 劳模精神的内涵和具体表现

学习目标

1. 掌握劳模精神的内涵；
2. 分析不同时代劳模的特征；
3. 掌握践行劳模精神的途径。

劳模风采

沉下心来研磨设备，沉下心来"打磨"自己

30 岁的制动钳工韦腾一直记着工长的一句话：你得打磨好自己，才能打磨好制动阀。

在中国铁路南宁局集团有限公司南宁南车辆段南宁南检修车间制动室内，30 岁的制动钳工韦腾操作机器对铁路货车的制动阀阀座进行研磨（见图 4-3-1）。机器不间断进行往返运动，韦腾则在频繁更换研磨石和观察阀座表面光滑程度。

图 4-3-1　韦腾在研磨设备

制动阀作为车辆刹车系统的控制中心，关系重大，每一个细小的问题都可能给火车运行带来不利影响，而阀座的研磨正是制动阀检修最关键的工序。研磨的质量主要通过表面光滑度来判断，而判断光滑度的能力正是衡量能否胜任这个岗位的关键因素。

2014 年，刚踏上工作岗位的韦腾来到制动室，首先接触的就是制动阀研磨工艺。他第一次观察阀座表面的时候，就能清楚地判断出阀座表面的磨损程度，师傅王译梅直呼："是个好苗子！"于是向工长陆金优推荐了韦腾。

陆金优嘴上赞不绝口，心里却有了主意。等学习期结束了之后，韦腾没有被如愿分配到制动阀研磨岗位，而是去了制动阀分解岗位。这让韦腾心里很不是滋味，暗下决心一定要证明自己。

他沉下心来认真"打磨"自己，从最基础的工作做起，不断提高对自己的要求。3 年后，韦腾分解制动阀的速度极快，让班组的整体工作效率提高了 13.3%。

当韦腾再次向工长申请到研磨岗位时，却还是没能如愿，而是被安排到了制动阀试验岗位。

去那里后，他才理解工长的苦心。试验台主要通过风压来试验制动阀的状态，而风压的漏泄情况正是检验制动阀检修质量的关键。他经过三四个月的总结，发现制动阀发生风压漏泄过多的情况，80%以上的原因都是研磨不合格引起的。

他把这个情况向工长陆金优反映，陆金优语重心长地说道："我知道你是个好苗子，可是你起初只是觉得研磨岗位下班早、又轻松，才想去干。这个岗位很关键，关系到火车的运行安全，需要的不仅仅是判断力，还有经验和心态，你得打磨好自己，才能打磨好制动阀。"

一席话点醒了韦腾，他收起躁动的心，继续在岗位上认真"打磨"自己。

2020年，28岁的韦腾顺利通过技师考试，正遇上师傅王译梅退休，韦腾就被安排到了研磨岗位。3个月的学习后，他成功掌握了研磨岗位的要点。现如今，他的研磨水平已经是全班组最好的，研磨一次合格率达97%以上。

问题导学

劳模不是与生俱来的，只要坚持不懈地学文化、学技术，一个普通的人就能发挥出巨大的潜能，就能最终获得成功。我们应该向韦腾学习什么呢？

一、新时代的劳模精神

"爱岗敬业、争创一流、艰苦奋斗、勇于创新、淡泊名利、甘于奉献"依旧是新时代劳模精神的集中体现。

（一）爱岗敬业

爱岗，就是热爱自己的工作岗位，热爱自己的本职工作。敬业，就是以非常负责的态度对待自己的工作。爱岗是敬业的基石，敬业是爱岗的升华。爱岗和敬业，互为前提，相辅相成。每一个人都要热爱自己的本职工作。一个人一旦爱上了自己的职业，就会全身心投入工作岗位中，在平凡的岗位上做出不平凡的事。

（二）争创一流

争创一流是一种凝心聚力的目标追求，是一种积极奋发的精神风貌，可以内化为每个人的工作动力。劳模都是各行各业中爱岗敬业、争创一流的典范。争创一流，就是在高起点上继续求高，在新起点上继续求新。争创一流，从表面上看，是行动的飞跃；从根本上讲，是思维的飞跃。创造一流的工作业绩，就要具备宽广的发展视野。眼光前瞻，视野开阔，瞄准前沿，着眼未来，提高攻坚克难的过硬能力，勇于探索、尝试，真正干出一流的业绩。追求最优，就是你与别人相比，爱心多一点，责任强一点，勇于付出和奉献。有时候，只是一点点差距，就能产生截然不同的结果。

（三）艰苦奋斗

艰苦奋斗精神的内在核心是不怕困难、自强不息，不屈服于艰难困苦，不懈怠于富足安逸，不满足于已有的成绩，不避讳自己的差距，始终奋发向上、谦虚谨慎，保持一种不断进取的精神状态，是为了实现伟大的或既定的目标而勇于克服艰难困苦、顽强奋斗、百折不挠、自强不息、居安思危、戒奢以俭的精神和行动。艰苦奋斗作为一种精神品格，既有恒定的价值内核，也有着时代性的特色价值。无论时代如何发展，只要人类改造自然和社会的活动不停止，艰苦奋斗精神就永不过时，并且始终值得提倡。

（四）勇于创新

创新是以新思维、新发明和新描述为特征的一种概念化过程，主要有3层含义：更新，创造新的东西；改变，创新是人类特有的认识能力和实践能力，是人类主观能动性的高级表现形式，是推动民族进步和社会发展的不竭动力，一个民族要想走在时代前列，就一刻也不能没有理论思维，一刻也不能停止理论创新；创新，就是要敢于突破老规矩，敢于打破旧框框，敢于接受新事物，创造性地建立新机制、制定新思路、采取新方法、取得新成绩。劳模勇于创新的精神是各行各业创新精神的总结，也是对各行各业劳动者的要求，更是值得永远传承的精神财富。

（五）淡泊名利

淡泊名利是中华民族的传统美德，是做人的崇高境界。淡泊名利是以超脱世俗、豁达客观的态度看待一切。劳模的业绩与淡泊名利的崇高精神密不可分。许多劳模几年、十几年，甚至几十年如一日，像螺丝钉一样把自己"拧"在平凡的工作岗位上，默默耕耘、奋斗不息，并且能做到清心寡欲、淡泊名利，脚踏实地地实现自己的人生理想和生命价值，成为人们尊敬的先进人物。学习劳模，就是要学习他们淡泊名利、宁静致远的优秀品格，把为理想而奋斗当作人生快乐的源泉，用高尚的理想和情操充实自己的精神世界，努力实现人生价值。

（六）甘于奉献

劳模，不论是体力型劳模，还是智力型劳模，也无论是生产者，还是创业者，无论是比表现，还是比贡献，他的核心价值始终是不变的——为他人、为社会、为国家多作奉献的道德感、责任感和荣誉感。劳模在平凡中追求不凡、奋斗不止，用无私的奉献精神编织出美丽的事业蓝图。我们要学习劳模的奉献精神，把奉献作为自己人生价值观的重要坐标，从而规范自己的思想和行为。

知识拓展

"数字工匠"马长好与企业转型同成长——智能车间里的"新刀客"

为技能添"智"，成为生产线上不可替代的工匠人才。

——马长好

5月16日，空旷的沈阳鼓风机集团股份有限公司车间里，身穿蓝色工装的车工马长好坐在工位机前，通过"云网"系统获取当天的加工任务和所需的数据文件，他的身后，轰鸣的数控车床正在执行切削指令（见图4-3-2）。

"过去，班组长派活儿，跟着师傅干活儿。现在手机上领活儿，怎么干、干了多少都清清楚楚。"45岁的马长好已经适应了全新的"屏上"工作方式。

扎根工厂23年，马长好与企业转型升级同成长，不断为技能添"智"，跻身"数字工匠"。在他的心里有一片技能"江湖"，他自己就是驾驭数控设备的"新刀客"。

今年"五一"国际劳动节前夕，马长好获评全国五一劳动奖章。

图4-3-2 马长好在智能车间

刀法：从 3.2 微米到 0.8 微米

看着车间里的立式、卧式数控车床，马长好感慨地说，2004年刚来公司时，车间里只有4台20世纪70年代国外淘汰的数控机床，"那时是半数控生产，噪声大、机油味重，车床师傅需要注意力高度集中，一整天下来累得要命。"

转子，有压缩机"心脏"之称，马长好负责加工的是转子的核心部件——叶轮，这个形状酷似陀螺的部件，加工难度大，稍有不慎就可能导致工件报废。

为了更好地驾驭这些机器设备，毕业于沈阳铁路机械学校机械设备维修与管理专业的马长好，开启了自学之路。

他先后自学了十多种数控机床操作方法，熟练掌握了 HANS、FANUC、SIEMENS 等操作系统，读过的数控机床资料摞起来有几米高。其间，他还考取了沈阳工业大学机械设计制造及其自动化专业的自考本科。

几年后，随着市场对产品精度的要求越来越高，企业"上新"了五轴联动国产数控车床，此前的积累让马长好顺利实现转型，他加工的产品，表面粗糙度从 3.2 微米降至 1.6 微米，甚至能达到 0.8 微米。

对精度的追求，让马长好对数字格外敏感。他指着天车上悄无声息移动的巨大叶轮对记者说："像这样的叶轮大概要去重 500~2000 克。"

行业内有句老话，"压缩机一响，黄金万两；压缩机一停，效益为零。"压缩机想要长期平稳运转离不开稳定旋转的转子，因此，通过去重实现叶轮"动平衡"至关重要。

以往，叶轮去重采用手工修磨，效率低、质量差，爱创新的马长好尝试通过车削对叶轮去重，编写程序、模拟工艺、试切、走刀……大大提高了叶轮性能，每年为企业增效近700万元。

运刀：以前盯机器，现在盯屏幕

车间里，马长好向记者讲起了一件往事。

2018年，加工一个叶轮时，由于图纸印刷不清晰，操作工将纸质图纸上的数字6看成了5，导致偏差过大，产品不合格。"当时我就在想，如果随时能查看清晰的原版该有多好。"马长好说。

如今，他的心愿已经成真。

2019年，马长好所在的转子车间试点数字化、智能化生产线，车间里的人、机、料全部入网，每台数控车床前的工位电脑和手机就像一个个资源库，轻点屏幕就能查阅高清晰度的电子图纸。

"以前是盯机器，现在是盯屏幕、盯进程。"马长好越说越兴奋，迫不及待地向记者展示如何在手机上接活儿。

当天15时19分，他操控的数控车床接到一个时长3.17小时的生产任务。点击"开工"，生产状况就从"派工中"变成了"加工中"，等车削结束，再点击"完工"，工件就自动进入下一道工序。

智能化的生产线减轻了马长好和工友们的劳动强度，却更加考验他们的脑力和创新能力。

为了能熟练操作这套智能系统，马长好专门学习了5S现场管理与实战经验、办公软件培训等线上课程。随着对工艺图纸和工序流程的理解更加深入，他也推开了创新世界的大门。

2021年，马长好亮相辽宁省创新方法大赛，与高校教师、科技工作者、大学生同台竞技，他是参赛选手中唯一的工人。最终，他带来的创新项目"汽轮机抽气无扰动控制的研发"斩获大赛三等奖。

2022年年初，他又提出了薄壁套加工方法及工装研究、叶轮锻件尺寸优化等创新方案，粗略测算，能为企业节能增效上百万元。截至目前，他参与的各类小改小革创新项目已经有400余项。

"新刀客"：智能生产线上的"灵魂"

"处理智能生产线上的各种难题，还是得靠人。"马长好向记者讲述着自己对智能生产线的理解。对待技术，他很较真，总会马上纠正记者表述不准确的地方。

36岁的张家亮是马长好的徒弟。他对师傅在生产线上的不可替代性非常羡慕："一些加工难度大、精度要求高的工件，只有师傅才能加工出来。"

像马长好这样的高技能人才，是打通从图纸到工件"最后一公里"，实现从0到1的"灵魂人物"。

"在智能生产车间，工程技术人员和技能工人之间的边界越来越模糊，技能工人在生产一线创新中的作用越来越重要。"沈阳鼓风机集团股份有限公司设计院副总工程师姜妍深有感触。车间智能化后，工种与工种之间的衔接更加紧密，她与马长好的技术切磋也越来越多。

在"百万吨乙烯"产品加工过程中，以往叶轮加工均采用从外沿向中心走刀，产品精度很难达标。马长好与姜妍沟通后得知，叶轮越靠近中心，精度要求越高。

"为什么不先加工最精密的部位，然后再反向走刀呢？"马长好尝试从中心向外沿车削，在车刀磨损最小的时候车出精度要求最高的部位。

最终，采用"粗车正向切削，精车反向切削，正反向切削相结合"的工艺，产品精度大大提高，能将公差控制在0.01毫米以内，工作效率提高20%。

"智能生产线需要为大型装备制造业的信息化、数字化建设提供大量可行数据，而这些数据的提供者就是操控每台设备的技能工人。"沈阳鼓风机集团股份有限公司信息数据中心副主任王宗玉告诉记者，未来的智能车间，需要更多像马长好这样懂技术、会创新的"新刀客"。

讨论思考

从马长好艰苦奋斗的过程中,当代青年看到了劳模身上的哪些榜样力量?

▶ 二、劳模的时代特征

在中国共产党革命、建设、改革的历程中,不同时代的劳动模范反映了不同时代的劳动模范特征。劳模所处时期按照时间顺序大体可分为革命斗争时期、解放建设时期、中国特色社会主义建设时期。革命斗争时期主要体现出能手加英雄的"革命型"劳模特征;解放建设时期体现出苦干加实干的"老黄牛型"劳模特征;中国特色社会主义建设时期体现出科技加创新的"创新型"劳模特征。

1. 革命斗争时期的"革命型"劳动模范代表

以张富清、黄继光、邱少云、杨根思、罗盛教、赵占魁为代表的一大批战斗英雄,不怕牺牲、艰苦卓绝、舍身为国、浴血奋斗在朝鲜战场,中国人民第一次将世界头号强国逼到了谈判桌前,第一次体会到在帝国主义列强面前扬眉吐气的感觉,因而,极大地激发了中国人民的爱国主义精神。

黄继光(1931年2月24日—1952年10月20日),生前是中国人民志愿军第十五军第一三五团二营六连通讯员。1952年10月20日在朝鲜上甘岭地区597.9高地牺牲,年仅21岁。被中国人民志愿军领导机关追记特等功,并授予"特级英雄"称号;所在部队党委追授他为中国共产党正式党员;朝鲜民主主义人民共和国最高人民会议常务委员会授予他"朝鲜民主主义人民共和国英雄"称号和金星奖章和一级国旗勋章。1962年10月,四川省中江县人民政府建立了黄继光纪念馆,朱德、董必武、刘伯承、郭沫若为之题词。1982年纪念黄继光英勇牺牲30周年时,邓小平在黄继光纪念馆的黄继光塑像座下的山岩石墙上题字:"特级英雄黄继光"。2019年9月25日,黄继光被授予"最美奋斗者"荣誉称号。

2. 解放建设时期的"老黄牛型"劳动模范代表

以雷锋、申纪兰、王进喜、时传祥、张秉贵、焦裕禄为代表的一大批普通劳动者,在艰苦的环境中练就了坚毅品质和勤劳品格,继承了艰苦朴素、无私奉献、开拓进取的优良传统,他们甘愿做新中国建设发展的"老黄牛"。"老黄牛精神"成为中华人民共和国成立到改革开放前期的中国劳模精神的时代内核,激励和鼓舞着中国人民独立自主、艰苦奋斗、自力更生,在社会主义建设初级阶段的各方面都发挥了极大作用,构筑了一座座不朽的精神丰碑。

时传祥出生在一个贫苦农民家庭。他14岁逃荒流落到北京城郊宣武门一家私人粪场,受生活所迫当了掏粪工。在旧中国,掏粪工不仅受到社会的歧视,还要受行业内部一些恶势力的压榨和盘剥。时传祥在这些粪霸手下一干就是20年,受尽了压迫与欺凌。新中国成立后,新中国给了他做人的尊严,工人阶级当家做主使他扬眉吐气,他对党充满感激。他用一颗朴实的心记住了一个通俗的道理:掏粪也是社会主义建设事业的一部分。他把掏粪当成十分光荣的劳动,以身作则,以苦为乐,不分内分外,任劳任怨,满腔热情,全心全意为人民服务。他被评为劳动模范,在1959年全国群英会上受到国家主席刘少奇的接见。

新中国成立后,时传祥被工友选为崇文区(今为东城区)"粪业工人工会"委员。1952

年，他加入了北京市崇文区清洁队，继续从事城市清洁工作。此时，北京市人民政府为了体现对清洁工人劳动的尊重，不仅规定他们的工资高于别的行业，而且想办法减轻掏粪工人的劳动强度，把过去送粪的轱辘车全部换成汽车。运输工具改善之后，时传祥合理计算工时，挖掘潜力，把过去 7 个人一班的大班，改为 5 个人一班的小班。他带领全班由过去每人每班背 50 桶增加到 80 桶，他自己则每班背 90 桶，最多每班掏粪背粪达 5 吨。管区内居民享受到了清洁优美的环境，而他背粪的右肩却被磨出了一层厚厚的老茧，因而赢得了人们的普遍尊敬，也赢得了很多荣誉。他以主人翁的姿态，以"搞好环境卫生，美化人民首都"为己任，肩背粪桶，走家串户，利用公休日为居民、机关和学校义务清理粪便，整修厕所。1955年，他被评为清洁工人先进生产者，1956 年当选为崇文区人民代表，同年 6 月加入中国共产党。1958 年被邀请担任北京市政协委员。1959 年被选为全国劳动模范。

1959 年，时传祥作为全国先进生产者参加了在北京召开的全国"群英会"，10 月 26 日，国家主席刘少奇在人民大会堂湖南厅握着他的手，说道："你掏大粪是人民勤务员，我当主席也是人民勤务员，这只是革命分工不同。"时传祥也表示："我要永远听党的话，当一辈子掏粪工。"

从此，时传祥成为载誉全国的著名劳动模范。人民日报、中央人民广播电台等新闻单位都对他的事迹作了报道。他更加努力，更加热爱本职工作。1964 年，北京环保局分配部分青年学生作掏粪工。时传祥时任崇文区清洁队青工班班长，为转变部分青工怕脏怕丑的思想，年近半百的时传祥，脏活累活抢在前，对青年工人言传身教，以"工作无贵贱，行业无尊卑；宁愿一人脏，换来万人净"的职业道德观，教育影响青年一代安心本行业工作。

3. 中国特色社会主义建设时期的"创新型"劳动模范代表

随着社会主义精神文明建设的发展、深入，社会对劳动价值的评判，已从"出大力流大汗、苦干加巧干"向知识型、创新型、技能型、管理型方向转变，劳模也逐渐多元化，各行各业涌现出了一大批先进典型和英雄模范，在尊重劳动、尊重知识、尊重创新的时代背景下，知识分子劳模比例开始大幅提升。伟大的事业需要伟大的精神力量，改革开放和现代化建设光荣而艰巨的任务需要全国人民以坚定的信心和旺盛的热情投身到建设中国特色社会主义事业中，以钟南山、包起帆、樊锦诗、王启民、鲁冠球为代表的一批劳模，改革创新，勤勤恳恳，任劳任怨，为国家经济发展、国防建设贡献力量，展现了劳模的时代风采和形象，鼓舞和激励全国亿万劳动者为改革开放和社会主义现代化建设事业再创伟业、续写辉煌。

包起帆，男，1951 年 2 月生，工学硕士，教授级高工，中国机械工程学会常务理事、副理事长（1995—），中国发明协会常务理事、副理事长（1995—），中国水运工程协会副理事长（2005—），上海市科学技术协会副主席（2007—），中国机械工程学会物流工程分会主任委员（1995—）等。曾任上海国际港务（集团）股份有限公司副总裁，现任华东师范大学国际航运物流研究院院长。

他是伴随改革开放成长起来的中国工人的缩影。研发新型抓斗及工艺系统，推进了港口装卸机械化，被誉为"抓斗大王"。参与开辟了上海港首条内贸标准集装箱航线，参与建设了我国首座集装箱自动化无人堆场，积极推进了我国首套自动化程度最高的散矿装卸设备系统的研发，领衔制定了集装箱-RFID 货运标签系统国际标准。

包起帆与同事们共同完成了 130 多项技术创新项目，其中 3 项获得国家发明奖，3 项获得国家科技进步奖，43 项获得省部级科技进步奖，36 项获得巴黎、日内瓦等国际发明展览会金奖，授权国家和国际专利49项。他连续5次获得全国劳动模范，2次获得全国五一劳动奖章。他是党的十四大、十五大、十六大、十七大代表。2009年，包起帆被评为"感动中国人物"。2018年12月18日，党中央、国务院授予包起帆"改革先锋"称号，颁授改革先锋奖章，并获评"港口装卸自动化的创新者"。

▶ 三、践行劳模精神的方式

弘扬和践行
劳模精神的途径

（一）"学"劳模精神

劳模是对本身技术的精益求精，对自身要求的严苛，我们当以此为学习榜样，克己奉公，坚守岗位，力求把每一件小事做得完美再完美。"工欲善其事，必先利其器。"学习是文明传承之途、人生成长之梯、国家兴盛之要，是丰富人民群众精神家园的重要途径。当代劳动分工越来越细，技术含量日益增加，竞争越来越激烈，对每个人的文化知识、业务水平、技术素质的要求也越来越高，人们必须勤于学习、善于思考，学习科学知识，树立科学精神，掌握科学方法，立足本职学文化、学科技、学管理，不断提高科学文化技术水平、岗位技能和业务素质，争做岗位技术能手，才能适应竞争、追赶先进、开拓创新。

（二）"思"劳模精神

劳模精神更多的是对工作的高度负责，是对自己的高度负责。现在我们从事着各种不同的工作，我们当立足工作岗位，保持高度负责的态度，为全面建成小康社会添砖加瓦。理想是人生的奋斗目标，是民族前进的精神动力。没有理想就没有希望，没有希望就没有实现理想的力量。坚定的理想信念，是人生的精神动力，是做好工作、克服困难、开拓创新的力量之源。常常思考劳模精神的内涵，不断地丰富自己的思想世界，更好地服务祖国和人民。

（三）"践"劳模精神

"空谈误国，实干兴邦"，十年磨一剑的精神，立足岗位实际，沉下心来踏踏实实干事，一点一滴积累，积小流终成大海。全社会要大力倡导爱国守法、明礼诚信、团结友善、勤俭自强、敬业奉献的基本道德规范，努力提高公民道德素质，促进人的全面发展，培养一代又一代有理想、有道德、有文化、有纪律的社会主义公民；要大力倡导以文明礼貌、助人为乐、爱护公物、保护环境、遵纪守法为主要内容的社会公德，鼓励人们在社会上做一个好公民；要大力倡导以爱岗敬业、诚实守信、办事公道、服务群众、奉献社会为主要内容的职业道德，鼓励人们在工作中做一个好建设者；要大力倡导以尊老爱幼、男女平等、夫妻和睦、勤俭持家、邻里团结为主要内容的家庭美德，鼓励人们在家庭里做一个好成员。

（四）"悟"劳模精神

用自身实际行动诠释劳模精神，像广大劳动模范那样"干一行、爱一行，专一行、精一行、成一行"，让劳模精神不断发扬光大，我们定能攻坚克难、坚毅前行，汇聚起风雨无阻向前进的强大精神力量。没有规矩不成方圆，铁的纪律是干好工作的保障。只有具备坚定的纪律观念，坚持原则，时刻注意自己的言行，服从组织，听从指挥，围绕中心，服务大局，对党和人民群众负责、对自己负责，才能真正做到爱岗敬业，才能将工作做对、做好。

各个历史时期涌现出来的劳动模范，虽然行业不同、岗位各异，但都有着共同的特质，那就是以高度的主人翁责任感、卓越的劳动创造、忘我的拼搏奉献，始终走在工人阶级和劳动群众的前列，享有崇高声誉，备受人民尊敬。

知识拓展

"做既有意思又有意义的事"

"走到这个阶段，不容易。"回忆起数月前第一次看到完整的朱雀二号遥一火箭竖立在眼前时，2022年全国五一劳动奖章获得者、蓝箭航天空间科技有限公司首席技术官周遇仁依然能记起当时的感受。

2015年，《国家民用空间基础设施中长期发展规划（2015—2025年）》出台，明确鼓励民营企业发展商业航天，我国民用商业航天正式起航。在北京五环外的亦庄，集聚着多家蓝箭航天这样的民营火箭研发企业。

时间倒回到两年前，从事运载火箭研制工作近30年的"国家队选手"周遇仁也许不会想到，有一天会在一家民营公司带领一支队伍造"箭"。"我想做些既有意思又有意义的事。"他说。

"既有意思又有意义的事"

在周遇仁眼中，自主研发朱雀二号系列液氧甲烷运载火箭就是一件"既有意思又有意义的事"。

"如果要问蓝箭为什么打动我，那一定是自主研制的液氧甲烷发动机。"这意味着，他可以亲自带领队伍研制中国第一款中型以上运力的液氧甲烷运载火箭，并通过技术迭代使之成为可以站在世界舞台上与国外商业火箭一较高下的产品。

周遇仁刚来蓝箭航天时，朱雀二号运载火箭正处于研发制造的最关键时期。

"在商业航天公司带领研发团队，面临更多挑战。"周遇仁表示，研发周期、成本、团队融合、产品迭代都是必须考虑的问题。

2017年9月，朱雀二号运载火箭立项；2017年12月底，完成型号方案论证，转入方案设计；2019年6月，进入初样研制阶段；2021年9月底，转入试样研制阶段；2022年1月，朱雀二号遥一火箭完成出厂前的总检查工作，具备出厂条件。

四年半时间要完成一款全新火箭从0到1的研制发射流程，交付进度压力很大。"在有限资源条件下做出让客户满意的产品。"这是周遇仁在新环境里需要接受的挑战。

在商业化研发环境中，他愈发显示出一位老航天人的"严、慎、细、实"。

"他非常强调技术流程，要求研发团队坚持严格的质量管理方案。"蓝箭火箭研发部副总经理邱靖宇每天都要和周遇仁沟通型号进展。

"叛逆"的管理者

敏锐、务实、可靠，蓝箭研发团队的年轻人们，给周遇仁贴上了这样一些标签。

"对大家的要求比较高，甚至有些严厉。""他有点像大家的'家长'，对下属要求很具体，会手把手指导工作，遇到问题找他都可以得到详细解答。"

对于如此一致的评价，周遇仁却感到"意料之外"。在他的理想状态中，甚至希望自己可以在日常管理中"隐藏"起来，"我更希望有我、没我，大家都可以顺利把工作干下来。每个人都能主动提出和实践自己的新想法。"

不要求事事循规蹈矩，鼓励多尝试技术上的创新。在技术上，周遇仁不否认自己有着与其他管理者风格相反的"叛逆"。

用邱靖宇的话说，液氧甲烷火箭本身就是一个非常新的火箭，新动力系统带来的挑战是多方面的，时刻用新思路解决新问题，达到新目标，是研发工程师们的工作常态。

周遇仁说，在公司，无论是个人还是团队，有价值的新想法都会得到支持。他还会鼓励公司的年轻人多去思考型号以外的事情，"每个人的专业能力提高了，公司的整体技术能力就会提高，这也是我带团队的目标之一。"

一辈子干下去

形成一套适合商业公司的研制标准流程和规范，是周遇仁给自己定下的另一个目标。

"这是必须要做的基本功，现在，我们通过朱雀二号的研制已经把底打出来了，底子扎得稳，才有条件弯道超车。"周遇仁说。

当被问到"最终的目标是不是要把产品顺利做出来"时，周遇仁纠正说，不是做出来，而是做好它，"让自己满意"，让团队、市场满意。

周遇仁觉得，做事有三个阶段：做一件事—做成了一件事—圆满地做成了一件事。他所追求的正是这个"圆满"。

"现在，无论是国家还是市场，对商业火箭公司都抱有期望。最终研制出的产品低成本、高可靠性，具有更强的商业竞争力。"在周遇仁对"圆满"的定义里，完成朱雀二号遥一火箭的飞行试验工作仅仅是个开始。

"我们现在是做了一件事——完成了朱雀二号的研制工作，离做成一件事还差最后一步——顺利完成首飞试验，最终要得到比较圆满的结果，还有很多工作要做。"

"选择了航天，打算一辈子干下去吗？"年轻人经常会这样问他。

"对！"周遇仁的回答永远是坚决的一个字。

讨论思考

每一份职业都有自己的使命和职责，作为青年大学生，怎样树立自身的职业使命并为之奋斗？

课堂活动

寻找劳模

（一）活动背景

这是一个激情燃烧的年代！这是一个创造劳模的年代！共和国 70 余载，孕育了万千名劳模，他们或曾在自己的工作岗位上作出过卓越的贡献，获得劳模的荣誉称号；他们或曾在基层岗位上兢兢业业坚守多年，用自己的一腔热血服务基层百姓。如今，他们过得好吗？

（二）活动目的

在寻找中理解劳模精神，感悟劳模精神，传播劳模精神。

（三）活动方式

寻找已被人淡忘的劳模，与其进行面对面交谈，采用视频或图文形式记录其光辉事迹，并对劳模现如今的生活状况做调查，与同学分享你的感悟。

课后作业思考

你认为新时代青年应该怎样落实到具体行动，成为实现中华民族伟大复兴中国梦的践行者？请写一篇文章加以论述。

第五章　培育工匠精神

学习目标 »»»»» »»»»»

1. 了解工匠精神的基本内涵；
2. 掌握培育新时代工匠精神的重要意义；
3. 掌握培育大国工匠的路径；
4. 明晰工匠精神、劳动精神和劳模精神的关系。

课程导入 »»»»» »»»»»

何小虎带动众多年轻人打磨技艺提升技能
——敢啃硬骨头的火箭"心脏"钻刻师

2022 年 4 月 16 日 9 时 56 分，神舟十三号载人飞船返回舱在东风着陆场成功着陆。

数千里之外，中国航天科技集团有限公司第六研究院 7103 厂 35 车间机加七组数控车工何小虎（图 5-1-1）正看直播，只听解说道："神舟十三号不仅是我国在轨驻留时间最长的飞船，还是返回最快的飞船，从 1~2 天缩短到 8 个多小时。"何小虎感到无比喜悦和荣耀。

图 5-1-1　何小虎在钻研设备

因为运载飞船的火箭"心脏"——液体火箭发动机，由该公司研制，其中，发动机燃烧系统相关产品作为"心脏之中的心脏"，便出自何小虎及其工友之手。

多年来，何小虎参与载人航天工程、探月工程、火星探测工程和空间站建设等生产任务，一次次成功"飞天"，令中国航天事业的"心脏"更加强大。

续传承，特别能吃苦

"师傅，我们用什么设备加工航天领域最精尖深的产品？"大学毕业，进厂第一天，何小虎问师傅董效文。

真正走进车间，何小虎"被泼了一盆凉水"，他看到有的车床清晰写着"1967年生产"。师傅看出了他的沮丧，指着墙上说："生产航天领域的产品，我们靠的是这个。"何小虎看过去，墙上是一行大字"特别能吃苦、特别能战斗、特别能攻关、特别能奉献"。

入职第一课，由被誉为"航天钻头"的全国劳模曹化桥开讲。何小虎记住了两件事，一是曹师傅可以在太空液体火箭发动机关键部件喷注器上，钻出2000多个不同角度、直径的小孔，最小孔直径只有0.12毫米；二是为了保护视力，曹师傅几十年如一日不看电视。

后来他才知道，他们那个车间被誉为"劳模工匠的孵化器"，有一种精神在传承着。何小虎有了目标和方向。

何小虎开始利用一切时间学习和实践。那几年，他经常满脸油污、浑身沙砾，鼻子里都是灰土。他从基础做起，泡在车间里反复做零件、磨刀，利用一切零碎时间学习，找各个师傅请教——那是最苦的几年，也是进步最快的几年。

"踏实、勤奋，又善于思考和总结，陕北孩子的拗劲、韧劲，在他身上体现得淋漓尽致。"董效文说。

苦心人，天不负。2016年，何小虎首次参加国家一类大赛，荣获陕西第一，全国第四，这是陕西参加该项赛事的最好成绩。2017年，中国大能手选拔赛，他成为陕西入围全国十强第一人。2018年，32岁的他成为全国数控技能大赛陕西赛区最年轻的裁判。

战极限，特别能攻关

"作为技能工人，这个合格率肯定是无法接受的。"2016年，某型号发动机喷注器架生产遇到瓶颈，有项精度仅相当于头发丝的十分之一，在机床上无法测量，试加工合格率仅有20%。

"交给我，我有信心啃下来。"何小虎立下军令状。

原来，在一些老师傅搞技术攻关时，何小虎就已经关注到了这个产品，并一直在思考合格率低的原因。上手后，他发现攻关"真难"，之前车间从未加工过，没任何可借鉴的经验和数据。那两个多月，何小虎天天熬夜查资料、找人讨论，有时正吃着饭，突然想到什么，放下碗筷跑回车间进行试验。

经过无数次试验，何小虎提出"设备热稳定性"概念，发挥其极限加工精度，颠覆传统方法，让产品合格率达到100%，加工效率提升4倍。

在加工某发动机燃烧喷嘴时，厂里遇到前所未有的技术难题，合格率只有50%，这不仅影响发动机的交付和后续型号生产任务，更关系着飞行器能否精准入轨。之后的两年，何小虎联合工艺、操作人员，找西北工业大学教授、设备生产厂家请教交流，甚至花钱找大学老师补课。最终，2020年，他们攻克了瓶颈难题。

多年来，何小虎先后攻克液体火箭发动机生产研制难题65项，申请专利8项，获得1项国际专利授权，3项国家实用新型专利，4项国家发明专利。

带新人，特别能奉献

4月，何小虎工作的车间，他的徒弟正往机器里放金属材料，日历上密密麻麻写满了工作任务。

"何师傅平时对你们严厉吗?"有人问。"工作时特别严,但我们知道,他会全心全意帮我们。"徒弟答。

如今,车间已用上智能化的设备,但只要有新来的徒弟,何小虎仍坚持让他们用最传统的方法练习,在砂轮机上磨刀具,不断重复简单、枯燥的动作。

"通过这种方法,我希望他们把心沉下来,更踏实、细致,在磨刀中感悟最基础的原理,与数字化、智能化结合。"何小虎如是说。

几年间,何小虎先后培养出 20 多名徒弟,他也成为陕西省带徒名师。

"36 岁,何小虎已经是全国技术能手、职业技能竞赛国家级裁判、大国工匠技术讲堂特聘讲师、全国五一劳动奖章获得者,他的故事影响和带动着航天领域一个又一个年轻的技能工人,更让人们对技能工人有了新的认识。"公司工会主席杜兴虎说。

【想一想】

何小虎是新时代青年的榜样,是什么力量让一个普普通通的工人创造出如此不俗的业绩?什么是工匠精神?工匠精神具体指什么?作为大学生应该如何弘扬工匠精神?

第一节 工匠精神的内涵及要求

学习目标

1. 掌握工匠精神的内涵;
2. 明晰工匠精神的时代要求;
3. 了解工匠精神的时代意义。

劳模风采

13 年来,李吉驾驶盾构机累计掘进 2.29 万米,获得 17 项国家专利
——隧道深处驯"巨龙"

盾构机,身长约百米,体重几百吨,是长着"铁齿铜牙"的"钢铁巨龙"。李吉的工作就是驾驭盾构机以毫米级精度在地下掘进。

李吉今年 35 岁,是中铁五局电务城通公司盾构事业部总工程师,也是"国家级(盾构机械操作工)技能大师工作室"的负责人。

穿越长沙橘子洲、南京秦淮河古建筑群、沈阳青年大街……13 年来,李吉一直担任着城市地下空间的"开路先锋"。

有人问他,驾驶盾构机最开心的时刻是什么?他回答说,盾构施工前方永远是未知的,我们在摸索中不断调整、向前掘进,每当盾构机从另一边贯通出洞,就看到了光明。

"玩转"盾构

2009 年 7 月,李吉从成都理工大学测控技术与仪器专业本科毕业,入职中铁五局,从事盾构施工。

同年,在沈阳地铁 2 号线盾构施工现场,当李吉第一次见到巨龙般的盾构机时,顿感"傻眼"。

"感觉自己在学校学的理论完全派不上用场。"李吉说，盾构集光、机、电、液、传感、信息技术于一体，需要掌握的知识十分繁杂，自己的知识体系需要重构。

一台盾构机的价值以千万元计，担负的施工工程投资以亿元计，每一次掘进，稍有差池，后果不堪设想。

忐忑之余，还有憋屈。当年，盾构设备以进口为主。李吉听师傅说，如果出现重大故障，就要请外国专家来维修，费用高昂。

李吉下定决心"玩转"盾构，为企业开源节流，为基建攻坚开路。

他白天跟着师傅熟悉设备，仔细了解盾构机身结构和每一个零部件，晚上对着说明书翻词典、查资料，用了整整两个月时间，硬是把砖头厚的外文说明书背了下来。

"那段时间，案头、床边都是图纸，经常通宵熬夜看图，有时抱着图纸就睡着了。"李吉回忆说。

盾构机的主要功能是掘土凿岩，为此，他还自学了岩石、土壤知识。深夜的技术室里，总能看到李吉查阅图纸、资料的背影。

一年见习期满，李吉总共记了15万字工作笔记，摞起来有十几本。

成长密码

善于攻坚克难，结合实际形成工作思路和工作方法，这是李吉的成长密码。

转战大江南北参与一系列大型工程建设，为李吉提供了广阔的成长天地。从大连地铁、郑州地铁、南京地铁到长沙地铁等项目，李吉迅速成长为企业骨干。

"最紧张的是2011年，在大连地铁项目施工期间。"李吉回忆说，在大连第一次独立操作盾构机"韶山二号"，他感到"压力山大"。

大连地铁103标盾构施工是一块硬骨头，难在盾构机不仅要穿越复杂地层，还要下穿地面主干道和高层建筑物。李吉坦言，自己一度"不敢推，不敢动"。但他最终克服恐惧，仔细研究施工工艺，及时调整掘进参数，保证盾构机掘进姿态平稳，安全顺利通过。

一次，在操作盾构机时，突遇涌水情况，潮湿阴暗的隧道内只听见"哗哗"的水流声，检修工人见势后撤，李吉了解情况后，带头跳入水中抢修、保护设备。

"他身上那种奋勇向前的精气神，给我们留下了深刻印象。"中铁五局电务城通公司副总经理陈世君说。

在南京地铁3号线，为了确保安全施工，李吉创新使用"钢套箱+冷冻始发"技术，填补了中铁五局盾构技术的相关空白；在长沙地铁3号线，李吉操作盾构机多次穿越江河、湖泊、溶洞等高危地区和复杂地层，创下了中铁五局盾构施工操作史上的多个"第一次"。

13年来，李吉累计掘进完成盾构隧道2.29万米，一次又一次冲破黑暗看见光明。

驾驭技术

"设备越来越先进，城市地下空间开发工程越来越复杂，地铁盾构施工需要解决的难题接踵而至，需要不断学习新知识、不断创新研发和驾驭新技术。"李吉说。

2019年，李吉国家级技能大师工作室成立。李吉把这里当作解决生产难题的攻关站、传承技术的培训站。

防跳道轨枕、高性能膨润土泥膜生产设备、带有强制脱轨制动装置的电瓶车、盾构施工用渣土装载装置……李吉积极组织开展相关盾构施工科研攻关，推广新技术、新工艺，先后获得国家专利17项。

工作以来，李吉获得全国首届"盾构工匠"、省级劳动模范、国务院政府特殊津贴等荣誉、奖励。2021年年初，他还被盾构掘进技术国家重点实验室聘为专家委员会专家。

如今，李吉和团队正积极探索校企合作、产教融合的教学模式，与贵州铁路技师学院紧密结合，培养技能人才，每学期定期到学校为盾构专业班授课。近年来，李吉带领团队为企业培养出工匠技师1名、特级技师2名、高级技师8名、技师21名。

问题导学

从李吉的经历中，你看到了他表现出来的哪些工匠精神？

▶ 一、工匠精神的内涵

（一）实质内涵

工匠精神对于个人，是干一行、爱一行、专一行、精一行，务实肯干、坚持不懈、精雕细琢的敬业精神；对于企业，是守专长、制精品、创技术、建标准，持之以恒、精益求精、开拓创新的企业文化；对于社会，是讲合作、守契约、重诚信、促和谐，分工合作、协作共赢、完美向上的社会风气。

中国制造，经过改革开放以来多年的发展，从小到大，现在又走到了一个新的历史阶段，从低到高，即从低端制造业迈向高端制造业。在高端制造业方面，目前中国与西方发达国家还存在一定差距。弘扬"工匠精神"，则是推动中国高端制造业全面发展的重大举措。

根据《中国制造2025》的时间表和路线图，为了实现从低端制造业迈向高端制造业的转型，2016年3月，国务院总理李克强在《政府工作报告》中首次提出要弘扬工匠精神："鼓励企业开展个性化定制、柔性化生产，培育精益求精的工匠精神，增品种、提品质、创品牌。"

经过初步归纳研究，工匠精神可以从六个维度加以界定，即专注、标准、精准、创新、完美、人本。其中，专注是工匠精神的关键，标准是工匠精神的基石，精准是工匠精神的宗旨，创新是工匠精神的灵魂，完美是工匠精神的境界，人本是工匠精神的核心。

1. 专注

围绕某一产业、某一行业、某一产品、某一部件，做专做精、做深做透、做遍做广、做强做大、做久做远。创业之初，针对自身核心优势，不断深耕细作、精雕细琢、精益求精，即聚焦、聚焦、再聚焦，坚持、坚持、再坚持。兴业之中，针对产品痛点、难点，日之所思、梦之所萦，耐住寂寞、慢工细活，踏踏实实、一以贯之。概括而言，专注包括长期专注、终生专注。

2. 标准

做标准是做企业的最高境界。标准包括员工标准、现场标准、流程标准、设备标准、技术标准、安全标准、环境标准、产品标准等。以流程标准为例，把复杂问题简单化，把简单问题数量化，把数量问题程序化，把程序问题体系化。流程标准形成体系以后，自驱动性、自增长性、自优化性、自循环性，即自运行性，轮回上升。海尔集团首席执行官张瑞敏指出，把简单问题无限次重复下去就是不简单。华为技术有限公司总裁任正非谈到，有了标准，首先僵化、固化，然后再去优化。专注体现的是一以贯之，标准体现的则是一丝不苟。

3. 精准

精准包括精准研发、精准制造、精准营销、精准物流、精准服务。不仅每一区段都要做到精准，而且整个过程都要做到精准。就每一区段而言，精准最高目标为：研发做到与用户零距离交互，制造出的产品做到没有缺陷，营销时能使库存为零，物流优化为零时间，服务实现零抱怨。就整个过程而言，第一次就做对，每一次都做对，次次做对，事事做对，时时做对，人人做对。

4. 创新

创新是工匠精神的灵魂。创新既包括迭代式创新，也包括颠覆式创新；既包括微创新，也包括巨创新；还有跨界创新等。工匠精神内涵本身也在不断发展。工匠精神既是一种技能，也是一种品质，其中的灵魂是细节上的不断创新与完善。工匠精神注重精细，追求完美，力求做到零缺陷，以细致求精致，这种精神不仅体现为精工制作的理念和追求，而且体现在通过新技术的应用创作出既时尚又完美的产品。技术的传承与创新要讲究精雕细琢、精益求精，只有不断改进和完善技术，保持创新和发展的生机与活力，给用户带来新的更好体验，才能适应日新月异的市场变化。

5. 完美

完美是专注、标准、精准、创新的自然产物和综合体现。完美，即把产品做得像艺术品一样精美、精致，以此实现从质量制造向"艺术制造"的转型。每个创新点都浸润着研发者无数次试验的心血，都需要大量方案反复搭配锤炼。

6. 人本

工匠精神的核心在人。过去，产品、人品是分离的；现在，产品、人品是合一的。正如海尔集团首席执行官张瑞敏所言，所谓企业就是"以心换心"，即用员工的"良心"换取顾客的"忠心"。打磨产品的过程，就是打磨自己的内心。个人内心升华的过程，就是产品质量提升的过程。

（二）新时代工匠精神

我国正处在从工业大国向工业强国迈进的关键时期，培育和弘扬严谨认真、精益求精、追求完美的工匠精神，对于建设制造强国具有重要意义。而只有对新时代工匠精神的基本内涵形成共识，才能树匠心、育匠人，为推进中国制造的"品质革命"提供源源不断的动力。

要"加强产业工人队伍建设，必须把培育和弘扬'工匠精神'放在更加重要的位置，让劳动光荣、技能宝贵、创造伟大的时代风尚更加浓厚，真正造就一支有理想守信念、懂技术会创新、敢担当讲奉献的宏大的产业工人队伍，为实现'两个一百年'奋斗目标、实现中华民族伟大复兴的中国梦凝聚最强大的力量。"

新时代工匠精神的基本内涵包括敬业、精益、专注、创新等方面的内容，其中，敬业是根本，精益是核心，专注是要义，创新是灵魂。

1. 敬业

爱岗是敬业的基础，而敬业是爱岗的升华，是工匠精神的力量源泉。爱岗敬业是中华民族的传统美德，是一份崇高的精神，"问渠那得清如许，为有源头活水来"，正是爱岗敬业精神激励着一代代工匠匠心筑梦。敬业是从业者基于对职业的敬畏和热爱而产生的一种全身心投入的认认真真、尽职尽责的职业精神状态。中华民族历来有"敬业乐群""忠于职守"的传统，敬业是中国人的传统美德，也是当今社会主义核心价值观的基本要求之一。

2. 精益

精益就是精益求精，是从业者对每件产品、每道工序都凝神聚力、精益求精、追求极致的职业品质。所谓精益求精，是指已经做得很好了，还要求做得更好，"即使做一颗螺丝钉也要做到最好"。精益求精，是工匠精神最为称赞之处，具备工匠精神的人对工艺品质有着不懈的追求，以严谨的态度，规范地完成每一道工艺，达到极致。正如老子所说，"天下大事，必作于细。"

3. 专注

专注就是内心笃定而着眼于细节的耐心、执着、坚持的精神，这是一切"大国工匠"所必须具备的精神特质。从中外实践经验来看，工匠精神都意味着一种执着，即一种几十年如一日的坚持与韧性，在中国早就有"艺痴者技必良"的说法。

4. 创新

工匠精神强调执着、坚持、专注甚至是陶醉、痴迷，但绝不等同于因循守旧、拘泥一格的"匠气"，其中包括着追求突破、追求革新的创新内蕴。这意味着，工匠必须把"匠心"融入生产的每个环节，既要对职业有敬畏、对质量够精准，又要富有追求突破、追求革新的创新活力。工匠们在传承传统品德的同时，也要追随时代的脚步，锐意创新，善于运用新理论、新技术、新工艺、新方法，来将工作推上一个新台阶，这是新时代工匠精神的内涵之一，甚至是新时代工匠精神的灵魂。

知识拓展

沈飞带领团队攻克技术难题，助推中国高速车轮走向世界
为高铁打造绿色"跑鞋"

在安徽省马鞍山市，中国宝武马钢交材车轮车轴厂的生产线上，一个个车轮被机械手抓起送进数控机床，加工后的成品再通过传送带送往下一道工序。忙碌其间的沈飞，是这里的生产协调员，也是数控加工高级技师。

他带领团队攻克技术难题，研发新的高速车轮品种，助推中国高速车轮走向世界，被形象地称为高铁造"跑鞋"的人。

攻克加工难题

新产品开发的道路绝非坦途。2019年，马钢交材接受了轮毂内孔为1∶300锥度要求的地铁车轮订单。该型车轮内孔加工的实现需要解决轮毂内外毂面空间位置的精确定位，保证孔口R圆角的光滑过渡，同时需要解决锥孔的尺寸测量等诸多难题。

因厂内设备加工能力及工艺能力的限制，暂不具备高精度锥孔的加工能力，只能委托加工。得知这一信息后，长期垄断锥孔加工技术的生产厂家开出单件超千元的高价承揽加工工作。

"这个价格不但会吞噬我们的产品利润，还可能带来亏损。"为了解决关键工序中的

"卡脖子"问题，沈飞和团队主动承担了技术攻关的任务。

车轮轮毂孔是安装车轴的主要部位，尺寸精度要求高，表面粗糙度的要求也非常高。沈飞决定从现有设备能力找突破口。

生产线中有一台可实现锥度精镗孔加工的数控立车，但在加工工艺、过程控制和加工测量等方面都不能够满足锥孔加工的要求。

沈飞带领大家查阅大量加工方面的资料，参考国外数控测量的先进技术，提出增加智能测量装置自动测量轮毂面的空间位置，解决轮毂孔上下圆弧倒角的空间定位。再加上配套实施的若干创新方案，他们顺利完成了锥度轮毂孔的加工，经三坐标测量仪验证，加工精度完全符合工艺要求。

锥孔加工的技术难题终于被攻克了。2019年全年，他们加工多个型号锥孔地铁车轮超2000件，给公司带来新增产值百万元。

据马钢交材相关负责人介绍，沈飞解决的难题很多，还有比这个更"轰动"的，那就是沈飞带领团队攻克了国产时速350公里"复兴号"高铁车轮机加工难题，有力促进了国产化高铁车轮批量生产。

难题是创新机会

1995年，沈飞从马钢技校毕业后进入马钢工作，一直在生产一线从事机械加工工作。他先后在普通卧车、立车、数控车、数控铣和车铣复合中心工作过。1998年，沈飞从马钢炼铁厂调到车轮厂。面对不同的工种、陌生的领域，一切都要从零开始，但沈飞不怕难，一头钻了进去。

在爱看书、爱琢磨的沈飞看来，"每个难题都可能是个创新的机会。"

2018年，马钢交材开展南区设备搬迁，由于加工要求必须要对部分设备根据实际情况进行改造，对一些软件进行升级，搬迁调试过程烦琐又辛苦。

那段时间，沈飞几乎每天都和设备待在一起，不分昼夜陪同安装人员进行调试。设备安装过程中，工作人员发现注油孔角度的算法与软件计算的算法不一致。面对难题，沈飞拿实物车轮进行推演，一次、两次、三次……

功夫不负有心人，记不得经过了多少次的演示，沈飞最终找到了合适的算法转换关系。一旁的软件工程师佩服地竖起大拇指："他不仅机械专业素养高超，还有锲而不舍的钻研精神。"

对工作永不满足

马钢车轮曾被称作为国争光的"争气轮"，也是所有马钢人的骄傲。每每想起老一辈"车轮人"自主创新、从无到有轧制出"争气轮"，沈飞总是心潮澎湃，他想把这荣耀接力传承下去。

轨道交通行业在服务大众的同时，也曾因噪声影响群众备受诟病。弹性车轮作为轨道交通的新品车轮，因结构中有橡胶部件，阻隔了噪声的传递，给城市轨道交通绿色低噪带来了希望。

马钢在2018年以前没有这类车轮的制造经验，为此，沈飞和团队在公司的统一部署下开展了弹性车轮的生产攻关。他们从设备引进、工艺攻关、刀具选型、质量保证等多方面开展工作。

经过一轮又一轮的试验，当年10月，负责现场实施的安徽省重大专项弹性车轮项目通过了现场审核，这让马钢具备生产加工这一新品车轮的能力。随后，又经历了近两年的持续攻关，马钢交材实现了 10 多个品种小批量弹性车轮的生产制造。

"创新不是喊口号，而是植入思想的意识，是对工作永不满足的追求。"在沈飞看来，在岗位上，就要认真干好自己的本职工作，要有赤诚心和敬畏感。

讨论思考

当代青年应该如何弘扬"工匠精神"？

▶ 二、工匠精神的时代要求

弘扬工匠精神，是适应国际竞争，推动中国制造走出去的需要，是为了造就一支宏大的产业工人队伍，以满足我国建设现代化强国目标的需要，是满足个性化、定制化生产的需要。大力弘扬工匠精神，培育出大批大国工匠，全面提升职工素质，已成为当务之急。党的十八大提出了实现"两个一百年"的奋斗目标，要实现这一目标，必须推动我国由制造大国向制造强国的转变，实现从中国制造到中国创造的跨越。而要完成这一目标，急需造就一支有理想守信念、懂技术会创新、敢担当讲奉献的宏大的产业工人队伍，而要切实推进产业工人队伍建设改革，必须大力弘扬工匠精神。随着信息化时代的到来，重提工匠精神，也就具有了某种历史必然性。

（一）匠心为本

只有不忘初心、执着专注，严谨认真、摒弃浮躁，才能在本职岗位上坐得住、做得好。工匠精神的根本是职业的坚守，是爱岗敬业的表达，是追求极致的体现。对工作最好的尊重，就是有一颗心无旁骛、精益求精的匠心。

（二）品质为重

弘扬工匠精神，就是要将产品当成艺术，将质量视为生命。有工匠精神的劳动者，对自己的产品会精雕细琢，力求完美，从而不断超越自我。对他们来说，产品的品质只有更好，没有最好。只有打造更多的优质产品，中国制造才能不断做大做强，中国品牌才能真正享誉世界，中国经济增长的质量和效益才能持续提升。

（三）创新为要

"苟日新，日日新，又日新。"创新是战略之举、强国之路。只有不断增强创新驱动力，才能在高起点上实现更高质量、更可持续的发展。古代中国曾是世界上最大的匠品出口国及匠人之国，同时，也是最大的原创之国。创新基因本就深深植根于工匠精神的丰富内涵当中。弘扬工匠精神，就是要守正创新，既要继承优良传统，又要紧跟时代步伐，不断推陈出新。

▶ 三、弘扬新时代工匠精神的意义

随着时代的发展，很多东西都由机器生产了，工匠这个职业一度从大家的视线中淡出，而在科技如此发达和社会如此快节奏的今天，总理为什么还要重提工匠精神？在这个时代，

我们还需要工匠精神吗？答案当然是肯定的。

（一）提升国家经济文化实力和国际竞争力的需要

1. 新时代建设创新型国家的需要

加快建设创新型国家，不仅需要强化基础研究、加强应用基础研究、加强国家创新体系建设、深化科技体制改革、倡导创新文化，还要培养造就一大批具有国际水平的战略科技人才、科技领军人才、青年科技人才和高水平创新团队，需要一大批实践技能突出、技术娴熟、善于解决实际问题的高端技能人才。在新时代大力弘扬工匠精神，是培育富有创新精神、充满活力的产业工人队伍，稳步提升我国产业工人的整体素质，创造经济发展持续动力，加快建设创新型国家的重要举措。

2. 新时代建设质量强国的需要

千百年前，精美的丝绸、精致的瓷器等中国优质产品就走向世界，促进了文明交流互鉴。质量体现着人类劳动创造的水平，体现着人们对美好生活的向往。中华民族历来重视质量。今天，中国不断提高产品和服务质量，努力为世界提供更加优良的中国产品和中国服务。党的十九大报告指出必须坚持质量第一，建设质量强国。从制造业来看，没有强大的制造业，就没有国家和民族的强盛。工匠精神能够激励工人为提高产品设计、生产、销售和售后服务质量，实现高效率的生产流程和高性能产品而不懈努力，从而有利于最终形成品牌效应。弘扬工匠精神，是推进制造业质量升级、技术升级、产业升级，实现新时代从速度到效益、从旧动力到新动力的更迭转换，显著增强我国经济质量优势的积极举措。

3. 新时代建设文化强国的需要

建设文化强国，就是要培育和践行社会主义核心价值观，提升国家文化软实力，推动文化事业和文化产业发展等。党的十九大报告指出，要坚持中国特色社会主义文化发展道路，激发全民族文化创新创造活力，建设社会主义文化强国。工匠精神是社会主义核心价值观的生动体现，是我国从制造大国走向制造强国必备的文化元素。工匠精神不仅体现出个体对产品精益求精、追求完美的精神理念，更表现出中华优秀传统文化的魅力。

（二）青年学生顺应经济发展提升民族自信的需要

青年学生作为未来制造业的从业者，同时也是社会风尚、国人消费的主导引领者，他们的行为举止不仅影响学校和家庭，而且关乎未来的行业甚至整个社会，这一群体的消费时尚与生活理念对产品生产的拉动和更新换代影响巨大。因此必须在校园大力倡导支撑工匠精神的质量、精品意识；提振师生共创文明、消费国货，自尊爱国的心理；养成追求品质的行为风尚和文明高雅习惯；树立质量第一、国家至上，振兴民族自信心的大国形象；厚植市场竞争土壤、打破市场垄断，遏制媚外文化的蔓延，强化职业院校学生工匠精神的培养与熏陶。

（三）倡导学生尊重劳动增强文化自信的需要

工匠精神是现代工业文化的一种表现形式，是工匠技艺和品德在传承中形成的文化，也是人们普遍的职业和工作伦理，是敬业奉献精神的集中体现，更是现代工业制造的灵魂。中华民族的伟大复兴，不仅需要工匠精神作为优秀道德文化熏陶下形成的匠人思维和理念、在新时代传承与弘扬的大批科技专家，更需要众多的能工巧匠，而培育造就这些专家巧匠正是广大职业院校的历史使命，因此学校有责任在育人过程中倡导广大学生尊重劳动，热爱劳动，以劳动为美，创新发展理念，形成具有中国时代特点和社会主义核心价值观的文化理论与实践体系，并将其融入社会发展全过程。

（四）确保青年学生全面健康成才的需要

从人才成长历程和成才环境来看，职业院校学生凭借专业化师资、现代化仪器设备、开放的网络信息、丰富的图书资料和浓郁的文化氛围等优越条件，在经过严格正规训练后，正处在人才创造的最佳年龄时段，今天的在校学生，明天将走出校园步入工作岗位，会影响一个团队甚至整个社会。因此，在新时代加强广大学生工匠精神的培养不仅是他们自身健康成长成才的必然需要，也是中国制造前行的精神源泉，企业参与国际竞争发展的品牌资本甚至是全社会文明进步的重要表现。

课堂活动

我心中的工匠精神代表

（一）活动目标
理解工匠精神是如何培养的以及工匠养成的意义。

（二）活动时间
建议 15 分钟。

（三）活动流程
（1）由各小组收集一个新时代工匠精神的代表人物，并说出你从他（她）身上学到了什么。
（2）教师将学生按照 4~6 人划分小组，通过小组内部讨论形成小组观点。
（3）每个小组选出一名代表陈述本组观点，其他小组可以对其进行提问，小组内其他成员也可以回答提出的问题；通过问题交流，将每个需要研讨的问题都弄清楚。
（4）教师进行分析、归纳、总结。
（5）教师根据各组在研讨过程中的表现，给予点评并赋分。

课后作业思考

通过学习，你知道了工匠精神的内涵，那么如何弘扬和培育工匠精神呢？你热爱自己所学的专业吗？毕业后，你是否会从事自己热爱的工作？你是否能耐心地处理工作中遇到的问题和矛盾？你是否为自己的事业用满腔热忱去奋斗？在想要放弃的时候你有没有坚持下去不放弃呢？是什么支撑你坚持下去的？

第二节 工匠精神的弘扬及其实现路径

学习目标

1. 弘扬新时代工匠精神；
2. 明晰职业院校学生工匠精神培育的路径。

劳模风采

30 年来，盲人教师陈君恩用爱之歌，点亮 300 名盲童的心之光
——做那片改变命运的瓦片

在福州市盲校音乐课堂上，陈君恩带领盲童们合唱（见图 5-2-1）。

图 5-2-1　陈君恩在给学生授课

5 月 15 日是第 32 个全国助残日。从受助到自助，再到助人……盲人教师陈君恩自创"多指击拍法"，让歌曲中的每个音符清晰地呈现在盲童"眼前"，"摸"出来的乐章带给了盲童们"明亮"的人生。陈君恩"在黑暗的世界摸索，努力为他人点灯"的成长故事，向人们传递着飞渡苦难的力量。

"时间像小马车，哒哒向前跑，你我同坐一班车，谁也少不了……"走进福州市盲校的音乐教室，盲童们的手指在深深浅浅、密密麻麻的盲谱上游移，唇齿跟着吉他伴奏的节拍，一字一句唱出稚嫩的歌声。

坐在盲童中间弹琴的是全国五一劳动奖章获得者、福州市盲校音乐教师陈君恩。音乐对于靠声音感知世界的盲童来说有多重要，陈君恩体会深刻，因为，他自己也是一位视力障碍者。

从受助到自助，再到助人，30 年来，陈君恩和近 300 名盲人学生一起坐上"时间马车"，孩子们未曾到过的远方，他牵起他们的手一起抵达。

"碎瓦片也能垫桌脚，每个人都可以做那片改变命运的瓦片，纵然不尽完美，也要迎向光，把影子甩在身后。"几年前，陈君恩把自己的故事写成了一本书，向人们传递飞渡苦难的力量。

冲破黑暗"看到"美

1977 年，当家里的白墙在自己眼中变成绿色时，14 岁的陈君恩知道，自己离光的距离越来越远了。他的视觉印象被永远定格在孩童时代，夕阳的余晖透过家中木板墙的缝隙洒在地板上，那抹橘红成了他记忆中最后的色彩。

失明后，陈君恩经常梦见同学们坐上列车一路向前，只剩他独自一人在漫无尽头的铁轨上追着列车奔跑，列车越来越远，前路也越来越暗。他被深深的孤独感包围。

帮助他摆脱孤独的，是对求知的渴望。

他通过函授大学学习作曲知识，白天把电视播放的电大课程录在磁带里，夜里把一天学习的内容重新消化后复述到新磁带上。直到今天，陈君恩每天依旧会用手机读屏软件听书，一天至少要听6万多字。

对知识的渴求推动着他一步步走向更辽阔的世界。

在大学里，陈君恩跟着盲人同学学习"走出去"的方法，他顺着同学的脚步，绕着柱子移动，尝试通过辨别音场中的"空旷感"和"压抑感"判断自己与障碍物的距离，通过自行车轮胎与路面摩擦的声音判断周边道路的走向。

倒开水、穿针、缝扣子、绑鞋带……这些生活教会他的技能，陈君恩在课堂上手把手地传授给盲童们。他还把自己摸索出的方法录制成短视频，成为倡导无障碍行走的B站"up主"，帮助更多盲人在阳光下独立行走。

"因为我曾经领略过世界的美，所以更想帮助孩子们'看到'美。"陈君恩希望，帮助盲童找到心向光明的方式。

"摸"出来的音符点亮人生

"别人的大学是读出来的，而我们是'摸'出来的。"作为中国第一批盲人大学生，在那个没有盲文课本的年代，陈君恩就靠着每天睡觉前在床上摸手抄的盲文笔记温习功课。

至今，他的家里依然保存着当年在长春大学特教学院求学时手抄的一本本盲文钢琴谱，这些琴谱整整装满了一个电视柜。

盲人学习音乐最大的困难在于看不见乐谱，一下课陈君恩就会拿着课本找视力正常的同学帮忙读谱，然后将听到的曲谱写成盲文。

为了练好钢琴，陈君恩和盲人同学会在琴房里一直练到晚上10点，直到被值班老师赶回宿舍。可等查寝一结束，大家又会不约而同地再偷偷溜回琴房。

陈君恩至今还记得，那时每到深夜，琴房里就会传来盲人同学拿着盲文板和盲文笔扎写盲谱发出的"哒哒"声。

1991年大学毕业后，陈君恩被分配到福州市盲聋哑学校任音乐老师。当时，福州没有独立的盲校，盲童和聋哑孩子一起上学，由于学位有限，盲童部只有两个班、20名学生。

1992年，中国残联到福州考察，陈君恩作为教师代表提出了为盲童建一所新盲校的建议。1994年，建设福州市盲校被纳入市委、市政府20件为民办实事项目之一。同年12月底，这所当时国内规模最大、占地2.66万平方米的盲校迎来了90多名学生。靠着爱心人士捐赠的乐器，陈君恩在学校里组建起一支由18名盲童组成的管乐队，还带领盲童合唱团走进电视台演播大厅，让这群孩子被更多人看到。

"四五六七八九〇，这是音符的字形；二分音符加三点，四分音符加六点……"为了培养孩子们对音乐的感受力，陈君恩自创了一套"多指击拍法"——用右手的四个手指来打节拍，用左手的四个手指来计算小节数。就这样，歌曲中的每个小节、乐句、乐段都可以清晰地呈现在盲童"眼前"。

陈君恩期待，摸出来的音符能为孩子们带来更明亮的人生。

成为连接爱与光明的桥

学习盲文是改变陈君恩一生的转折点。

1987年，福州市盲聋哑学校教师乌红邀请陈君恩到学校代课，并教他学习盲文。1989

年元旦，陈君恩将自己创作的歌曲《爱心》写在了贺年卡上，寄给乌红。歌词中这样写道："你是一座桥梁，连接起心的断带。"

从写下歌词的那一刻起，陈君恩也想成为这样"一座桥"。

在福州市盲协，虽然陈君恩是盲协主席，但大家还是喜欢叫他君恩老师。"这座桥"帮助更多盲童孩子渡过河，走上自己的人生路。

因为治疗青光眼时过度使用激素，玲玲（化名）不仅没有了视力，还患上了股骨头坏死，失去了行走能力。在陈君恩帮助下，她从老家被接到福州，住进了一家盲人按摩店。盲协志愿者们请盲人教师教玲玲使用盲用电脑，并为她找到了心理咨询师的职业方向和培训资源。不久前，只有初中学历的玲玲考取了国家二级心理咨询师职业证书，在线为网友提供心理咨询服务。她对陈君恩说："感谢您，让我的人生不再苍白。"

为盲校里需要换肾的初三学生四处奔走，组织公益募捐；为处在生命尽头的盲人雕刻工提供安宁陪伴；为60多位盲童争取助学金，帮助他们走出失学困境；推广"数字阅读"，帮助更多盲人实现无障碍阅读……在陈君恩《将苦难转化成祝福》的书稿中，记录下了很多和助盲有关的故事。他说："记录是为了让更多人看到，有爱就有光明，每个人都能成为那座连接爱与光明的桥。"

"我打算把这份'爱的事业'继续干下去！"陈君恩笑着对记者说。

问题导学

爱与信念是支撑陈君恩坚持下去的力量，当代青年从陈君恩身上学到了哪些优秀的品质？

▶ 一、弘扬新时代工匠精神

当今世界的发达国家，无一不是高度重视工匠精神的，其经济强国的地位和其产业工人的工匠精神密不可分。工匠精神体现了工匠对自己的产品独具匠心、精雕细琢、精益求精、尽善尽美的坚持和追求，蕴含着严谨、执着、敬业、创新等可贵品质，已经渗透到各行各业的各个环节，具有很强的普适性、针对性和拓展性。工匠精神的发扬光大不可能一蹴而就，需要企业家追求卓越、生产者耐心坚守、深化职业教育改革和培育职业精神，还需要改善社会文化环境，用规则制度引导人们的行为，需要我们每个人身体力行。

（一）让工匠精神入脑入心

积极地向公众传递工匠精神、讲述工匠故事、表达工匠情怀，使工匠精神在各地蔚然成风，让"工匠精神"引领"中国创造"。"大国工匠进校园"中的优秀工匠人，他们都在自己的领域精耕细作，造福社会，高职学生学习工匠的务实与敬业精神，培养和增强自身的看齐意识，脚踏实地践行工匠精神。实在"学"，对照"做"，真正把工匠精神内化于心、外化于行，如切如磋，如琢如磨，孜孜不倦、久久为功，确保"工匠精神"真正地深入到高职学生的内心。

（二）把工匠精神外化于行

大凡敬业者，必把平凡的工作当作一种修行，定得住心、耐得住性，摒弃浮躁、务实求真，用责任感，拾工匠心、塑匠人魂。发扬工匠精神，是我们每一个人都应该有的文化自觉和价值追求。做好本职工作，具有螺丝钉精神，在自己平凡的工作岗位上兢兢业业，在价值理念和实践上，从社会和公众的需要出发，日复一日、年复一年地向专业里的行家里手和能工巧匠靠拢，用工匠精神锻造出彩人生。

（三）将工匠精神延展出新

现在，全面深化改革创新的力度进一步加大，各行各业的从业者面对当前工作中遇到的新情况、新问题，同样离不开发扬工匠精神。积极扩大工匠精神之外延，主动丰富其内涵，既是时代之需，也是职责所系，更是成长、成才的必由之路。大学生应勇于开拓，奋发进取，大胆探索，博采众长，在工作理念、工作机制、工作载体和工作方法上寻求新的突破。

▶ 二、工匠精神的培育路径

时代需要大国工匠，大国工匠需要工匠精神的力量滋养，对于大学生而言，工匠精神又是自身人生观、价值观、职业观的集中体现，是知、情、意、行的统一。因此，大学生应立足于自己的职业选择，知行合一，通过对自身的思想认识、行为习惯、意志情感的锻炼，在职业认知、工匠精神价值认同、激发职业兴趣的基础上，牢固树立新时代的工匠精神，培养社会责任意识、使命意识，让工匠精神在自己身上养成和升华。

工匠精神的培育途径

（一）科学认知职业

干一行，首先必须要爱一行，只有对自己将来所从事的职业真正地了解、热爱，才能长期坚持和精益求精。正确认知自己的职业，坚定将职业转化为毕生事业的理想。对职业的认知，大学生不应视之为谋生的工具，而应视之为自己终生奋斗的事业。理想的高度决定人生的高度，如果我们的职业理想只是为了谋生，为金钱而劳动，那么是不可能具备工匠精神的。工匠不是普通的从业者，能被称为"工匠"的从业者必须具有高超技艺、精湛技能且有敬业奉献的可贵品质。高超技艺、精湛技能来自日复一日地反复磨炼和刻苦钻研，没有正确的职业观是难以坚持的。

大学生首先要了解自己的专业，主动了解将来所从事的职业及岗位工作内容，客观分析自身兴趣和特长，择己所爱，确定自己毕生奋斗的职业目标。有了这样的思想认识，才能沉下心进行专业知识和技能的学习，才能在精湛技艺的积累中守得住初心，耐得住寂寞。

（二）增强对工匠精神的情感认同

积极的情感是行为的重要驱动力，大学生首先做到情感上热爱专注执着、热爱精益求精，将工匠精神融入敬业、文明的社会主义核心价值观之中。正如《大国工匠》第一集的解说词所言，"工匠的工作看似平淡无奇，但这些工作中都积淀经年累月淬炼而成的珍重技艺，承担着身家性命和社会民生的重大责任。相当多的工匠岗位是以一身之险而保大业平安，以一人之力而系万民康乐。"大学生在学习中，要把工匠精神提升到职业道德的层面，将弘扬工匠精神视作责任和使命，在工作和学习中理直气壮地追求卓越，追求极致。

（三）增强工匠意志

古人云："古之立大事者，不惟有超世之才，亦必有坚忍不拔之志。"大学生要成长为大国工匠亦如此。不光要有超出世人的天赋和才华，还必须有坚忍不拔的意志。匠人最引以为傲的是成熟的技艺，而技艺的提高和精湛在于重复的练习和一次次的突破，技艺、技能从掌握到炉火纯青需要经历长时间的反复练习和揣摩，这种枯燥的重复练习不是一时的兴趣可以维系的，必须具备坚强的意志。同时对于真正的工匠来说，往往还需要技艺的突破、提高和创新，需要无数次的反复实践，更需要锻炼顽强的意志品质。因此，大学生在提升职业兴趣的同时，还必须锻炼自己的意志品质，培养吃苦耐劳的精神、不怕挫折的抗打击能力和坚忍不拔的意志力。

（四）注重行为养成

敬业乐业、勤勉做事的职业操守，干一行爱一行，钻一行精一行，身边的杰出工匠给大学生树立了光辉的榜样，大学生需要将工匠精神转化到日常行动中，将工匠精神转化到行为习惯中。"纸上得来终觉浅，绝知此事要躬行。"工匠精神的培育和养成重在知行合一，贵在持续坚持。大学生在行为习惯中实践工匠精神，在实践中感悟和提升自己的工匠精神，这样，工匠所需要的基本素养就可以进入大学生的意识深处，融入思维和劳动习惯中。

（五）塑造高职学生的职业观和创业观

在"大众创业，万众创新"的口号响彻中华大地的今天，大学生创业绝不是一件容易的事，尤其在创业的初始阶段。工匠精神应该植根于每一位大学生创业者的内心，只有时刻秉持把产品和服务做精做强的理念，才能在创业中立于不败之地。中央电视台推出的纪录片《大国工匠》，讲述了8位不同岗位的劳动者匠心筑梦的故事。他们在平凡岗位上执着追求，从而达到职业技能的完美和极致。可见，大国工匠精神在职业观的塑造中极为关键，它折射出从业人员的职业价值观与就业观。大国工匠精神对大学生就业也具有指导意义，大学生只有拥有了过硬的业务能力与优良的职业素质，才能奠定职业发展的良好基础。

（六）培养高职学生求真务实的良好学风

高校要以工匠精神培养大学生求真务实的学术精神。一方面，工匠精神有助于大学生形成独立自主、踏实务实的学习态度，化被动为主动学习，克服浮躁心态，脚踏实地、深入钻研，积极主动地思考问题；另一方面，工匠精神有助于培养大学生严谨的作风和精益求精的品质，能够以追求完美的态度对待自己的学习和生活，并激发对专业的兴趣与热爱。

（七）引导高职学生精益求精、追求卓越的创新精神

精益求精、追求卓越，本身就包含了不断创新的精神。学习工匠精神，可以使大学生在实践过程中逐渐形成创新思维模式，在生活中注重观察与思考，勇于质疑与批判，大胆地实践，最终化不可能成为可能。正是工匠精神的这种敏锐创意、精雕细琢、不断求精的精神支撑，才能使中国实现由制造大国向创新大国的转变。因此，工匠精神应当贯穿于大学生成长成才的全过程，只有将工匠精神根植于大学生内心，并转化为习惯和品行，才能更好地为实现中国梦贡献出自己的力量。

课堂活动

辩论赛：新时代还需不需要工匠精神？

正反方对于新时代是否需要工匠精神进行辩论，阐释观点，最后互相学习借鉴。

课后作业思考

1. 工匠精神的实质是什么？
2. 为什么说弘扬工匠精神是"对一切职业的道德呼唤"？

第 三 节 工匠精神与劳动精神、劳模精神的关系

学习目标

1. 理解劳动精神、劳模精神、工匠精神的内在关系；
2. 掌握劳动精神、劳模精神、工匠精神的当代价值及其当代传承；
3. 培育劳动情怀，努力成为劳动精神、劳模精神、工匠精神的传承者、践行者、诠释者，在平凡的劳动实践中实现自我价值与人生价值。

劳模风采

数控铣工"亮剑"
——记陕西航天时代导航设备有限公司首席技师刘湘宾

3 月 2 日，央视直播 2021 年"大国工匠年度人物"发布仪式，当介绍到陕西航天时代导航设备有限公司首席技师刘湘宾时，画面播出的是 2019 年国庆阅兵式火箭军方队出场的场面，刘湘宾再次忍不住泪流满面。

"火箭军方队中导航核心部件 50% 以上是我们配套的。磨'剑'多年，终于亮出，我眼泪止不住地流，那是最激动的一刻。"刘湘宾说。

数控铣工 40 载，往事历历在目。

"亮剑"精神

"38 名工人穿戴整齐，站得笔挺，列成一条线。"这是公司数铣组的晨会，是刘湘宾当班组长时留下的传统。

1983 年，刘湘宾部队转业分配到工厂当数控铣工。"刚来，什么是铣刀、钻头都不知道，但我遇到一个好师傅。每天，挎包里装着技校 13 门课用的书，白天实践，晚上学到两三点，不懂的地方第二天向师傅请教，半年学完了技校两年的课。"

一年后，刘湘宾因为表现出色，每月能为师傅挣近 100 元的奖金；六七年后，成了车间"挑大梁"的骨干；又过了几年，当上了班组长，在数铣圈小有名气。

2000 年，公司引进当时世界上最先进的"五轴五联动铣加工中心"，刘湘宾负责去国外交接技术，但"英语关""软件关"让他头疼。于是，他买来英语课本，从字母学起，又拿出全部积蓄 5000 元，报班学编程。

干起活来，刘湘宾有股狠劲。某年，接到一个紧急任务，刘湘宾带领团队吃住在车间，半个月没回家，为了节省时间，睡觉也没脱过衣服。最终需要两个月完成的任务，刘湘宾团

队只用 22 天就完成了。

"我们是航天人，要的是冲锋在前、敢于担责的'亮剑'精神。"刘湘宾说。

中国质量工匠、全国技术能手、航天技术能手、陕西省劳模、三秦工匠……近年来，荣誉纷至沓来，刘湘宾已是两鬓霜雪。

技能报国

刘湘宾所在的企业精密加工事业部数控组承担着国家防务装备惯导系统关键件、重要件的精密超精密车铣加工任务。2018 年 5 月，刘湘宾转入石英半球谐振子研究，有人提醒他："石英玻璃易崩易裂，零件加工精度要求又高，是国际难题。"

刘湘宾没有退缩，查资料、访同行、绘图、建模……那一阵，他通宵加班的次数更多了，回家也满脑子都是微米级的精度尺寸，一度熬得视线模糊。"实验做了无数次，每天面对失败，不止一次想放弃，但最后还是把自己逼回去了。"

一天半夜，刘湘宾从睡梦中惊醒，披衣而起，一路小跑到车间，把产品全部量了一遍。原来，他晚上梦到自己白天加工的产品多了 5 微米，量完后发现，尺寸都对。

"做航天，尤其是精密仪器的，产品要百分之百没问题，东西是要上天的，容不得半点儿大意。"

终于，2019 年 2 月，刘湘宾远超预定要求，成功攻关，打通了该型号研制的瓶颈，为我国航空、船舶、新型防务装备、卫星研制提供了技术保障，使我国成为惯导领域超精密加工的"领跑者"。

多年来，刘湘宾带领团队，自制特种工装夹具及刀具 100 余种，这些工具均成本低、加工质量高。他们成功将陶瓷类产品的加工合格率提到 95.5% 以上，加工效率提升 3 倍以上。此外，他们加工的陀螺零件组装的惯性导航产品 50 余次参加国家重点防务装备、载人航天、探月工程等大型试验任务，均获成功。

工匠情怀

"这是我徒弟雷方，陕西省技术能手，我的技术都教给他了。""我徒弟苏长发，拿过'航天贡献奖'。""这是徒弟的徒弟蒲伟东，陕西国防技术能手。"走在车间，刘湘宾自豪地介绍着。

对外，刘湘宾参与陕西军工劳模服务团，跨行业师带徒多人，并作为客座教授多次外出授课。工作 40 年，他已记不清带过多少徒弟，很多人已晋升为技师、高级技师，成为一同奋战、完成无数急难任务的"战友"。

刘湘宾创新工作室成立以来，先后完成"半球动压马达柔性制造系统改造"等管理创新、技术创新 18 项；累计提出合理化建议 100 余条，据此优化工艺 50 余项；产生的 22 项攻关成果和研究课题解决了公司最关键、最迫切的技能难题，创造直接经济效益百余万元。

在他的带领下，团队超精密机械加工水平达到行业一流，尤其在加工微米级、亚微米级的高精度精密零件中，对轴的圆柱度、半球的球面度等加工精度和水平在中国西北片区独占鳌头。

而面对家人，刘湘宾一直觉得亏欠太多。妻子分娩，他不在身边；很少陪伴女儿，导致孩子产生过"爸爸到底爱不爱我"的疑问……

"虽然快退休了，但我还有很多目标和想法。我会继续干下去，为自己热爱的事业、为航天梦再尽一份力。"刘湘宾说。

问题导学

从大国工匠身上，你学习到了什么？

▶ 一、劳动精神、劳模精神、工匠精神的关系

（一）劳模精神和劳动精神的关系

劳动精神是所有劳动者必须具备的精神，劳模精神是所有劳动者都应该学习的精神，二者同时存在方向和基础的关系，劳模精神是方向，劳动精神是基础。

（二）劳模精神和工匠精神的关系

劳模精神和工匠精神是外力和内力的关系。劳模精神是所有劳动者都应该学习的精神，是影响和引领每一位劳动者从平凡走向不平凡的外力，劳模精神从外部影响每一位劳动者学先进、做先进。工匠精神则是每一位劳动者都应该具有的精神，是激发和激励每一位劳动者不断进行自我挑战和自我超越的内力。工匠精神从内部唤醒每一位劳动者不断成为最好的自己。劳模精神是超越别人的精神，因为劳模就是超越了很多劳动者脱颖而出的。工匠精神是超越自己的精神，世上最大的对手不是别人，而是自己。战胜了自己，就战胜了一切。

（三）劳动精神和工匠精神的关系

劳动精神和工匠精神是共性和个性的关系。劳动精神是所有劳动者的共性，每一位劳动者都应该有劳动精神。工匠精神则揭示了不甘于平庸的劳动者的个性，是成就优秀劳动者的必要条件。

劳动精神是成为人的精神，工匠精神是成为更加优秀的人的精神，劳模精神则是成为影响别人的人的精神。成为人、成为更加优秀的人、成为影响别人的人，就是一种逐步递进的关系。党和国家现在大力呼吁弘扬劳动精神、劳模精神、工匠精神，目的就在于让每一个人都热爱劳动，成为自食其力的劳动者，更要成为优秀的劳动者，甚至成为广大劳动者群体中的佼佼者和大家学习的榜样。把我国建设成为富强民主文明和谐美丽的社会主义现代化强国，不仅需要大量的劳动者，更需要大量更加优秀的劳动者，乃至楷模式的劳动者。

▶ 二、劳动精神、劳模精神、工匠精神在新时代的价值

大力弘扬劳动精神、劳模精神、工匠精神，对培养德智体美劳全面发展的社会主义建设者和接班人，对坚持和发展中国特色社会主义具有重要价值和意义。

（一）实现当代青年自身价值的内在精神力量

1. 学生成长成才和全面发展的内在诉求

当代青年作为我国社会主义建设者和接班人，是实现中华民族伟大复兴的中坚力量，必须善于学习，努力钻研、勤于苦干，在社会实践中练就真本领，掌握先进劳动技能，在劳动中实现人生价值、展现人生风采、感受幸福快乐。习近平总书记说，"中华民族伟大复兴，绝不是轻轻松松、敲锣打鼓就能实现的。全党必须准备付出更为艰巨、更为艰苦的努力"

"幸福不会从天而降，梦想不会自动成真""幸福都是奋斗出来的""世界上没有坐享其成的好事，要幸福就要奋斗"。加强高职学生劳动意识的养成教育和劳动精神的培育，弘扬劳动精神、劳模精神、工匠精神，形成尊重劳动、辛勤劳动、热爱劳动的良好习惯，充分认识辛勤劳动和创造性劳动对社会发展和个体成长的重要意义，通过劳动创造人生辉煌，让自身不断成长成才和实现全面发展。

2. 实现青年追求更美好生活的广泛需要

越来越高、越来越广的期望是对更好的发展权利、发展机会、发展成果的合理需求。中国特色社会主义进入新时代，当代青年的需求日趋多样、与日俱增。当代青年正处在人生最美好的青春时光，伴着建功立业梦想，渴望成功成才，期待更好的生活。追逐美好生活正是新时代青年身上最大的共同点。美好的未来，寄予青年人新期待。新时期，弘扬劳模精神，弘扬劳动精神，弘扬工匠精神，依靠劳模榜样引领，充分发挥青年的创造激情和才能，有助于青年精神境界的提升与完善，有助于个人理想和国家发展目标的顺利实现，并不断为美好生活赋予新时代意蕴和气息。在劳动创造中更好地认识生活，更加热爱生活，更好地实现自身对更美好生活的追求和期待。

3. 满足青年向往更丰富生命的发展要求

青年不仅要靠劳动来获得报酬、维持生计，而且必须通过劳动来提高自我、发展自我、实现自我。换言之，劳动既是青年的谋生手段，也是他们生活的第一需要。青年正处于可以试错、崇尚探索与执着奋斗的年纪，一个人对社会的价值，首先取决于他对增进人类利益有多大作用。新时期，弘扬劳模精神、弘扬劳动精神、弘扬工匠精神，就是培养个人的生活自理能力，从而在劳动中发现生活的美，在劳动中体验收获，感知收获的快乐，让劳动精神滋养生命成长，满足自我对更丰富生命的发展向往。

（二）社会价值：弘扬尊重劳动的社会价值取向

1. 践行社会主义核心价值观的应有之义

社会主义核心价值观从个体层面提出了爱国、敬业、诚信、友善的要求，这说明社会主义核心价值观和劳动精神之间存在着内在的必然联系。敬业体现了劳动者对国家、对社会和对自己职业的高度责任感和使命感，劳动精神是社会主义核心价值观的重要体现。培育和践行社会主义核心价值对加强青年学生劳动精神、劳模精神、工匠精神的培育，教育学生树立正确的劳动价值观，正确看待劳动的价值及对实现个人梦想和中国梦的意义，正确看待体力劳动和脑力劳动的关系，自觉矫正对不劳而获、渴望少付出多回报的认识偏差，树立职业平等、劳动无贵贱的职业价值观具有重要现实意义。

2. 契合在社会中尊重劳动的价值取向

《大国工匠》热播的背后，蕴藏着工匠精神，敬业、钻研、精益求精、创新体现在每一次打磨产品中。劳模精神、工匠精神的弘扬与传承有助于促进全社会形成尊重技术、尊重劳动的价值取向。"大众创业、万众创新"，工匠精神的弘扬有利于创造尊重劳动、尊重创新的社会氛围，工匠精神要求工匠沉下心来，热爱自己的工作，享受工作的乐趣，对改善劳动者的浮躁功利心理也大有裨益。

▶ 三、劳动精神、劳模精神、工匠精神在新时代的传承

（一）价值引领：激发劳动精神的内生动力

1. 用中国梦激发劳动热情

中华民族伟大复兴中国梦的实现，需要作为追梦者和圆梦人的每一个青年学生依靠自己的聪明才智和辛勤劳动来实现。新时代为当代青年提供了广阔的发展舞台，青年学生要以实现国家富强、民族振兴、人民幸福为己任，将自己的个人梦想与国家的前途、民族的命运紧密地结合起来，胸怀理想、志存高远，以勤学苦干、敢于创新的精神激励自己投身于中国特色社会主义伟大实践中去。

2. 用劳动认知砥砺劳动自觉

劳动自觉是指个体对劳动的自我发现和觉察，在掌握基本劳动技能的基础上所形成的对劳动价值和劳动意义的认识，并把这种认识作为一种个体存在和维持，历史发展和推动个人使命的信仰。只有充分认识到劳动的价值和意义，才能为了信仰而劳动，产生劳动自觉，这种劳动信仰就是培养我们自身劳动精神的原动力。其基本要求是要形成崇尚劳动、热爱劳动、尊重劳动者，以辛勤劳动为荣、以好逸恶劳为耻的科学认知，并将科学认知转化为劳动信仰的劳动自觉，体现人生价值和社会价值的统一，使个体在追求个人目标实现的同时，能对社会发展和进步起到推动作用，并最终实现人生的价值和意义。

3. 用劳动精神引导劳动实践

首先，充分认识劳动对自身成长的重要意义，勇于参与劳动实践，尊重诚实守法劳动者的一切努力和付出，珍惜自己和他人的劳动成果。其次，要抵制急功近利、崇尚暴富的错误观念，培育常态化的奋斗精神，与自身存在的惰性思想做斗争。坚决摒弃不劳而获的想法，不沉迷于徒有虚名、唯利是图的"伪奋斗"，保持求真务实、奋发有为的精神风貌。最后，要努力学有所长、学有所专，利用自己学习获得的知识技能来提高劳动的创造性。

（二）榜样带动：彰显劳模精神的榜样力量

作为培养新时代劳动者大军的主渠道、主阵地，高校在传播知识和科研创新的同时，必须把劳模精神融入其中，激发学生劳动热情，涵养奉献情怀，增强集体意识。

1. 激发劳动意识

新时代的青年学生处于"两个一百年"的历史交汇期，尤其是新千年出生的"00 后"学生，物质生活得到极大改善，但其中相当一部分学生自立意识不强，抗压能力较弱。高校要借助劳模的光辉事迹，感染、启发和带动更多青年学生热爱劳动，提高劳动能力，养成劳动习惯，形成吃苦耐劳的劳动精神，更好适应以后的工作岗位。

2. 涵养奉献情怀

劳模精神着重强调奉献社会的人生追求，充分发挥个人智慧与才干，通过劳动创造为人民服务、为民族振兴服务，才能完全体现出一个劳动者的人生价值。

3. 增强集体意识

现代社会分工细化，人的相互联系日趋紧密，依赖程度逐步加深，社会发展呼唤集体意

识。马克思指出教育与生产劳动相结合不仅是提高社会生产的一种方法，而且是造就人全面发展的唯一方法。劳模精神在任何时候都表现出了鲜明的集体主义倾向，在具体的劳动实践过程中推动集体和个人共同发展，将指引青年学生将个人的价值追求自觉融入中华民族伟大复兴的中国梦中。

（三）实践养成：磨砺工匠精神的必备素质

新时代青年要想成为现代工匠，首先要具备工匠精神，并以工匠精神为驱动，去改进日常的行为，日积月累，才能实现成长和蜕变。以热爱、专注、创新、卓越、极致、担当六种必备素质，干一行、爱一行、钻一行、精一行，认真负责地做好每项工作，极致的精神成就优秀的匠人，极致的精神也成就卓越的企业。

课堂活动

《匠心》电影观赏与心得交流分享会

（一）活动目的

通过观看电影，感悟工匠精神的内涵。

（二）活动方式

观看电影《匠心》，将你对工匠精神的理解和心里的感悟说出来。

课后作业思考

1. 现代制造业应从哪些方面培育和发扬工匠精神？
2. 作为普通劳动者，应该怎样培育工匠精神？

第六章　劳动安全常识

学习目标 »»»»» »»»»»

1. 熟知劳动安全常识，自觉培养劳动安全意识；
2. 知晓劳动保护的基本内容，做好日常劳动防护；
3. 全面掌握常见劳动救护常识，学会保护自己及家人朋友。

课程导入 »»»»» »»»»»

国家统计局：2020 年各类生产安全事故共死亡 27412 人

2 月 28 日，国家统计局在其官网发布 2020 年国民经济和社会发展统计公报，其中全年各类生产安全事故共死亡 27412 人。

从重大事故来看，发生死亡 10 人以上的重大事故 16 起，同比起数持平，另外还发生 1 起直接经济损失超过 5000 万元的重大事故。这些事故分布在山东、江苏、安徽、河北、山西、吉林、黑龙江、河南、湖北、广东、甘肃、青海、新疆等 13 个省（区），涉及道路运输、煤矿、金属非金属矿山、建筑业、水上运输、火灾和燃气等行业领域。从较大事故来看，一些地方和行业领域事故起数和死亡人数出现"双上升"：辽宁、浙江、福建、山东、云南等 5 个省发生较大事故均超过 20 起且同比"双上升"；工贸、水上运输、渔业船舶、烟花爆竹等行业领域较大事故同比"双上升"。

【想一想】

尽管国家高度重视劳动安全，但每年因各类生产劳动安全事故导致死亡的人数依然很多，造成劳动安全事故背后的原因有哪些？我们又如何避免这些劳动安全事故在我们身边再次发生呢？

第一节　劳动安全意识

学习目标

1. 全面了解劳动安全的基本内容；
2. 了解树立安全意识的必要性；
3. 了解大学生应树立哪些方面的安全意识。

2021 年 12 月 14 日 15 时 38 分，位于南昌市经济技术开发区青岚大道 1701 号的费森尤斯卡比医疗器械有限公司一期综合厂房发生较大火灾事故，造成 5 人死亡、1 人受伤，建筑烧损面积约 4600 平方米，直接经济损失 3503.76 万元。经调查认定，这是一起生产安全责任事故。火灾直接原因是锅炉房改造施工人员在电焊作业过程中，高温焊渣引燃了顶棚内钢梁上动物筑巢的干草，干草的火焰引燃建筑山墙内壁及屋面拱板内壁聚氨酯泡沫材料造成火灾。调查报告公布了"12·14"较大火灾事故涉及的经开区党工委、管委会和 6 个单位、22 名责任人的处理意见。

问题导学

"12·14"较大火灾事故的发生，明显违反国家相关规定，在劳动安全设施和安全防护不到位的情况下进行施工，致使引发火灾，造成重大人员伤亡和经济损失，完全属于一起生产安全责任事故，暴露出部分相关企业单位、施工人员对劳动安全的不重视，缺乏劳动安全意识。作为新时代的青年大学生，我们必须在日常生活、工作中重视劳动安全意识的培养，才能有效避免此类事故的再次发生。

▶ 一、劳动安全的基本内容

劳动安全是指劳动者在生产劳动过程中的安全和健康没有受到威胁，不存在危险、危害的隐患，是免除了不可接受的损害风险的状态。全面完整地理解劳动安全的含义，不仅需要从保障劳动安全的多重主体立场去理解，还要了解劳动安全问题产生的原因。从不同主体来看，劳动安全保护是劳动者依法获得的基本劳动权利之一，在生产劳动过程中劳动者有权要求用人单位提供安全卫生的劳动条件，以保护自身的生命和健康；加强劳动保护，实现安全生产，保护劳动者生命和身体健康是企业用人单位应尽的法律义务；国家可以通过制定一系列劳动保护的法律和法规制度，督促用人单位切实履行法律责任，保障劳动者的劳动安全。

在实际的生产劳动过程中，劳动安全问题的产生往往是多种因素综合作用的结果，需要综合治理。从造成劳动安全问题的原因看：既有人为因素，由于劳动者个人缺乏安全知识和安全意识，操作失误而造成的安全事故；也有物的因素，因生产环境和安全条件存在安全漏洞而出现的生产事故；还有人为因素和物的因素共同造成的事故。我们还可以将可能发生的劳动安全问题，按生产劳动岗位性质的不同，区分为以下几类：在矿井中的瓦斯爆炸、火灾、水灾等；在机械加工过程中可能发生的绞碾、电击伤；在建筑施工过程中可能发生的高空坠落，物体打击；在交通运输过程中可能发生的车辆伤害事故；在有毒有害工作场所中可能发生的职业病害等。

除了上述因生产劳动的直接因素导致的劳动安全问题，广义的劳动安全问题还包括由间接因素导致的安全问题，如劳动者工作时间太长会造成过度疲劳、积劳成疾；女工从事过于繁重的或有害妇女生理卫生的劳动也会对女性劳动者身体造成危害等。由此可见，保障劳动安全不仅指在生产劳动过程中要防止中毒、车祸、触电、塌陷、爆炸、火灾、坠落、机械外伤等危及劳动者人身安全的事故发生，还要防止由于不当的工作时间和工作强度造成的健康问题的产生。因此，为保障劳动者的劳动安全与卫生，不仅需要国家制定相关劳动保护的法律法规，对企业用人单位的生产安全进行严格管理，还需要劳动者个人掌握必要的劳动安全知识，自觉遵守生产劳动安全规范，养成劳动安全意识，做好个人安全保护。

▶ 二、劳动安全意识的作用

习近平总书记高度重视安全生产工作，在党的十九大上指出，要树立安全发展的理念，弘扬生命至上、安全第一的思想，健全公共安全体系，完善安全生产责任制，坚决遏制重特大安全事故，提升防灾减灾救灾能力。谈到安全生产，耳熟能详的一句话就是"安全第一，预防为主"。预防安全事故的发生是安全生产工作中最重要的一环，是保障安全生产的前提，而这个前提的前提是树立安全意识。

古语云："君子不立于危墙之下。"这句话讲的是做人的道理——君子要远离危险的地方。这包括两方面：一是防患于未然，预先觉察潜在的危险并采取防范措施；二是一旦发现自己处于危险境地，要及时离开。在现实生活中，这一防微杜渐的观念是十分必要的。涉世未深的大学生如果连基本的安全知识都不懂，不具备自我保护能力，将很难面对成长道路上的重重困难和考验。大多数学生往往在事故发生之前毫无"危墙之下"的意识，抱有侥幸心理，而在遇到紧急情况或突发事故时又不知所措。因此，树立安全防范意识是十分重要的，不仅可以使大学生在未来的人生路途上获益良多，而且能减少缺乏安全知识的教育造成的损失甚至悲剧。

在日常生活和生产中，具有强烈的安全意识是非常重要的。安全意识的增强有利于人们自觉执行相关的安全规章制度，减少违章违纪行为；有利于人们不断提高对危险的认知能力，主动排查身边存在的各类事故隐患；有利于消除习惯性违章作业，提高职工反"三"（违章指挥、违章操作、违反劳动纪律）的主动性和积极性，防范事故的发生。生命对于每个人来说都只有一次，树立安全意识既是对自己负责，也是对家人负责。

知识拓展

2022年4月3日，位于广东省清远市的广东精美特种型材有限公司（以下简称精美公司）熔铸车间发生爆炸，造成5人死亡。在全国安全生产专项整治三年行动巩固提升阶段仍发生铝加工（深井铸造）企业爆炸事故，教训极其深刻。精美公司成立于2010年，注册资本6.5亿元，员工1302人，主要从事有色金属冶炼和压延加工，产品主要为铝型材及铸造深加工部件，生产铝棒材采用深井铸造工艺，有固定式熔炼炉10台，年熔铸产能30万吨。4月3日上午11时10分许，该公司熔铸车间9号铸井上的铸造机结晶器一导流孔发生铝水泄漏，铸井看盘工擅自脱岗，未能及时进行处置，大量高温铝水快速泄漏进入深井，遇冷却水发生剧烈爆炸。附近的6号井受9号井爆炸影响，接连发生爆炸。事故造成5人死亡，车间被炸毁，周边相邻建筑受冲击波影响，发生变形破损。

经初步调查，这是一起生产安全责任事故，暴露了涉事企业、相关地方和部门安全发展理念不牢，重发展轻安全。要避免此类安全事故的再次发生，就亟须提高从业人员的安全意识，提高熔炼、铸造等高风险岗位人员的安全操作和应急处置能力。

▶ 三、劳动安全意识的培养

当前，我国治安环境总体稳定，党带领人民群众正在努力推进社会主义现代化建设事业，社会生产力不断向前发展，人民生活水平逐渐提高。同时，教育事业也随之得到快速发展，校园安全问题受到高度重视。大学生要主动树立安全意识，正确判断周围的环境，保证自己的安全，确保顺利完成学业。

社会发展到今天，校园对社会的开放程度越来越高。大学生面临的各种不安全因素在逐年增多，大学生受到的非法侵害案件和与大学生有关的安全事故的数量也在逐年上升。如果大学生因为安全问题而出现意外，不仅其个人的学业、财物、身心健康会受到影响，而且会给家庭带来不安和痛苦。因此，大学生要认真学习安全知识，知晓应树立哪些方面的安全意识，增强自我保护能力，这样才能做到居安思危、有备无患。

（一）遵纪守法和文明修身的意识

大学生要树立安全意识、安全观念，首先要加强自身修养和增强法律意识，要学法、懂法、用法；其次要强化文明修身的意识，提高自身的道德素质，避免受到不安全因素的威胁。

（二）认知安全形势的意识

安全隐患早知道，就是要对社会安全形势有一个全面的认知。虽然当前社会安全形势基本稳定，校园安全状况好于社会整体水平，但随着经济的发展和社会的不断转型，大学生所处的安全环境也发生着变化，大学生面临的安全形势应引起社会重视，大学生自身更应对安全形势有正确的认知。

（三）自我防范的意识

大学生要树立自我防范意识，对安全隐患要有心理准备，做好自我保护，尽量避免不安全因素对自身的伤害。

（四）面对突发事件的应变意识

有些不安全事故的发生是没有预兆的，这就要求大学生有面对突发事件的应变意识。这方面意识的培养，有利于大学生在面对突发事件时能在最短的时间内作出判断，第一时间采取措施帮助自己和别人脱离危险，不会因害怕、应变能力不够而丧失逃生和减少损失的机会。大学生要有这方面的意识，就要在平时注重加强相关知识储备及应变能力的培养。

（五）维护国家安全的意识

公民有维护国家安全的责任和义务。大学生作为国家未来的建设者和可靠的接班人更要有这种意识，要保持高度警惕，对国家秘密严格保守，维护好国家安全，不透露任何涉及国家安全的信息，在面对危害国家安全的行为时要勇于斗争、用智慧斗争。

讨论思考

2020年3月，中共中央、国务院印发了《关于全面加强新时代大中小学劳动教育的意见》，提出把劳动教育纳入人才培养全过程，贯通大中小学各学段，贯穿家庭、学校、社会各方面，与德育、智育、体育、美育相融合，紧密结合经济社会发展变化和学生生活实际，积极探索具有中国特色的劳动教育模式。在实施劳动教育的课程中，应增加安全意识、安全技能的课程内容。安全是一项践行活动，单凭说教是形成不了安全意识和安全技能的，只有通过实践才能提高个体的安全意识与技能，因此要让学生在实践中掌握安全技能，提高安全意识。

同学们，我们在日常生活、学习当中应该如何培养劳动安全意识呢？

课后作业思考

课后搜索近几年身边劳动安全事故的相关报道，分析安全事故产生的原因，从而高度重视劳动中的安全工作，在日常生活、工作等环节注重培养劳动安全意识。

第二节　劳动保护概述

学习目标

1. 全面了解劳动保护的基本内容；
2. 知晓劳动保护用品的分类以及正确使用劳动保护用品；
3. 了解安全色以及熟知安全标志。

案例导入

案例1：西江吉利石灰厂"8·31"较大中毒和窒息事故

2020年8月31日凌晨4点左右，赣州市会昌县西江镇石门村吉利石灰厂2名员工在石灰窑窑顶作业面铲煤作业过程中，吸入煤烟晕倒，另外2名员工在救援过程中也因吸入煤烟先后晕倒，事故最终造成3人因煤烟中的一氧化碳中毒死亡，1人受伤。经调查证实，石灰窑烟气中含大量一氧化碳，作业人员在无安全防护用品的情况下，进入一氧化碳超限的窑顶作业中毒。

案例2：立丰再生纸厂"3·28"较大中毒和窒息事故

2021年3月28日，福建尤溪县立丰再生纸厂在进行白水收集沉淀池清洗作业时发生较大中毒和窒息事故，4人死亡。经调查证实，该厂第三生产线承包人违反环保部门停产要求，擅自安排人员清理作业，一员工未按"先通风、再检测、后作业"要求，进入沉淀池作业中毒，三名施救者未穿戴好防护用品，造成事故扩大。

问题导学

以上两起安全事故，给我们带来的教训是深刻的。为切实防范此类不安全事故的再次发生，确保各行各业安全有序生产，要求政府机关、企业时刻对生产运行环节开展不定期的安全隐患排查，重点排查各项劳动保护管理政策是否落实到位、高危行业的劳动保护用品等应急救援器材是否配置到位等。要高度重视和保护劳动者在生产劳动过程中的安全和健康，根据不同工种、不同劳动条件向劳动者发放劳动保护用品，持续强化劳动者安全教育，及时消除各项安全隐患。

▶ 一、劳动保护的基本内容

劳动安全与卫生保护，又称劳动保护，是指以保障劳动者在生产劳动过程中的安全与健康为目的的工作领域及在法律、技术、设备、组织制度和教育等方面所采取的相应措施。为保护劳动者在生产劳动过程中的安全和健康，消除不安全、不卫生因素所采取的各种组织和技术的措施，都属于劳动保护范畴，统称为劳动保护。简而言之，劳动保护就是保护劳动者在劳动生产过程中的安全与健康，以及国家为保护劳动者在生产过程中的安全和健康而制定的各种法规，包括安全技术规程、劳动卫生规程、对女工和未成年工特殊保护以及各种劳动保护管理制度等。

劳动保护

劳动保护的受保护者是劳动者，保护者是用人单位，保护的对象是劳动者的安全和健康，保护的范围仅限于劳动的过程。

具体而言，劳动保护的内容主要包括安全技术、劳动卫生与劳动条件、工作时间与休假、女职工和未成年工特殊保护4个方面。

（1）安全技术保护是指为消除工作中的伤害事故，保证生产过程中的人身设备和生产安全所采取的各种措施，如针对矿山、建筑、冶金、机械制造、化工、交通运输、防火防爆等行业的安全技术规定与标准。

（2）劳动卫生与条件保护是指为保障劳动者的身体健康，防止职业危害，预防职业病所采取的一系列标准规定以及措施，主要预防各种粉尘、有毒物、物理环境、致病生物危害等，以及威胁劳动者身心健康的因素。

（3）工作时间与休假保护是指根据法律法规的规定，用人单位有权合理组织劳动者的工作时间、休息休假，有义务按规定发放给劳动者应有的报酬，劳动者有义务遵守企业劳动纪律等规章制度。

（4）女职工和未成年工特殊保护是指根据法律法规规定，用人单位应考虑女性职工生理特点及哺育下一代的责任，未成年工生长发育中的特殊性，依法采取各种措施对他们开展特殊保护。

▶ 二、劳动保护管理

要做好劳动保护工作，就要有专门的组织、专门的人员去实施，就要有相关的法律、法规和执行标准作为实施依据，就要对实施过程和实施效果进行监督和控制，这些都属于劳动保护管理的范畴。因此，劳动保护管理工作内容可以概括为设立劳动保护组织机构、建立劳动保护法规体系、开展劳动保护教育、实施劳动保护监察四个方面。

（一）劳动保护组织

开展劳动保护工作，要有专门的组织机构去实施，要有专门的人员进行管理。劳动保护组织包括政府组织和企业组织两部分。政府劳动保护组织主要负责劳动保护立法、劳动保护监察、劳动争议仲裁和劳动安全保险等工作。企业劳动保护组织主要负责组织劳动安全教育、制定劳动安全措施、管理劳动保护用品等工作。

我国政府劳动保护组织主要有劳动和社会保障组织、劳动监察组织、安全生产组织、劳动争议仲裁组织、妇联组织、工会组织、法院组织等。企业劳动保护组织主要有企业劳动安全生产办公室、企业工会组织、企业妇联组织、企业劳动卫生办公室等。

（二）劳动保护立法

劳动保护立法，是国家用法律的形式制定和认可，并由国家强制保证执行的一系列保护职工在生产劳动过程中的安全与健康的法律规范。它的职能就是通过法律形式，调整人们在进行生产、建设和经济活动过程中相互之间的劳动关系，规定人们在生产过程中的行为准则。

我国劳动保护法律体系主要包括劳动保护法律、劳动保护法规、劳动保护国家标准三个方面。

1. 劳动保护法律

其由全国人民代表大会审议通过，由国家主席签署发布并实施，如《宪法》《劳动法》《中华人民共和国矿山安全法》《中华人民共和国安全生产法》《中华人民共和国海上交通安全法》《中华人民共和国建筑法》《中华人民共和国消防法》《中华人民共和国公路法》《中华人民共和国煤炭法》《中华人民共和国铁路法》等。

2. 劳动保护行政法规

其由国务院常务会议审议通过，由国务院总理签署发布并实施，如《危险化学品安全管理条例》《民用爆炸物品管理条例》《工伤保险条例》《特种作业人员安全技术培训考核管理办法》《使用有毒物品作业场所劳动保护条例》《尘肺病防治条例》《放射性同位素与射线装置放射防护条例》《职业健康监护管理办法》《职业病诊断与鉴定管理办法》等。

3. 劳动保护国家标准

其由国家标准化委员会制定并组织实施，如"五项规定"、"三大规程"、《施工现场临时用电安全技术规范》、职业安全标准等。

通过劳动保护立法，使劳动保护工作纳入法制化轨道。劳动保护组织及其职责、劳动保护内容、劳动保护要求、劳动保护权利与义务，所有这些都在相关的法律、法规或劳动标准中得到明确规定。

▶ 三、劳动保护用品

（一）劳动保护用品的含义

劳动保护用品一般是指为保护劳动者在生产过程中的人身安全和健康所必备的各种防御性装备（也称个人劳动防护用品）。从某种意义上讲，劳动保护用品是劳动者防止职业伤害和劳动伤害的最后一项有效保护措施；尤其在劳动条件差、危害程度高或集体防护措施起不到防护作用的情况下（如抢修或检修设备、野外露天作业、处理事故或隐患等情况），劳动保护用品往往成为劳动保护的主要措施。劳动保护用品在生产劳动过程中是必不可少的生产性装备，企业应按照国家有关规定按时足额发放，不得任意削减；广大职工也要十分爱惜，认真管好、用好各种劳动保护用品。

（二）劳动保护用品的发放、使用与管理

发放职工劳动保护用品是保护劳动者安全健康的一种预防性措施，不是生活福利待遇，企业应当根据安全生产、防止职业性伤害的需要，根据不同工种、不同劳动条件来发放劳动保护用品。

（三）劳动保护用品的分类及使用方法

劳动保护用品对于预防事故伤害和减少职业危害具有重要意义。为了提高劳动安全意识，我们不仅要了解劳动岗位需要什么样的劳动保护用品，还要了解个人防护用品的正确佩戴和使用方法。我国实行以人体防护部位为依据的分类标准，将个人防护用品分成9类。

（1）头部防护用品。该类防护用品包括安全帽、防寒帽、矿工帽、女工防护帽等，其作用是为了防御头部受外来物体打击。安全帽要有合格的帽子、帽带，戴帽时必须系好帽带；帽内缓冲衬垫的带子要结实，人的头顶与帽内顶部间隔不能小于 32 毫米；每次使用前应认真检查安全帽，若发现有破损情况，要立即更换。进入施工现场，必须戴好安全帽。

（2）呼吸器官防护用品。该类防护用品包括防毒面罩、防毒面具、防尘口罩、氧气呼吸器等，其作用是防护有害气体从呼吸道进入人体，或直接向使用者供氧及提供新鲜空气。其中，防尘口罩和防尘面罩可有效防止粉尘的吸入，防毒面具则可防止有毒气体、蒸汽、毒烟等吸入。使用防毒面具要注意正确选择防毒滤料。

（3）眼面部防护用品。该类防护用品包括防护眼镜、焊接护目镜及面具等，其作用是预防烟、尘、火花、飞屑、化学品飞溅等伤害眼睛或面部。

（4）听觉器官防护用品。该类防护用品包括耳塞和防噪声头盔等，其作用是预防噪声对人体的不良伤害。

（5）手部防护用品。该类防护用品包括防酸碱手套、防寒手套、绝缘手套等，其作用是预防手部受伤。在不适合以手直接接触机械、机具、液体以及可能导致手部受伤的情况下，必须戴合适的手套。手套要与手形相符合，防止手套因过长而被卷入机器。操作各类机床或在有被压挤危险的地方作业时，严禁戴手套。

（6）足部防护用品。该类防护用品包括防水鞋、防寒鞋、防油鞋及防酸碱鞋等，其作用是防止劳动中有害物质或外逸损伤劳动者的足部。

（7）防护服。该类防护用品包括防寒服、防水服等，其主要作用是保护劳动免受生产环境中的物理、化学、生物等因素的伤害。

（8）护肤用品。该类防护用品能够防止皮肤外露部分（面、手）受到化学、物理等因素的危害，其主要作用是防晒、防射线、防油、防酸、防碱等。

（9）防坠落用品。该类防护用品包括安全帽、安全带及安全绳等，其主要作用是防止作业人员从高处坠落。

知识拓展

使用劳动保护用品的一般要求：

（1）劳动保护用品使用前应首先做一次外观检查。仔细观察劳动保护用品是否有缺陷或损坏，各部件组装是否严密，启动是否灵活等。

（2）劳动保护用品的使用必须在其性能范围内，不得超极限使用；不得使用未经国家指定、未经监测部门认可（国家标准）和检测还达不到标准的产品；不能随便代替，更不能以次充好。

（3）严格按照使用说明书正确使用劳动保护用品。常见的劳动保护用品见图6-2-1。

图 6-2-1　常见的劳动保护用品

（4）重点使用通过国家及国际标准企业生产的防护配备，例如安全先生（Mr. safe）、3M、金佰利（Kimberly）、代尔塔（Deltaplus）、霍尼韦尔（Honeywell）、东方朔（Eastsafe）、迈易斯（Myehs）等。

（四）劳动保护用品使用的注意事项

（1）要根据作业场所的危害因素及其危害程度，正确选用劳动保护用品。

（2）要通过教育培训，做到"三会"，即会检查防护用品的安全可靠性，会正确使用劳动保护用品，会维护保养劳动保护用品。

（3）严禁故意或无故弃用劳动保护用品，确保个人的劳动保护用品状况良好，如有损坏，应立即向管理人员报告，及时更换。

（4）用于急救的呼吸器要定期检查，确保有效。同时，应将其妥善存放在可能发生事故的邻近处，以便取用。

▶ 四、安全色与安全标志

安全色和安全标志是在特定工作环境中，为了提醒劳动者做好防护而设置的。每一种安全色、每一个安全标志都具有特定的含义，需要正确识别。

（一）安全色

按照我国安全色标准规定，安全色有红色、蓝色、黄色、绿色四种。红色表示禁止、停止，用于禁止标志，如机器设备上的紧急停止手柄或按禁止触动的部位都使用红色。蓝色表示指令，必须遵守，如必须佩戴个人防护用具或道路上指引车辆和行人行驶方向的命令都使用蓝色。黄色表示警告和注意，如厂内危险机器和警戒线、行车道中线、安全帽等都使用黄色。绿色表示安全状态或可以通行，如车间内的安全通道、行人和车辆通行标志、消防设备和其他安全防护设备的位置都使用绿色。

（二）安全标志

安全标志一般是由安全色、几何图形和图形符号构成的，其目的是要引起人们对不安全因素的注意，预防安全事故的发生。因此，要求安全标志必须含义简明、清晰易辨、引人注目，同时要尽量避免过多的文字说明，甚至不用文字说明，也能使人们一看就知道其所表达的含义。

安全标志分为禁止标志、指令标志、警告标志和提示标志四类。

（1）禁止标志（见图6-2-2）。用于禁止人们的不安全行为。其基本形式为带斜杠的圆形框，圆环和斜杠为红色，图形符号为黑色，衬底为白色。

禁止攀登　　禁止停留　　禁止入内

禁止酒后上岗　　禁止烟火　　禁止抛物

图6-2-2　常见的禁止标志

（2）指令标志（见图6-2-3）。用于强制人们必须做出某种动作或采用防范措施。其基本形式是圆形边框，图形符号为白色，衬底为蓝色。

必须穿戴防护用品　　必须保持清洁　　必须戴安全帽

必须系安全带　　必须戴防毒面具　　必须戴防尘口罩

图6-2-3　常见的指令标志

（3）警告标志（见图6-2-4）。用于警告人们注意可能发生的各种危险。其基本形式为三角形边框，图形符合为黑色，衬底为黄色。

（4）提示标志（见图6-2-5）。用于向人们提供某种信息（指示目标方向、标明安全设施或场所等）。其基本图形是方形边框，图形符号为白色，衬底为绿色。

图 6-2-4　常见的警告标志

当心坑洞	当心塌方	当心弧光	当心碰头
当心伤手	当心绊倒	当心落物	当心滑跌
当心扎脚	注意安全	当心火灾	当心车辆
当心机械伤人	当心触电	当心坠落	当心吊物

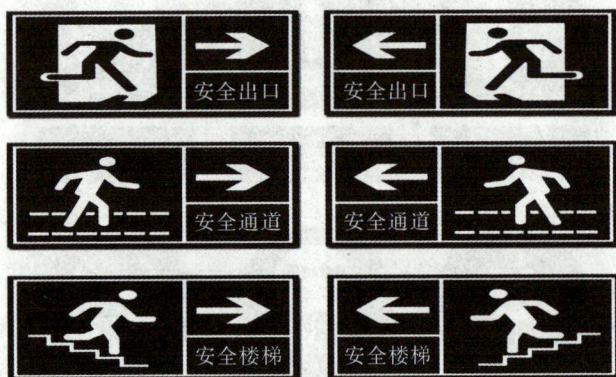

图 6-2-5　常见的提示标志

安全出口　安全出口
安全通道　安全通道
安全楼梯　安全楼梯

课堂活动

请同学们说出日常生活中常见到的安全标志，并分小组画出日常生活中常见的安全标志。

课后作业思考

1. 为什么要对劳动者开展劳动保护？
2. 日常生活中相关劳动保护的法律法规有哪些？
3. 我们将个人防护用品可以划分为哪几种类型？

第三节　常见劳动救护常识

学习目标

1. 知晓常用的急救措施，掌握急救措施的基本操作要领；
2. 采用急救常识，正确处理劳动事故；
3. 全面知晓掌握防疫卫生知识，做好自我防护。

案例导入

案例 1：男子地铁口晕倒，红衣女子紧急施救

1 月 10 日上午 7 点 50 分左右，40 岁的李先生（化名）刚出地铁站便突然倒在地上，口吐白沫。一位现场的热心小伙江舟，看到李先生倒地后立即帮忙拨打了 120，但是因为不懂急救知识，现场没有人敢动李先生。就在大家束手无策之时，一位红衣女子拨开人群，来到李先生跟前，跪在地上，触摸了他的颈动脉后，随即开始进行心肺复苏。看到红衣女子忙不过来，有几位老大妈和男青年也蹲下，帮助红衣女子按住李先生的人中、虎口。10 多分钟后，120 急救车赶到了现场，将李先生送往人民医院的急救中心。

后据李先生的主治医生梅勇说："李先生那天被送到时已经出现猝死的表现，血压、脉搏非常差，出现了室颤，非常危险。一般来说这样突然昏厥的病人，一旦呼吸心跳停止，18 秒后脑缺氧，30 秒后昏迷，60 秒后脑细胞开始死亡，6 分钟后全部脑细胞死亡，此后每过 1 分钟，除颤成功率就会降低 7%~10%。所以一旦发生心脏骤停，应在 2~4 分钟内对患者进行心肺复苏术并辅以适当人工呼吸，为脑和重要器官供氧。"而正是红衣女子争分夺秒的抢救，为李先生赢得宝贵的救治时间和机会，重获新生。

案例 2：大学生利用急救知识在列车上救人

7 月 6 日上午 9 时左右，在长春市 142 路公交车上，突然传出紧急呼救声，"师傅快停车，有个女孩晕过去了！"此时，长春中医药大学研一学生崔梦影恰好也在这趟车上。听到呼救声后，崔梦影朝声音方向跑去，看见一个年轻的女孩脸色发白，瘫倒在座椅上，被一位阿姨扶着。崔梦影立即和这位阿姨，以及另一位爱心女乘客把发病的女孩扶下车，放平在地上，进行紧急救治。"当时，女孩出现了手脚发麻、呼吸急促、意识不清的症状。"崔梦影见状，赶紧跪在马路上按压女孩的人中穴，以及手部和头部的相关穴位。穴位按摩持续了十几分钟后，女孩的情况有所好转，呼吸开始平稳，慢慢恢复了意识。

以前，崔梦影曾听老师讲过自己学校里的学长和学姐们勇于救人的事迹，心里很是佩服。"碰到晕倒的女孩，自己本能就冲上去了。"崔梦影觉得，能够用自己所学帮助别人是很有意义的事。她用自身实际行动诠释了医者仁心，展示了学校立德树人的不懈追求。

问题导学

以上两起案例，告诉我们无论对于医护人员还是我们每一个普通人而言，了解和学习一些急救知识与技能是很有意义的。应急救援工作中一项重要的任务是对发生事故的处理和人员的及时救护，如果采取切实有效的救护措施，如对心跳呼吸停止的人员进行心肺复苏，就能在较短的时间内挽回伤员生命，减轻伤残和痛苦。同学们，作为新时代的大学生，学习和了解一些基本的自救和救援常识，对于减轻事故后果，实施有效的救援非常必要。

▶ 一、急救常识与技能

（一）心肺复苏

心搏骤停一旦发生，如得不到及时的抢救复苏，4~6分钟后，便会造成患者脑和其他人体重要器官组织的不可逆的损害。当发现患者出现意识丧失，且无呼吸无脉搏时，便应立即拨打急救电话，同时实施心肺复苏术。

心肺复苏可分为四个步骤，即胸外按压、开放气道、人工呼吸和 AED 使用，如图 6-3-1 所示。

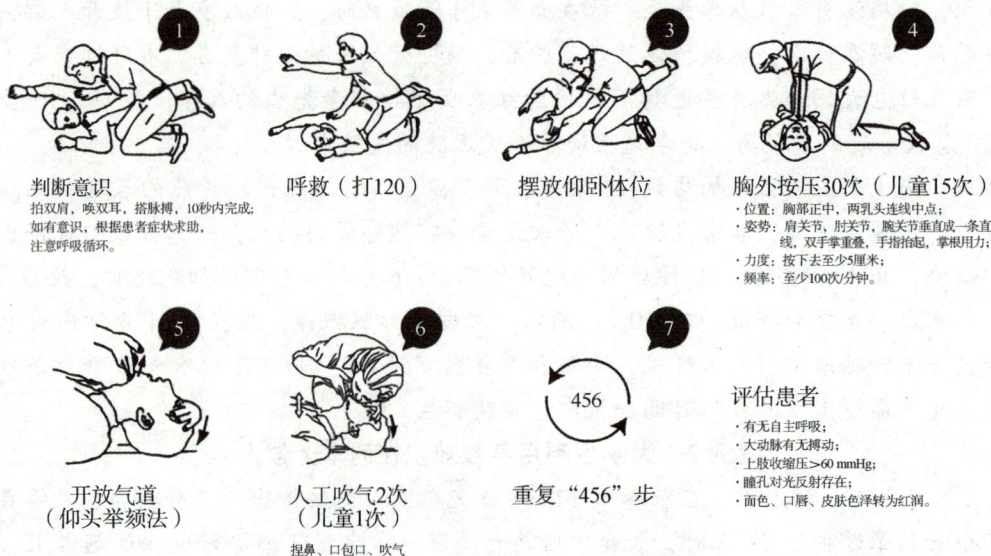

1. 判断意识
拍拍肩，唤双耳，搭脉搏，10秒内完成；如有意识，根据患者症状求助，注意呼吸循环。

2. 呼救（打120）

3. 摆放仰卧体位

4. 胸外按压30次（儿童15次）
·位置：胸部正中，两乳头连线中点；
·姿势：肩关节、肘关节、腕关节垂直成一条直线，双手掌重叠，手指抬起，掌根用力；
·力度：按下去至少5厘米；
·频率：至少100次/分钟。

5. 开放气道
（仰头举颏法）

6. 人工吹气2次
（儿童1次）
捏鼻、口包口、吹气

7. 重复"456"步
456

评估患者
·有无自主呼吸；
·大动脉有无搏动；
·上肢收缩压>60 mmHg；
·瞳孔对光反射存在；
·面色、口唇、皮肤色泽转为红润。

图 6-3-1　心肺复苏抢救流程图

1. 胸外按压

（1）将患者放置于平整硬地面上，呈仰卧位，其目的是保证进行胸外按压时有足够按压深度。

（2）跪立在患者一侧，两膝分开。

（3）开始胸外按压，找准正确按压点，保证按压力量、速度和深度。

按压点为患者两乳头连线的中点部位（胸骨中下段），右手（或左手）掌根紧贴患者胸部中点，双手交叉重叠，右手（或左手）五指翘起，双臂伸直；利用上身力量，用力按压

30 次，速度至少保证 100~120 次/分，按压深度至少 5~6 厘米。按压过程中，掌根部不可离开胸壁，以免引起按压位置波动，而发生肋骨骨折。

2. 开放气道

仰头抬/举颏法开放气道：用一只手放置在患者前额，并向下压迫，另一只手放在颏部（下巴），并向上提起，头部后仰，使双侧鼻孔朝正上方即可；将患者头偏向一侧，看患者口腔是否有分泌物，并进行清理；如有活动假牙，需摘除。

3. 人工呼吸

在患者口部放置呼吸膜进行隔离，若无呼吸膜，可以用纱布、手帕、一次性口罩等透气性强的物品代替，但不能用卫生纸巾这类遇水即碎物品代替。用手捏住患者鼻翼两侧，用嘴完全包裹住患者嘴部，吹气两次。每次吹气时，需注意观察胸廓起伏，保证有效吹气，并松开紧捏患者鼻翼的手指；每次吹气，应持续 1~2 秒，不宜时间过长，也不可吹气量过大。

注意：以上步骤按照 30∶2 的比例，重复进行胸外按压和人工呼吸，直到医护人员赶到。30 次胸外按压和 2 次人工呼吸为一个循环，每 5 个循环检查一次患者呼吸、脉搏是否恢复，直到医护人员到场。当进行一定时间感到疲累时，及时换人持续进行，确保按压深度及力度。

4. AED 使用

当取得 AED（自动体外除颤器）后，打开 AED 电源，按照 AED 语音提示，进行操作；根据电极片上的标识，将一个贴在右胸上部，另一个贴在左侧乳头外缘（可根据 AED 上的图片指示贴）；离开患者并按下心电分析键，如提示室颤，按下电击按钮。

如果一次除颤后未恢复有效心率，立即进行 5 个循环心肺复苏，直至专业医护人员赶到。

（二）止血

流血时通过一定方式处理，快速让血停止向外流动叫作止血。止血效果因人而异，有人快，有人慢，与血小板有关。

正常情况下，小血管受损后引起的出血在几分钟内就会自行停止，这种现象称为生理性止血。生理性止血是机体重要的保护机制之一，是多种因子和机制相互作用的结果。止血过程主要包括血管收缩、血小板血栓形成和血液凝固三个过程。

在日常生活中，我们常用到的止血方法有四种，分别是指压止血、加压包扎止血、填塞止血、止血带止血。其中，填塞止血只有在四肢使用，严禁填塞腹腔、胸腔；止血带止血在万不得已的情况下才使用。

1. 指压止血法

这是一种快速、有效的首选止血方法。抢救者用手指把出血部位近端的动脉血管压在骨骼上，使血管闭塞、血流中断而达到止血目的。止住血后，应根据具体情况换用其他有效的止血方法，如填塞止血法，止血带止血法等。这种方法仅是一种临时的，用于动脉出血的止血方法，不宜持久采用。

2. 加压包扎止血法

伤口覆盖无菌敷料后，再用纱布、棉花、毛巾、衣服等折叠成相应大小的垫，置于无菌敷料上面，然后再用绷带、三角巾等紧紧包扎，以停止出血为度。这种方法用于小动脉以及静脉或毛细血管的出血。但伤口内有碎骨片时，禁用此法，以免加重损伤。

3. 填塞止血法

用无菌的棉垫、纱布等，紧紧填塞在伤口内，再用绷带或三角巾等进行加压包扎，松紧以达到止血目的为宜。本法用于中等动脉，大、中静脉损伤出血，或伤口较深、出血严重，还可直接用于不能采用指压止血法或止血带止血法的出血部位。

4. 止血带止血法

这是四肢较大动脉出血时救命的重要手段，用于其他止血方法不能奏效时。如使用不当可出现肢体缺血、坏死，以及急性肾功能衰竭等严重并发症。

（三）包扎

包扎是外伤急救时最常用的方法，它具有保护伤口、减少感染、加压止血、固定敷料和夹板以及减轻疼痛等作用。一般可以用三角巾和无菌纱布包扎；在紧急情况下，可用清洁的毛巾、被单等代替。

1. 简单螺旋包扎法

先将绷带缠绕肢体两圈固定，然后由受伤部位的下方开始，由下而上进行包扎（见图6-3-2）。包扎时应用力均匀，由内而外扎牢，每绕一圈时，遮盖前一圈绷带的2/3，露出1/3。包扎完成时应将盖在伤口上的敷料完全遮盖。

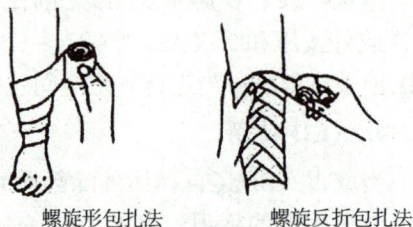

螺旋形包扎法　　螺旋反折包扎法

图6-3-2　简单螺旋包扎法示意图

2. 人字形包扎法

先将绷带在患者肢体关节中央处缠绕一圈做固定，然后绕一圈向下，再绕一圈向上，反复向下、向上缠绕。结束时，在关节的上方重复缠绕一圈并固定（见图6-3-3）。

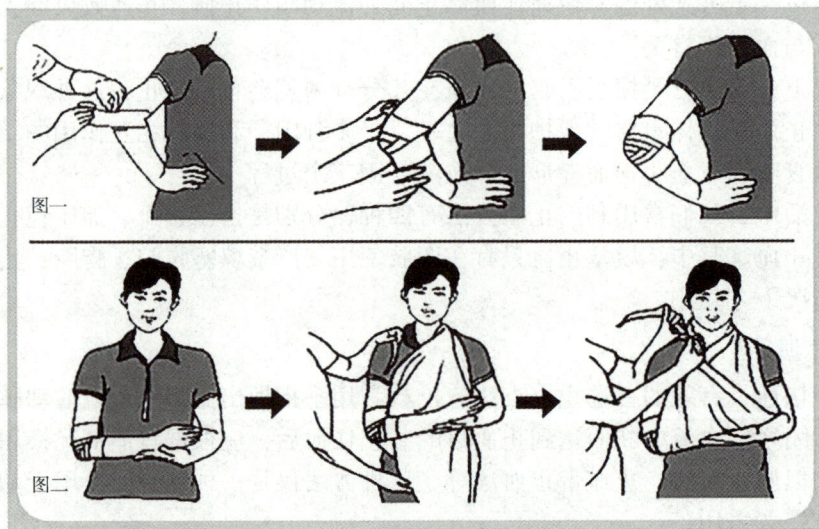

图一

图二

图6-3-3　人字形包扎法示意图

3. 三角巾头部包扎法

扶患者坐稳，去除眼镜或头饰。用干净的纱布垫或布（棉）垫按压在头顶部伤口上，加压止血。将三角巾折叠约两横指宽，边缘结于患者前额齐眉处，覆盖好布垫，顶角拉向后颅部；将三角巾两底角沿两耳上方向后收，在后部枕骨下交叉并压紧顶角，然后绕回前额正中打结；将患者头后部的顶角拉紧并向上反折，将顶角塞进两底角的交叉处，如图6-3-4所示。

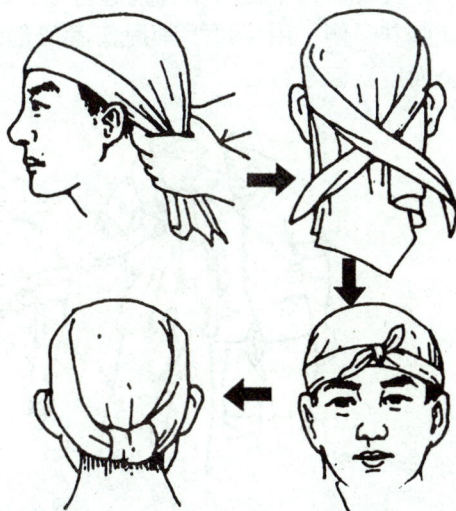

图6-3-4　三角巾头部包扎法示意图

（四）骨折固定

骨折，就是指骨头或骨头的结构完全或部分断裂，多见于儿童及老年人，中青年也时有发生。病人常为一个部位骨折，少数为多发性骨折，经及时恰当处理，多数病人能恢复原来的功能，少数病人可留有不同程度的后遗症。骨折发生后，离医院较近者，可直接送医院或叫救护车，离医院比较远的病人，必须进行简单的处理，以防在送医院途中加重病情，甚至造成不可逆的后果。骨折的症状体征分为全身表现和局部表现两种，具体如下：

1. 全身表现

（1）休克。对于多发性骨折、骨盆骨折、股骨骨折、脊柱骨折及严重的开放性骨折，患者常因广泛的软组织损伤、大量出血、剧烈疼痛或并发内脏损伤等而引起休克。

（2）发热。骨折处有大量内出血，血肿吸收时，体温略有升高；开放性骨折体温升高时，应考虑感染的可能。

2. 局部表现

骨折的局部表现包括骨折的专有体征和其他表现。骨折的专有体征如下：

（1）畸形。骨折段移位可使患肢外形发生改变，主要表现为缩短。

（2）异常活动。正常情况下肢体不能活动的部位，骨折后出现不正常的活动。

（3）骨擦音或骨擦感。骨折后，两骨折端相互摩擦时，可产生骨擦音或骨擦感。

以上三种体征只要发现其中之一，即可确诊，但未见此三种体征者，也不能排除骨折的可能，如嵌插骨折、裂缝骨折。

当发生患者骨折时，应及时固定伤处，一定要采取正确的固定方法。临时可用木棍、硬纸板等硬物绑在伤处当固定器材；如果伤在四肢，木棍长度要超过伤处上下的两个关节。如果手头没有木棍，可以用报纸、杂志等代替，材料长短要以能固定骨折上下两个关节或不使断骨错位为好。如果实在找不到合适的物品，也可将受伤肢体绑在健侧肢体或胸部，总之起到固定作用，以防神经、血管受到二次损伤。对于有脊柱或颈部骨折的，不能随意搬动患者，应尽快联系医生，等待携带医疗器材的医护人员搬动。

3. 搬运

为了使伤员脱离危险地区，尽早得到救治，就要及时把伤员搬运到急救车能到达的地方，迅速将其送往医院。搬运过程中要小心，避免给伤员增加痛苦，造成病情恶化。护送时，冬季要保暖，夏季要防暑。通常搬运可以划分为单人搬运和双人搬用两种类型。

（1）单人搬运（见图6-3-5）。救护者站于伤者的一侧，使其身体略靠着救护者，一起行走；或者一人直接将伤者抱起行走；或者将伤者背起行走。如果伤者卧于地上，救护者可先让躺其一侧，用一只手紧握伤者肩部，另一只手抱其腿，用力翻身，使其伏于救护者背上，而后扶起来行走。

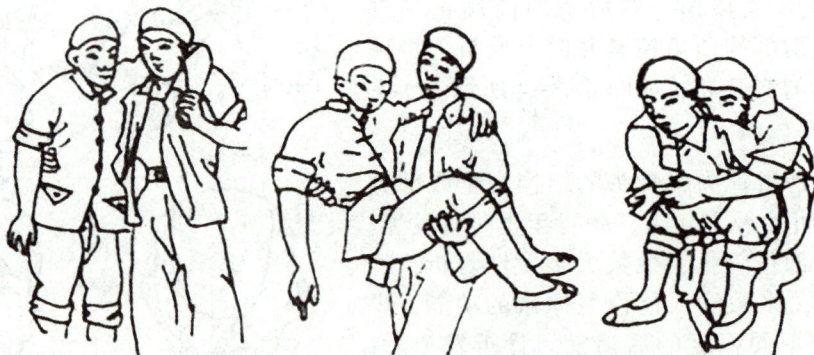

图 6-3-5　单人搬运示意图

（2）双人搬运（见图 6-3-6）。一人站在伤者头旁，两手插入伤者腋下，将其抱入怀内；另一人站在伤者两腿中间，托起伤者双腿，然后步调一致地前行。或者救护者两人手臂交叉，呈坐椅状，让伤者坐在手臂上，伤者的两臂搭在救护者的脖子上。

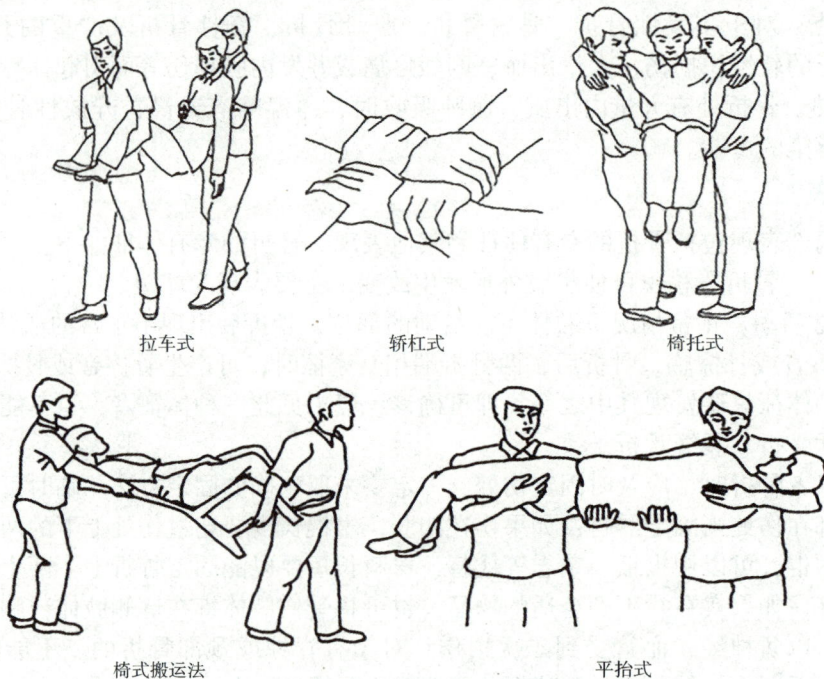

拉车式　　　　轿杠式　　　　椅托式

椅式搬运法　　　　平抬式

图 6-3-6　双人搬运示意图

▶ 二、劳动事故应急处置

在家庭生活中，某些突发的意外伤害和危重急症一旦处理不当，往往会使小伤变成重伤、小病变成大病；如果懂一些急救的常识，当身边的人发生意外时，就能有条不紊、分秒必争地对其加以救治与护理。

（一）烧烫伤

遇到烧烫伤时一定要保持冷静，应做到以下四点：

冲——迅速以流动的自来水冲洗，以快速降低皮肤表面热度（冲凉的时间越早越好）。

脱——冲洗后，再小心除去衣物，必要时可以用剪刀剪开衣服，并保留粘住的部分，尽量避免将水疱弄破。

盖——用清洁纱布覆盖。勿任意涂抹外用药或民间偏方，不要直接在受伤部位涂抹香油、酱油、牙膏等物品，因为它们并无任何治疗烫伤的作用，反而会增加医生治疗的困难。也不要涂抹紫药水等，因为这些物品着色重、不易清洗，会影响医生判断伤情。

送——除小烫伤自理外，最好送邻近的医院作进一步处理。如果去医院的路途比较遥远，途中应大量饮水。

（二）触电

发生触电后，立即切断电源或用木棒、竹竿等绝缘物把伤员拨开，脱离电源。若电线搭落在触电者身上或被压在身下，可用干燥的绳索、木棒等绝缘物作为工具，拉开触电者或排开电线，使触电者脱离电源。

如果触电者呼吸、心跳已经停止，在脱离电源后要立即将其移到通风较好的地方，解开其衣扣、裤带，保持其呼吸道通畅，然后进行人工呼吸，同时进行胸外心脏按压。触电的人可能出现"假死"现象，所以要长时间地进行抢救，而不应轻易放弃。

（三）溺水

溺水是游泳或摔入水坑、水井等常见的意外事故。溺水现场急救至关重要，应争分夺秒。在救护车没有赶到之前可以进行以下紧急处理：迅速将溺水者脱离溺水现场，并清除口、鼻异物，保持呼吸通畅。令溺水者头低位拍打背部，使进入呼吸道和肺中的水流出，但要注意时间不要长。如有呼吸抑制和心跳停止的情况，应该立刻进行人工呼吸。条件允许的话可以给其换上干的衣物，注意保暖。

（四）中暑

中暑是指因高温引起的人体体温调节功能失调，体内热量过度积蓄，从而引发神经器官受损。该病通常发生在夏季高温同时伴有高湿的天气。遇到高温天气，一旦出现大汗淋漓、神志恍惚时，要注意降温。如高温下发生有人昏迷的现象，应立即将昏迷人员抬放至通风阴凉处，浇凉水以降低昏迷者的体温，随后要持续监测体温变化，高烧 40 ℃ 左右持续不下的要马上送至医院进行液体复苏治疗，千万不可以为是普通中暑而小视，耽误治疗时间。

发现人员中暑后，要视不同的情况采取相应的措施：

（1）轻者要迅速到阴凉通风处仰卧休息，解开衣扣、腰带，敞开上衣。可服十滴水、仁丹等防治中暑的药品。

（2）如果患者的体温持续上升时，有条件的可以澡盆中用温水浸泡下半身，并用湿毛巾擦浴上半身。

（3）如果患者出现意识不清或痉挛，这时应保持昏迷体位，在通知急救中心的同时，注意保证呼吸道畅通。

（五）火灾

火灾是指在时间或空间上失去控制的燃烧。在各种灾害中，火灾是最经常、最普遍地威胁公众安全和社会发展的主要灾害之一。

逃生自救，需要技巧。时间就是生命，自救才能生存。在日常生活中，当我们遇到火灾时，我们先要学会自救，视具体情况采取不同的措施。

1. 湿毛巾堵口鼻，防止吸入烟雾

在火灾发生时往往会产生大量的浓烟，这些浓烟里含有大量的有害物质和粉尘颗粒，被吸入人体会引起窒息、中毒、昏迷等病况，使用湿毛巾捂住鼻子的主要目的就是防止过多地吸入这些有害物质和颗粒。

2. 第一时间逃离火灾现场

避开火势，果断迅速逃离火场。大火的燃烧往往会引起坍塌等情况，在火灾中，人们应该保持冷静的头脑，尽量远离火势，并迅速逃离火场，最大限度地确保生命安全。

3. 有效地寻找逃生的出路

如果不幸置身于火场，应该寻找可能的逃生出路，尽快逃离现场。

4. 趴在地上等待救援

如果人在防火门里，防火门监控系统在火灾发生后为了保证门里的安全已经将防火门关闭，并且身边有手机或电话一类的通信设备，应该第一时间发出求救信号，然后趴在地上等待救援。千万不要盲目地逃出防火门，这样可能会严重威胁到生命安全。

同时，遇到火灾时，我们要有良好的心理素质，保持镇静，不要惊慌，不盲目地行动，选择正确的逃生方法。在逃生的过程中，我们经常会碰到的错误如下：

（1）冒险跳楼逃生。发生火灾时，当选择的逃生路线被大火封死，火势愈来愈大、烟雾愈来愈浓时，人们就很容易失去理智。此时，切记不要跳楼、跳窗，而应另谋生路，万万不可盲目采取冒险行为。

（2）从高处往低处逃生。特别是高层建筑一旦失火，人们总是习惯性地认为，只有尽快逃到一层，跑出室外，才有生的希望。殊不知，盲目朝楼下逃生，可能自投火海。因此，在发生火灾时，有条件的可登上房顶或在房间内采取有效的防烟、防火措施后等待救援。

（3）向光亮处逃生。在突遇火灾时，人们总是习惯向着有光、明亮的方向逃生，而这时的火场中，光亮之地正是火魔肆无忌惮地逞威之处。

（4）盲目跟着别人逃生。当人突然面临火灾威胁时，极易因惊慌失措而失去正常的判断思维能力，第一反应就是盲目跟着别人逃生。常见的盲目追随行为有跳窗、跳楼，逃（躲）进厕所、浴室、门角等。克服盲目追随的方法是平时要多了解与掌握一定的消防自救与逃生知识，避免事到临头没有主见。

（5）从进来的原路逃生。这是许多人在火灾中逃生会发生的行为。因为大多数建筑物内部的道路出口一般不为人们所熟悉，一旦发生火灾时，人们总是习惯沿着进来的出入口和楼道进行逃生，当发现此路被封死时，已失去最佳逃生时间。因此，当进入一幢新的大楼或宾馆等场所时，一定要对周围的环境和出入口进行必要的了解与熟悉，以防万一。

▶ 三、防疫卫生知识

（一）日常生活中防疫注意事项

1. 保持良好的个人卫生习惯

咳嗽或打喷嚏时用纸巾掩住口鼻；勤洗手，使用肥皂或洗手液并用流动水洗手，用一次性

纸巾或干净毛巾擦手；不用脏手触摸眼睛、鼻或口；双手接触呼吸道分泌物后应立即洗手；家庭成员不共用毛巾、水杯等；不随地吐痰，口鼻分泌物用纸巾包好弃置于有盖垃圾箱内。

2. 增强体质和免疫力

均衡饮食，适量运动，作息规律，避免过度疲劳。

3. 保持环境清洁和通风

每天开窗通风数次不少于 3 次，每次 20～30 分钟。户外空气质量较差时，通风换气频次和时间应适当减少。

4. 避免多人聚会

尽可能避免与有呼吸道疾病症状（如发热、咳嗽或打喷嚏等）的人密切接触；尽量避免到人多拥挤和空间密闭的场所，如必须去应佩戴口罩。

（二）正确洗手

1. 洗手时机

洗手的时候主要有：传递文件前后；在咳嗽或打喷嚏或双手接触呼吸道分泌物后；在制备食品之前、期间和之后；吃饭前；上厕所后；手脏时；在接触他人后；接触过动物之后；外出回来后。

2. 洗手的方法

七步洗手法是医务人员进行操作前的洗手方法，用七步洗手法清洁自己的手，清除手部污物和细菌，预防接触感染，减少传染病的传播（见图 6-3-7）。

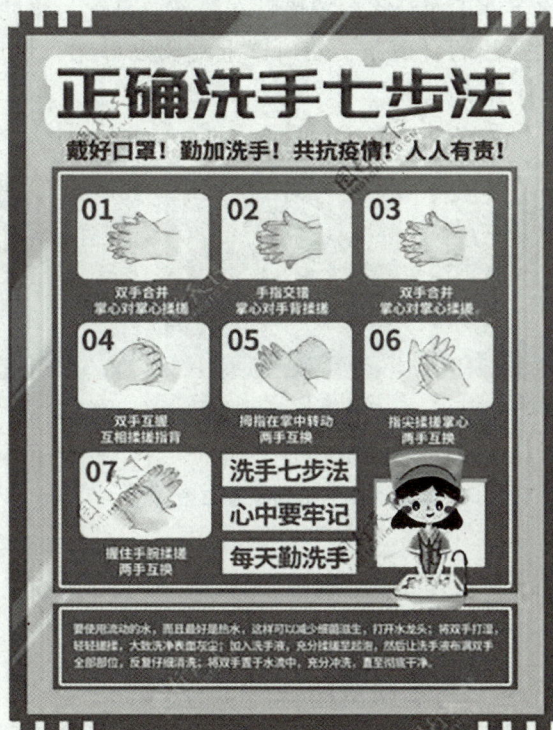

图 6-3-7　洗手七步法示意图

第一步（内）：洗手掌，流水湿润双手，涂抹洗手液（或肥皂），掌心相对，手指并拢相互揉搓；

第二步（外）：洗背侧指缝，手心对手背沿指缝相互揉搓，双手交换进行；

第三步（夹）：洗掌侧指缝，掌心相对，双手交叉沿指缝相互揉搓；

第四步（弓）：洗指背，弯曲各手指关节，半握拳把指背放在另一手掌心旋转揉搓，双手交换进行；

第五步（大）：洗拇指，一手握另一手大拇指旋转揉搓，双手交换进行；

第六步（立）：洗指尖，弯曲各手指关节，把指尖合拢在另一手掌心旋转揉搓，双手交换进行；

第七步（腕）：洗手腕、手臂，揉搓手腕、手臂，双手交换进行。

（三）戴口罩

1. 口罩的选择

（1）一次性医用口罩，连续佩戴 4 小时更换，污染或潮湿后立即更换。

（2）N95 医用防护口罩，连续佩戴 4 小时更换，污染或潮湿后立即更换。

（3）棉布口罩、海绵口罩均不推荐。

2. 口罩的佩戴

（1）分清楚口罩的正面、反面、上端、下端。医用口罩颜色深的是正面，正面应该朝外；颜色比较浅的一面是反面，反面正对脸部；医用口罩上有鼻夹金属条，有金属条的部分应该在上方。

（2）戴口罩前应先将手洗干净，将口罩横贴在脸部口鼻上，将两端的绳子挂在耳朵上。

（3）用双手压紧鼻梁两侧的金属条，使口罩上端紧贴鼻梁，然后向下拉伸口罩，使口罩不留有褶皱，最好覆盖住鼻子和嘴巴。

口罩的佩戴方法如图 6-3-8 所示。

1. 将口罩平展，双手平拉推向面部，长鼻梁条在上方。

2. 用指尖由内向外按压鼻梁条，顺着鼻梁形状向两侧移动。

3. 将口罩上下完全展开，使其全面遮盖口鼻，贴合面部。

图 6-3-8　正确佩戴口罩方法

知识拓展

牢记新冠防疫"三字经"：
戴口罩、勤洗手、多通风、少聚集！

2020 年新冠疫情突然暴发，每个人都是自己的健康第一责任人，新冠疫情常态化防控人人有责，牢记戴口罩、勤洗手、多通风、少聚集、"一米线"、用公筷的个人防护措施，让新冠防控"三字经"深入人心。疫情防控，人人有责。外防输入、内防反弹，我们仍在路上。让我们一起学习健康知识，做好健康监测，增强社会责任感，科学防控，不过虑，不松懈。

课堂活动

紧急救助——心肺复苏

心肺复苏是急救知识中非常重要的内容。请分小组进行心肺复苏演练，每组 6~8 人，每组同学依次轮流对医学假人实施心肺复苏。每组活动时间为 20 分钟。活动结束后，请每小组选出学生代表分享自己实施心肺复苏演练后的感受。同时，让动作最标准的小组进行演示，查找其他小组在实施心肺复苏时存在的问题。

课后作业思考

1. 常用的急救措施有哪些？各自的基本操作要领有哪些？
2. 日常生活中，我们遇到火灾应该怎么办？
3. 日常防护措施有哪些？

第七章 生产实践劳动

1. 了解生产性实习实训、三大产业、创新创业的基本内容;
2. 掌握社会生产劳动的一般技能和国家针对大学生创业的支持政策;
3. 有积极提升劳动能力的意识和行动,参加学校或企业组织的生产性实习实训、参与创新创业项目。

课程导入 ▶▶▶▶ ▶▶▶▶

纸上得来终觉浅

"纸上得来终觉浅,绝知此事要躬行"出自陆游的《冬夜读书示子聿》一诗,意思是说,从书本上得到的知识毕竟比较肤浅,要透彻地认识事物还必须亲自实践。职业院校的人才培养目标是技能型人才。因此,我们在掌握基本理论知识的同时,还应从事大量的社会实践活动,以便快速提升自身的专业技能。

【想一想】

你参加过哪些生产实践活动? 有哪些收获?

第一节 与专业相结合的实习实训生产实践

学习目标

1. 了解生产性实习实训的概念、意义和基本模式;
2. 联系专业特点了解生产性实习实训要求,参加学校或企业组织的生产性实习实训。

劳模风采

心若止水
——在超薄钢板上"绣花"的大国工匠张冬伟

张冬伟,生于 1981 年 12 月,大专学历,现为沪东中华造船(集团)有限公司总装二部围护系统车间电焊二组班组长,高级技师,主要从事 LNG(液化天然气)船的围护系统二氧化碳焊接和氩弧焊焊接工作。

张冬伟先后荣获 2005 年度中央企业职业技能大赛焊工比赛铜奖，2006 年第二十届中国焊接博览会优秀焊工表演赛一等奖，2012 年中船集团公司"技术能手"称号，2013 年度"全国技术能手"称号。在公司举办的职工技能比赛中，他也屡次夺得桂冠，并带出了一批工人技术骨干，成为公司的技术骨干人才。张冬伟，是中国广大"造船工匠"的典型人物，是造船人传承"工匠精神"的集中体现，是中国工业产业技术人才队伍的先进代表。

梅花香自苦寒来

1998 年，张冬伟进入沪东中华所属的高级技工学校，学的是电焊专业。在学校期间，由于成绩优异，他就被学校派出去参加了在上海船厂船舶有限公司举办的技术交流活动。

2001 年，张冬伟从技校毕业，进入了沪东中华。他非常幸运，一进厂，就遇到名师——沪东中华最年轻的焊接高级技师、专家型人才、全国技术能手和中央企业劳动模范秦毅。当时，他和其他刚进入沪东中华的技校毕业生一起，被厂里组成一个小组，由师傅秦毅带着，到船上去工作。

工作后没多久，张冬伟便以其出色的表现获得了一个参加集训的机会。集训十分辛苦，有时为了干好一个焊接活，需要在钢板上连续工作七八个小时。在集训时，他亲身目睹了秦毅单面焊双面成型的高超技艺。"当时我就感觉到焊接中的学问不少，很多东西自己还不知道，书本上也没有看到过，我就对自己说要努力向师傅学习。"他回忆说。事实上，在集训过程中，他作为一个新人，就是凭着"勤奋、认真、好学"的精神给秦毅和其他人留下了深刻的印象。更让张冬伟大开眼界的是，这段时间沪东中华正在积极备战国内首艘 LNG 船建造所进行的大量高难度焊接技术培训。

LNG 船是国际上公认的高技术、高难度、高附加值的"三高"船舶，被誉为"造船工业皇冠上的明珠"，其建造技术只有欧美和日韩等发达国家的极少数船厂掌握。研发建造 LNG 船是沪东中华人响应党中央关于早日把我国建设成为世界第一造船大国的号召，为实现中船集团公司"五三一"战略目标而进行的一次自我挑战，它对于推动和保障国家能源战略的实施，具有极为重要的意义。张冬伟是中国首批 LNG 船建造者之一，他从开始接触 LNG 船开始就立志为中国 LNG 船建造事业作出贡献。在建造过程中，张冬伟发扬了沪东中华"团结拼搏，争创一流"的企业精神，甘于吃苦，勇于奉献，用自己的聪明才智解决了一个又一个难题，为 LNG 系列船的顺利建造作出了突出贡献。

作为 LNG 船核心的围护系统，焊接是重中之重。承接 LNG 船对沪东中华来说是一个巨大的考验，国内没有先例可循，国外对我们又实行技术封锁，只能一步步在摸索中艰难前行。作为一名"80 后"焊工，张冬伟的技术水平和经验不比老师傅差，甚至要高出许多，因为他对焊接的喜爱促使他不断地用心去研究和创新，围护系统建造的高难度和高技术正需要他这样的人才。面对肩上的重担，张冬伟不断地磨砺自己，用高标准要求自己。围护系统使用的殷瓦大部分为 0.7 毫米厚的殷瓦钢，殷瓦焊接犹如在钢板上"绣花"，对人的耐心和责任心要求非常高，而他能够耐得住寂寞，潜心从事焊接工艺研究，不断地磨炼自己的心性，培养自己的专注度，短短几米长的焊缝，需要焊接五六个小时，如果不能沉下心来，根本就不能保质保量完成任务。

围护系统建造首先涉及的是基座连接件 MO5 自动焊焊接。由于现有加工精度和造船技术与国外存在较大差异，原本在总组时焊接的连接件，要在大舱成型后才能焊接，这样原先焊后再背面涂装油漆的工艺被彻底推翻。为保证围护系统的顺利建造，张冬伟与技术人员放弃了休息时间，日夜埋头图纸堆中，经过不懈攻关完成了 MO5 的工艺改动实验任务，并得到了船东和领导的一致好评。LNG 船液货舱围护系统液穹区域、不锈钢托架是非常重要的支撑部件，与船体的安装间隙在 4~7 毫米，要求单面焊接双面成形，变形要求控制在 2 毫米以内，由于要接触温度低于-40 ℃以下，采用普通的二氧化碳工艺，低温力学性能达不到 TIG 加丝焊要求，因托架的特殊结构，张冬伟只做了一些专用的背面保护工袋，以避免氧化，焊接时温度严格控制在 15 ℃以下，有效地减小了变形与合金元素的烧损。实验取得了成功，得到了专利方法国 GTT 公司和美国 ABS 船级社的认可，并用于 LNG 船实船生产当中，收到了良好的成效。

张冬伟在生产过程中非常注意经验的积累总结，国内没有现成的作业标准，他就不断摸索完善各类焊接工艺，先后参与编写了《14 万立方米 LNG 船殷瓦管十字连接件焊接工艺研究》《LNG 船殷瓦手工焊自动焊焊接工艺》《端部列板操作指导书及修补工艺》以及《MO2 自动焊与 MO3 凸缘螺柱自动焊产生的主要缺陷和修补方案》等作业指导书，为提高 LNG 船生产效率，保证产品质量发挥了积极作用。

国之大者在于人。随着各项荣誉接踵而至，外界的诱惑也纷至沓来。但他面对诱惑从不为所动，始终保持着对企业的忠诚。他的师傅是"80 后"全国技术能手秦毅，秦毅手把手带教出了他，也教会他要去无私地帮助别人，也同样用高尚的品格教会了他做人的道理。

坚持到底的魔力

这些年来，张冬伟从一名技校学生成长为顶尖的焊接技能人才，遇到了很多的困难和挑战。但是，他从来没有退缩过。"不管面对再大的阻碍，我都没有想到过放弃，一次都没有。"其实，在 2005 年参与国内首艘 LNG 船建造的时候，张冬伟才不过 24 岁，几个小时、十几个小时，就这样守在殷瓦板上，持续不断地进行焊接。正是那种不怕困难、坚持到底的信念，让张冬伟具有了远超过其年龄的耐心和韧性，也让他在这个原本十分艰苦和枯燥的岗位上，找到了很大的乐趣。

张冬伟坦言，造船行业与其他行业相比，并不光鲜，相反十分艰苦，来自外界的诱惑很多也很大，不过，坚持到底是他一贯的作风，他不会被外界的繁华所动。而且，他从不到 20 岁就进入沪东中华技校，毕业后就在沪东中华工作，进厂后一直跟着师傅秦毅，此后一直参与建造 LNG 船，这些年来，是秦毅手把手地教他学技术，是沪东中华给了他参与建造高端产品的舞台，对秦毅、对沪东中华，他早已经有了深厚的感情，难以割舍。

10 余年来，张冬伟以坚定的信念和朴实的作风，为企业的发展默默耕耘，用实际行动践行着自己的青春誓言，他要尽自己最大的努力提升技能水平，也要将自己的知识和经验毫无保留地传授给身边的同事，以培养更多的技术能手。通过师徒带教的形式，自 2005 年至 2015 年的 10 年间，张冬伟累计指导培训了焊接最高等级殷瓦 G 证、SP3/SP4/SP7 等手工焊证，及 MO1~MO8 氩弧焊自动焊工 40 余人，殷瓦拆板工 6 人，涉及围护系统焊接的各个焊接种类，满足了 LNG 船围护系统建造的各项需求，并先后带出了 30 余名熟练掌握多种焊接类型的复合型殷瓦焊工，其中 2 名已经是班组长，其余均为车间的技术骨干。

问题导学

"千金在手，不如一技傍身，任何时代和社会都需要有真知识和真技能的人。"你认为怎样才能获取真知识和真技能，并将知识和技能融为一体？

▶ 一、实习实训的概念和模式

实习、实训是大学生校园生活的重要组成部分，指学生在校期间，到单位的具体岗位上参与实践工作的过程。《职业学校学生实习管理规定》中对实习的定义为："由职业学校安排或者经职业学校批准自行到企（事）业等单位进行专业技能培养的实践性教育教学活动，包括认知实习、跟岗实习和顶岗实习等形式。"实训主要指在学校控制状态下，按照人才培养的目标，对学生进行职业能力训练的教学过程。实训的目的主要是在实训环境下将学生的实操能力在理论的引导下锻炼并培养出来。实训是培养高技能型人才的关键教学环节，是对学生进行专业岗位技术技能培训与鉴定的重要实践教学形式之一。学生通过实训能够验证自己的职业抉择，了解目标工作内容，学习工作及企业标准，找到自身职业的差距，实现全面提高职业素质，最终达到学生满意就业、企业满意用人的目的。

（一）校内实习实训培养模式

学校根据课程培养目标、专业大纲计划，制定出实训课程要求。学生在所学专业内必须掌握多门课程知识，掌握多种技术技能，能够在特定的时间内进行装调、维修，做出成品等。学生通晓多方面的知识和技能，以后面对多种岗位需求能够短时间培训上岗，能力强的学生还能成为企业技术骨干。但在校实训也有局限性，对学生来说模拟的实训和真实的实习有不同的感受。

讨论思考

实习是大学生提前熟悉社会、工作的重要途径，学校也会为学生的实习情况作出一定的评价。你知道实习考核的主要内容是什么吗？

（二）订单式培养模式

许多企业出于用工的迫切和需求量，也为了省却培训员工的时间和场地，与学校进行订单式培养。学校按照企业用工的标准对学生进行理论和实践技能的培训，针对性和专业性非常强，学生按照标准完成课业后能够直接上岗进行实际工作。此模式需要学生和企业签订合同，即毕业后必须在企业工作几年，企业也会给在校的优秀学生颁发奖学金甚至学费，以此期望优秀的学生毕业后成为企业员工。

（三）合作式培养模式

企业需要新鲜力量的注入，需要研发新产品、新技术、新设计，对技术工人的要求是年轻，有活力、肯学习、有冲劲，不会被习惯性、依赖性所影响。学校也需要企业给学生进行毕业设计、毕业实习等提供岗位、机会，为学生的毕业增加砝码。合作式培养满足了企业、学校、学生三方面的需求，是很好的培养模式。

（四）企业实训模式

企业实训一般安排学生毕业前半年到一年的时间，在企业实习，巩固自己的理论知识，锻炼自己的技能，在企业了解企业的产品、对员工的要求、企业的文化及在企业工作升职的一些条件和福利，对自己将来的职业规划有初步的想法，并且能够在企业环境中转变自己的身份。企业也需要吸收新鲜力量提高自己的技术线水准，吸纳创新力量的融入。企业接纳学生，展示自己的企业内涵，也是一种向社会宣传自己的方式。

（五）工学交替模式

工学交替模式是学生在校学习—企业锻炼—回到学校学习，一般安排在学生毕业前两年。在企业实训期间学生是双重身份，既是学生又是职员。在企业中，把自己所学的知识和技能应用于实际岗位，在企业期间他们可以学到很多在学校学不到的东西，也可以把自己的一些新东西带入企业，当他们再次回到学校时思想会发生一些转变，会让自己更加有紧迫感。

（六）自主创业模式

自主创业一般是学生毕业前半年到毕业后一年学生自己进行的创业。

知识拓展

顶岗实习注意事项

1. 有一个良好的态度

态度在工作中起着至关重要的作用，没有一个好的态度，就很难有一个好的结果。一个好的态度自然会有好的表现，同时也能学到更多的知识。另外，还要严格遵守实习企业的各项规章制度，服从实习企业的管理。

2. 树立乐观积极的心态

在顶岗实习时，有时候只看到企业光鲜亮丽的一面，往往对自己和实习企业期望过高，对基层工作的艰苦以及严格的企业规章制度缺乏充足的心理准备，在企业从事具体的一项工作，与心中所想的理想状态可能存在差距，所以这时候就更应该树立乐观积极的心态，从心理上适应顶岗实习，才能更好地让自己从行动上去适应实习的环境。

3. 学会处理好人际关系

在企业实习的过程中，人际交往范围扩大，人际关系发生了一些变化。原来在学校的师生、同学关系，随着我们步入社会，师生关系会增添一层同事关系、上下级关系、客我关系。步入职场应该学会处理复杂的人际关系，人际关系处理得当，会让自己在工作中感到轻松以及拥有好的心情。

4. 提升自己的能力和素质

现代企业比较注重员工的沟通能力、应对突发事件的能力、独立处理工作的能力，在实习期间也应该有意识地锻炼各方面的能力，训练和提升服务技能。这也是在顶岗实习中比较重要的内容。

▶ 二、新时代大学生参与实习实训的主要途径

（一）科研院所实习实训

部分学校会组织学生赴合作单位科研院所开展短期实习，在院所导师、研究生的指导下聆听院士、学者所做的科普报告、院所介绍，参观实验室，参加组会，协助处理研究院所日常工作。特点是时间短，组织难度相对较小，适合低年级在校生，易于较大规模实施。

（二）企业公司实习实训

为增强大学生的实践能力、创新精神和社会责任感的培养，学校通常会组织大学生到企业进行短期实习实训，一般在一个月以内，主要目的是深化课堂教学，让学生了解社会、接

触生产实际，获取、掌握生产现场相关知识。同时目前很多企业会招聘实习岗位，大学生可利用假期、周末等空闲时间申请到企业实习加以锻炼提升自己。

（三）创新创业实习实训

近年来，国家为支持大学生创新创业出台了一系列的政策措施，但是大学生在创业过程中最缺乏的不是资金，而是知识和技能，只有具备一定的能力才有成功的可能。目前很多高校设立创新创业实训中心，开设创新创业课程，以引领、扶持大学生创新创业为核心，通过组织大学生参加创业大赛、项目模拟等方式增强学生的认知感和创业意识，对大学生创新创业能力进行培养。

（四）政府部门、事业单位见习

为促进就业、增强大学生的实践能力，各地市政府机关事业单位常在暑期、寒假组织大学生见习活动。通过实践，让大学生将理论知识在实践中得到验证，培养灵活运用知识的能力，增加社会接触，扩充知识面，为毕业后顺利融入社会打下坚实的基础。

课后作业思考

你选择实习实训的时候比较看重什么？为什么？

第二节　社会生产劳动实践

学习目标

1. 了解我国的农业、工业和服务业，对我国三大产业现代化发展有一定的了解；
2. 掌握社会生产劳动的一般技能；
3. 有积极提升劳动能力的意识和行动。

劳模风采

黄旭华，中国工程院院士，中国第一代攻击型核潜艇和战略导弹核潜艇总设计师，被誉为"中国核潜艇"之父。正是他带领着我国一批科研人员隐姓埋名，刻苦攻坚，让中国人有了一柄不再受人威胁的"利剑"。2019年9月17日，国家主席习近平签署主席令，授予黄旭华"共和国勋章"。

1926年，黄旭华出生于广东海丰县。1958年，我国核潜艇工程正式立项，黄旭华秘密赴京，被任命为核潜艇研制总工程师。此后30年，他始终没有告诉家人工作内容，外界亲友更是完全不知道他在哪儿，在做些什么。唯一的联系方法就是一个编号为145的内部信箱。直到2013年他的事迹逐渐"曝光"，亲友们才得知原委。

1988年南海深潜试验，黄旭华曾顺道探视老母，95岁的母亲与儿子对视却无语凝噎。此时距离他们母子分别已有30年，62岁的黄旭华也已双鬓染上白发。黄旭华的父亲到去世都不知道自己的儿子在做什么。在黄旭华和所有工程师的共同努力下，1970年，中国第一艘鱼雷攻击型核潜艇下水。1974年8月1日，中国第一艘核潜艇被命名为"长征一号"，正式列入海军战斗序列。至此，中国成为世界上第五个拥有核潜艇的国家。

在科研试验过程中，黄旭华经常身先士卒。国外的技术封锁加大了研发的困难程度，黄旭华带领设计人员完成了比常规流线型潜艇水下阻力更小的水滴形潜艇，同时解决了核潜艇的操纵性问题。经过反复计算、分析、研究，通过调整核潜艇内设备布局，黄旭华团队解决了65吨大陀螺的问题，为潜艇节省了空间，而且摇摆角、纵倾角、偏航角、升沉都接近零。

1988年，某新型号的潜艇在研制最后阶段必须进行极限深度的深潜试验。深潜试验风险很大，任何一条焊缝，一条管道，一个阀门，若承受不起海水压力，都会造成艇废人亡。黄旭华不顾劝阻，执意要求一起进艇下潜。如今，中国核潜艇已经劈波斩浪，遨游在深蓝的大洋之中，为保卫祖国和世界和平发挥了极为重要的作用。

问题导学

社会生产实践中职业分工多种多样，你对自己的未来职业有规划吗？

▶ 一、社会生产与产业

社会生产
劳动实践

（一）社会生产的概念和意义

社会生产是指人们创造物质财富和精神财富的过程。社会生产的目的是满足人们物质文化生活的需要。社会需要是指整个社会在生产和再生产过程中对社会财富的需求。一般来说，在社会生产与人类需要的矛盾中，人类需要决定社会生产的目的，是发展生产的动因和归宿，社会生产必须同人类需要相适应；社会生产状况和水平决定人类需要的满足方式和程度，制约和影响人类需要的变化。

社会生产是社会存在和发展的基础。社会生产的不断发展，就可以为人们提供越来越多的产品，不仅满足了人们的衣、食、住、行、用等经济生活的物质需要，剩余的产品还能为人们提供物质基础，使其有休闲时间去从事经济活动以外的其他各种社会活动。

（二）产业

产业随着社会的发展，社会分工和生产力不断发展而产生，并随着社会分工的发展而发展。

20世纪20年代，国际劳工局最早对产业做了比较系统的划分，即把一个国家的所有产业分为初级生产部门、次级生产部门和服务部门。后来，许多国家在划分产业时都参照了国际劳工局的分类方法。第二次世界大战以后，西方国家大多采用了三次产业分类法。

在我国，产业的划分是：第一产业为农业，包括农、林、牧、渔各业；第二产业为工业，包括采掘、制造、自来水、电力、蒸汽、热水、煤气和建筑各业；第三产业为流通和服务两部分，共4个层次。

（1）流通部门，包括交通运输、邮电通信、商业、饮食、物资供销和仓储等。

（2）为生产和生活服务的部门，包括金融、保险、地质普查、房地产、公用事业、居民服务、旅游、咨询信息服务和各类技术服务等。

（3）为提高科学文化水平和居民素质服务的部门，包括教育、文化、广播、电视、科学研究、卫生、体育和社会福利等。

（4）为社会公共需要服务的部门，包括党政机关、社会团体及军队和警察等。

（三）文化创意产业

在经济全球化背景下产生了以创造力为核心的新兴产业，强调一种主体文化或文化因素依靠个人（团队）通过技术、创意和产业化的方式开发、营销知识产权的行业，这就是文化创意产业。

文化创意产业主要包括广播、影视、动漫、音像、传媒、视觉艺术、表演艺术、工艺与设计、雕塑、环境艺术、广告装潢、服装设计、软件和计算机服务、出版业、旅游、博物馆和美术馆、遗产和体育等方面的创意群体。

▶ 二、工业

1. 工业文化

工业是强国之本。历史上，中国也曾有过工业文明的萌芽，譬如四大发明，譬如瓷器、造船航海、都江堰水利工程等，甚至曾孕育出令当时的世界其他国家都望尘莫及的工匠精神。战国时期的曾侯乙编钟，由大大小小 65 件青铜器组成，每一件青铜器都能发出不同的声音，组合起来成为我国历史上最为庞大的乐器，对每一细节的准确处理、高超的铸造技术和良好的音乐性能，改写了世界音乐史。

北宋徽宗时烧制的汝瓷，其釉如"雨过天晴云破处，千峰碧波翠色来"，烧造时，青色的深浅随温度的高低变化，需要匠人对数十种天然石料中微量元素成色的精湛把控，其釉色在不同光照和角度下会发生变化，精巧之处，后世已难以仿制。

工业文化是伴随着工业化进程而形成的，渗透到工业发展中的物质文化、制度文化和精神文化的总和，对推动工业由大变强具有基础性、长期性、关键性的影响。工业文化在工业化进程中衍生、积淀和升华，时刻影响着人们的思维模式、社会行为及价值取向，是工业进步最直接、最根本的思想源泉，是制造强国建设的强大精神动力，是打造国家软实力的重要内容。

2. 工业的分类

将工业划分为许多工业部门是工业最基本的分类方法。我国一般将工业划分为 12 个部门，即冶金工业、电力工业、煤炭和炼焦工业、石油工业、化学工业、机械工业、建筑材料工业、森林工业、食品工业、纺织、缝纫、制革工业及其他工业。

按照产品的性质，我国一般将工业划分为轻工业和重工业。轻工业主要是提供生活消费品和制作的工业。重工业是指为国民经济各部门提供物质技术基础的主要生产资料的工业，其包括采掘（伐）工业，向国民经济各部门提供基本材料、动力和燃料的工业，加工工业。

根据劳动力、资本和技术三种生产要素在各产业中的相对密集度，把产业划分为劳动密集型、资本密集型和技术密集型产业。劳动密集型产业指进行生产主要依靠大量使用劳动力，而对技术和设备的依赖程度低的产业。资源密集型工业指在生产要素的投入中需要使用较多的土地等自然资源才能进行生产的工业。技术密集型产业指在生产过程中，对技术和智力要素依赖大大超过对其他生产要素依赖的产业。

3. 技术工人的素质

（1）良好的思想素质。良好的思想素质包括文明礼仪、遵纪守法、较强的与人沟通能力、爱岗敬业、合作互助等。"爱岗敬业"即热爱本职工作、热爱自己的工作岗位。这一点无论何时都需要，否则，既不利于企业发展也不利于个人出成绩。"合作互助"是社会化大生产条件下生产程序、生产工艺等生产特点所决定的，它反映在人身上就是通常所说的"团队精神""凝聚力"。

（2）多方面的技术技能。现代企业用人机制非常灵活，希望以尽可能少的人力创造尽可能多的效益。所以，复合型技工或一专多能的技工倍受企业欢迎。从个人角度看，多一样技能就多一条就业门路，所谓"艺多不压身"。

（3）继续学习的能力。新技术的不断更新，使机械设备的操作性越来越智能化，操作过程中的知识含量将越来越高，比如车床要用计算机控制、绘图要在电脑上完成等。这就要求工人要不断地主动学习新技术，工人对新技术的掌握取决于其继续学习的能力。可以预见，劳动者在竞争中能否脱颖而出，其持久的继续学习能力将占据主导地位。

▶ 三、服务业

服务业是指为社会生产和销售服务产品的生产部门和企业，包括代理业、旅店业、饮食业、旅游业、仓储业、租赁业、广告业和其他服务业。

服务业可分为生产性服务业和生活性服务业。其中，生产性服务业又称为服务产业，是以增值为目的提供服务产品的生产部门和企业的集合。生活性服务业又称为服务事业，是为满足社会公共需要提供服务产品的机构和单位的集合。由于服务产品具有非实物性、不可储存性和生产与消费同时性等特征，构建高效的生产服务体系和优质的生活服务体系是服务业面临的重要任务。

▶ 四、掌握精湛的专业技能

1. 国家职业的分类演变

职业分类，是指按一定的规则、标准及方法，按照职业的性质和特点，把一般特征和本质特征相同或相似的社会职业，分成并统一归纳到一定类别系统中去的过程。职业分类不仅是形成产业结构概念和进行产业结构、产业组织及产业政策研究的前提，同时也是对劳动者及其劳动进行分类管理、分级管理及系统管理的需要。

1986年，国家统计局和国家标准局首次颁布了中华人民共和国国家标准《职业分类与代码》（GB 6565—86），并启动了编制国家统一职业分类标准的宏大工程。这次颁布的《职业分类与代码》将全国职业分为8个大类、63个中类、303个小类。

20世纪90年代中期，随着社会主义市场经济体制的逐步建立和科学技术的迅猛发展，我国的社会经济领域发生了重大变革，这对人力资源管理提出了新的要求。1999年5月正式颁布《中华人民共和国职业分类大典》（以下简称《大典》），这是我国第一部对职业进行科学分类的权威性文献。《大典》科学地、客观地、全面地反映了当前我国社会的职业构成，填补了我国长期以来在国家统一职业分类领域存在的空白，具有深远的意义和广泛的应用领域。《大典》把我国职业划分为由大到小、由粗到细的四个层次：大类（8 个）、中类（66 个）、小类（413 个）、细类（1838 个）。细类为最小类别，亦即职业。

8 个大类分别是：

第一大类：国家机关、党群组织、企业、事业单位负责人，其中包括 5 个中类，16 个小类，25 个细类；

第二大类：专业技术人员，其中包括 14 个中类，115 个小类，379 个细类；

第三大类：办事人员和有关人员，其中包括 4 个中类，12 个小类，45 个细类；

第四大类：商业、服务业人员，其中包括 8 个中类，43 个小类，147 个细类；

第五大类：农、林、牧、渔、水利业生产人员，其中包括 6 个中类，30 个小类，121 个细类；

第六大类：生产、运输设备操作人员及有关人员，其中包括 27 个中类，195 个小类，1119 个细类；

第七大类：军人，其中包括 1 个中类，1 个小类，1 个细类；

第八大类：不便分类的其他从业人员，其中包括 1 个中类，1 个小类，1 个细类。

由于经济社会的不断发展，我国社会职业构成发生了很大变化。为适应发展需要。2015 年 7 月 29 日，国家职业分类大典修订工作委员会召开全体会议，审议、表决通过并颁布了新修订的 2015 版《中华人民共和国分类大典》（以下简称《大典》）。2015 年新版《大典》职业分类结构为 8 个大类、75 个中类、434 个小类、1481 个职业。与 1999 版相比，维持了 8 个大类，增加了 9 个中类和 21 个小类，减少了 547 个职业。

2020 年 3 月，人力资源和社会保障部等部门联合向社会发布了 16 个新职业，分别是：智能制造工程技术人员、工业互联网工程技术人员、虚拟现实工程技术人员、连锁经营管理师、供应链管理师、网约配送员、人工智能训练师、电气电子产品环保检测员、全媒体运营师、健康照护师、呼吸治疗师、出生缺陷防控咨询师、康复辅助技术咨询师、无人机装调检修工、铁路综合维修工、装配式建筑施工员。这是自 2015 年版《大典》颁布以来发布的第二批新职业，目前遴选确定了智能制造工程技术人员等 16 个新职业信息，调整变更了 11 个职业信息。

古语云："三百六十行，行行出状元。"社会发展到今天，各行各业的开枝散叶，也渐渐颠覆了大众所认知。现如今，纵观社会，已不只是 360 行了。各行各业都有自己所需的专业技能，专业技能主要是指从事某一职业的专业能力。比如说你去应聘教学工作岗位，对方最看重你是否具备最基本的教学能力。

学科分类越来越精细，职业品类越来越多，所带来的必然是对技术的要求越来越高、越来越精。

2. 社会需要高技能人才

习近平总书记强调，技术工人队伍是支撑中国制造、中国创造的重要基础，对推动经济高质量发展具有重要作用。要健全技能人才培养、使用、评价、激励制度，大力发展技工教育，大规模开展职业技能培训，加快培养大批高素质劳动者和技术技能人才。

围绕十大振兴产业、新兴战略性产业和经济社会发展急需紧缺行业及领域，技能人才的支撑作用日益显著。目前，我国有技术工人（技能劳动者）近 1.7 亿人，其中高技能人才不到 4800 万人，供需矛盾突出。数据显示，近些年高技能人才求人倍率维持在 2 以上的水平。人力资源和社会保障部发布的 2020 年第一季度部分城市公共就业服务机构市场供求状况分析显示，尽管受季节性因素和新冠肺炎疫情叠加影响，市场用人需求和求职人员数量同比收缩，但各技术等级或专业技术职称的岗位空缺与求职人数的比率均大于 2.0。

以上数据告诉我们，目前中国社会的发展迫切需要高技能型人才。

3. 如何掌握精湛的专业技能

在技能学习的道路上，只有精益求精、积极进取，不断追求卓越，才会技艺超群。具体来说，可以这样做：立足本职，面向未来，对自己的专业和技能充满热情和信心；刻苦钻研、勤学苦练、持之以恒。例如，海南船艇机电工罗永峰，不仅自学了 20 余门专业课程，整理出 30 余万字的学习笔记。还结合检修实践，逐一熟悉掌握了船艇上电子元件、机器设备的工作原理，反复琢磨和学习，才收获了丰硕的成果。高技能人才的"高"不仅体现在高超技艺和精湛技能上，而且还体现在能够通过进行创造性劳动，为社会作出巨大贡献上。

4. 精湛的专业技能，将人生推向辉煌

精湛的专业技能也是生涯建构不可或缺的准备要素，精湛的专业技能将会成就你人生的辉煌，实现人生的价值。

无论你从事什么职业，都应该下决心掌握自己职业领域的所有问题，比别人更精通。如果你是工作方面的行家里手，精通自己的全部业务，就能赢得良好的声誉，也就拥有了成功的秘密武器。

讨论思考

"90 后""00 后"都去猪场养猪了

养猪自古以来便是农民重要的谋生方式之一。现代农业中，"公司+农户"的养猪模式背后实际是资源的整合，大规模生产朝着机械化、自动化、智能化方向发展，还可以与人工智能结合。这样的结合让仔猪、饲料、疫苗、技术指导等都由企业负责，农户在自家养殖，长大的猪被公司收购。"公司+农户"的养猪模式，等于公司做了很多专业技术方面的事情，如种猪的养殖、标准化的养殖等。这种模式下最重要的是人才的引进，模式需要通过人才推动技术、推动管理，用人工智能、机械来代替人工劳动。智能化的猪场，养殖工人大部分是大学生，"90 后""00 后"都来猪场养猪了。

课后作业思考

收集整理本专业过去几年的就业情况和就业质量，形成调研报告。

第三节 创新创业生产实践

学习目标

1. 了解大学生创新创业的政策和内容；

2. 了解国家针对大学生创业的支持政策，对大学生创业有理性的认知，了解创业大赛的相关内容；

3. 结合所学专业和个人兴趣参与创新创业项目。

劳模风采

"这是我们从台湾引进的新品种西葫瓜，现在已大量上市，其销售一路看好。"在"顺庆大学生创业园"中，各种蔬菜瓜果挂满枝头，全国劳模程小波正在给园内工作人员做技术指导。程小波是大学生创业园的负责人，从北京参加全国劳模表彰大会并获全国劳模荣誉称号的他回来后顾不上休息，直接奔赴创业园工作。自 2006 年到搬罾镇创业以来，程小波不断刷新当地有关农业的名词。他和创业园的一群大学生，把蔬菜产业搞得有声有色，在美丽的嘉陵江畔播撒致富的种子。

"我更喜欢蹲下来，和土地打交道。"在程小波的办公室，放着许多关于蔬菜种植的书。据介绍，2001 年，从四川农业大学园艺学院蔬菜专业毕业才半年的程小波，放弃了种子销售员的工作，到农村去种菜，顿时家里炸开了锅。父母节衣缩食送他上大学，就是希望他跳出"农门"。"四年大学白念了！"父母生气，亲戚朋友也纷纷劝他回头，但他坚持了自己的选择，在土地上干起了红红火火的事业。

目前他在竹林寺村带领当地村民发展高产大棚蔬菜 570 多亩，种植从我国台湾引进的东升南瓜、西葫瓜、山海椒等 30 多个品种的蔬菜。每天数十名农民工在地里采摘、包装，销往重庆、成都等地的蔬菜达 100 多吨。他说："一个人富不算富，大家富了我做起来才有劲。"目前当地加入创业园的村民达 56 户，他还为当地 1000 多户村民提供种苗和技术指导。

搬罾镇党委书记冯勇刚说，大学生创业园在农村"开花"，不仅让大学生到农村就了业，成为新型农民，同时带动农民入园，精细化经营自己的土地，并把先进管理模式、创新技术、生产经验一同带到农村，实现让农民增收致富。

问题导学

广大学生转变传统就业观念，在未来职业生涯发展中能识别和抓住创业机会，将创业作为一种选择，适应劳动组织和生产技术的变化。你有创业的打算吗？是否了解创业的相关知识呢？

▶ 一、创新创业

（一）创新创业的概述

"大众创业、万众创新"出自 2014 年 9 月夏季达沃斯论坛上李克强总理的讲话，李克强提出，要在960万平方千米土地上掀起"大众创业""草根创业"的新浪潮，形成"万众创新""人人创新"的新势态。此后，他在首届世界互联网大会、国务院常务会议和2015年《政府工作报告》等场合中频频阐释这一关键词。每到一地考察，他都要与当地年轻的"创客"会面。他希望激发民族的创业精神和创新基因。

创新创业是指基于技术创新、产品创新、品牌创新、服务创新、商业模式创新、管理创新、组织创新、市场创新、渠道创新等方面的某一点或几点创新而进行的创业活动。创新强调的是开拓性与原创性，而创业强调的是通过实际行动获取利益的行为。创新是创新创业的特质，创业是创新创业的目标。

（二）创新创业的特点

1. 高风险

创新创业是建立在创新基础上的创业，但是创新受到人们现有认知、行为习惯等方面的影响，会面临被接受的阻碍，因而创新创业会面临比传统创业更高的风险。正如彼得·德鲁克所言："真正重大的创新，每成功一个，就有99个失败，有99个闻所未闻。"

2. 高回报

创新创业是通过对已有技术、产品和服务的更优化组合，对现有资源的更优化配置，能够给客户带来更大、更多的新价值，从而开创所在创业领域的"蓝海"，获取更多的竞争优势，也获取更大的回报。

3. 促进上升

创新创业是在创新基础上的创业活动，创新是创业的基础和前提，同时创业又是创新成果的载体和呈现，并在创业活动过程中，不断优化资源配置、总结提炼，以实现创新的更新与升级。创新带动创业，创业促进创新。

（三）大学生创新创业的优势和弊端

大学生创业是一种以在校大学生和毕业大学生的特殊群体为创业主体的创业过程。随着我国传统产业转型升级及社会就业压力的不断加剧，创业逐渐成为在校大学生和毕业大学生的一种职业选择方式。

1. 优势

（1）大学生往往对未来充满希望，他们有着年轻的血液，充满激情，有"初生牛犊不怕虎"的精神。

（2）大学生在学校中学到了很多理论性的知识，有着较高层次的技术优势。"用智力换资本"是大学生创业的特色和必然之路。一些风险投资家往往就因为看中了大学生所掌握的先进技术，而愿意对其创业计划进行资助。

（3）大学生有创新精神，有对传统观念和传统行业挑战的信心及欲望，而这种创新精神也往往造就了大学生创业的动力源泉，成为成功创业的精神基础。

（4）大学生创业能提高自己的能力，增长社会实践经验，通过成功创业，实现自己的理想，证明自己的价值。

2. 弊端

（1）大学生社会经验不足，常常盲目乐观，没有充足的心理准备。对于创业中的挫折和失败，许多大学生创业者感到十分痛苦茫然，甚至沮丧消沉。

（2）大学生急于求成，缺乏市场意识及商业管理经验。大学生虽然掌握了一定的书本知识，但终究缺乏必要的实践能力和经营管理经验，对市场营销等缺乏足够的认识，很难一下子胜任企业经理人的角色。

（3）大学生对创业的理解还停留在仅有一个美妙想法与概念上。

（4）大学生的市场观念较为淡薄，很少涉及技术或产品的市场空间。

（四）大学生创新创业所需基本能力

1. 自我认知及科学规划

刚进入大学校门的学生，对社会和自己的认识还非常有限。要想清楚地知道自己以后的发展方向在哪里，仅靠自身的苦思冥想是找不到答案的。最好的办法就是去观察别人，征求"过来人"的意见，再结合自己的实际情况制定一些小目标，通过确定和实现这些小目标，再慢慢地开始规划自己的人生。

在创业过程中，要经常性地提前计划或规划一些事情。在制订计划时一定要综合各种因素，形成切实可行的动作分解，要将任何可能的细节都考虑在内。而在实施的过程中要针对当下的具体情况进行，适时做调整。运营需要强有力的计划管理能力，只有具备这一能力才能让自己更靠近成功创业之门。

2. 胆识和魄力

团队筹备之初及运营后，会面临各种各样的决策，作为团队的灵魂，创业者的一举一动都左右着创业的发展走向和兴衰。前期创业者可能会广泛地征求亲朋好友的建议，一旦自己能够独立自主后，就必须要通过自己的智慧和胆识去决定各种大小事务。当自主地作出决策时，谨慎是必不可少的，但优柔寡断可能就会失去一个绝佳商业的机会。同时，决策的胆识和魄力一定要建立在深思熟虑的基础之上，既要选择风险小又要兼顾利益最大化。

3. 团队管理、信息管理、目标管理

任何创业如同经营一家企业一样，需要制定各种制度。制度不在于多，而在于是否让所有相关人都能够明白其道理，并且严格执行。创业者需要针对自己团队的实际情况建立各种有效的管理制度，包括成员管理、培训、绩效考核等，同时，针对市场的不断发展变化而改进相应制度，只有这样才能够让创业者及其团队立于不败之地，拥有发展的主动权。制度的制定和改进要基于客观事实，而不要想当然，要极力保证制度的可实施性。

对于大学生创业者而言，由于缺乏大量的社会实践经验，因此在接触各种信息时，难免会有失偏颇地做一些决定。当创业者对信息无所适从时，可以向过来人请教，加以甄别。要在观察和请教别人的过程中，不断提高自身管理信息的能力。

4. 处理突发事件

创业过程中，不可避免地会发生一些突发事件。当事情发生时，需要积极应对。这些事情发生在创业者的顾客身上，如果处理得当，还能起到广告效果。

5. 学习

现代社会要想取得不断的成功，必须具备持续的学习能力。市场和行业的竞争日益激烈，大到一个企业，小到个人，要想力争上游，就必须比竞争对手更快地掌握更多的知识，

通过不断的学习使自己处于不败之地。对于大学生创业者而言，除了书本的理论知识，更要重视学习其他方面的综合能力。

6. 社会交往能力

良好的人际关系，不仅能给人生带来快乐，而且还能助人走向成功。大学生创业者在开始创业后必将会接触到各种不同类型、身份的人，而接触的人大多是与自己的利益攸关的。所以从创业最开始就要学会与各种人打交道，要尽可能地去结交人脉，认识朋友，舍得给自己投资。在与前辈们的交流和学习当中，不断认识到自己的不足，针对性地加以完善。

7. 保持身心健康

创业者经常要与孤独和挫折为伴，因为绝大多数的创业过程不是一帆风顺的。保持乐观而稳定的心态，需要在长时间的历练中找到方法。大学生要放低姿态，平静地去接受一切可能的打击。同样，在得意时，也要克服骄傲的情绪，切不可沾沾自喜、妄自尊大。

身体是革命的本钱，创业者只有身体健康才能够支撑一切的打拼和奋斗。为事业拼搏而废寝忘食的精神非常值得肯定，但是终究不能视之为常态。大抵年轻的创业者都会精力旺盛，一旦投入工作中都很难自拔，但在创业的过程中一定要注意劳逸结合，切莫因为太拼而让自己的健康状况下滑。

> **知识拓展**

九部委：培育百万以上农村创新创业带头人

2020 年 6 月，农业农村部、国家发展改革委等 9 部委联合印发《关于深入实施农村创新创业带头人培育行动的意见》（以下简称《意见》），要求各地加强指导服务，优化创业环境，培育一批饱含乡土情怀、具有超前眼光、充满创业激情、富有奉献精神，带动农村经济发展和农民就业增收的农村创新创业带头人。力争到 2025 年，培育农村创新创业带头人100 万以上，基本实现农业重点县的行政村全覆盖。

《意见》提出，要以实施乡村振兴战略为总抓手，紧扣乡村产业振兴目标，重点扶持返乡创业农民工、鼓励入乡创业人员、发掘在乡创业能人，壮大农村创新创业人才队伍，提升农村创新创业层次水平。

《意见》强调，要强化资金扶持，按规定对首次创业、正常经营 1 年以上的农村创新创业带头人给予一次性创业补贴。引导相关金融机构和各类基金支持农村创新创业带头人创办的企业。保障创业用地，要求各地在新编县乡级国土空间规划、省级制订土地利用年度计划时，做好农村创新创业用地保障。同时，还要加大人才支持，加快推进全国统一的社会保险公共服务平台建设，并加强创业培训，优化创业服务，建设一批农村创新创业园区和农村创新创业孵化实训基地，组建农村创新创业联盟，完善农村物流网络体系，帮助返乡入乡人员顺畅创业。

▶ 二、大学生创新创业相关比赛

（一）中国"互联网+"大学生创新创业大赛

中国"互联网+"大学生创新创业大赛，由教育部与有关部委共同主办。大赛旨在深化高等教育综合改革，激发大学生的创造力，培养造就"大众创业、万众创新"的主力军；推动赛事成果转化，促进"互联网+"新业态形成，服务经济提质增效升级；以创新引领创业、创业带动就业，推动高校毕业生更高质量创业就业。

首届中国"互联网+"大学生创新创业大赛采用校级初赛、省级复赛、全国总决赛三级赛制。在校级初赛、省级复赛基础上，按照组委会配额择优遴选项目进入全国决赛。全国共产生300个团队入围全国总决赛，其中创意组100个团队，实践组200个团队。

截至2021年年初，该项大赛已举办了6届。每届冠军项目如下：

第一届冠军项目：哈尔滨工程大学"点触云安全系统"项目。

第二届冠军项目：西北工业大学"翱翔系列微小卫星"项目。

第三届冠军项目：浙江大学"杭州光珀智能科技有限公司项目"。

第四届冠军项目：北京理工大学"中云智车——未来商用无人车行业定义者"项目。

第五届冠军项目：清华大学"交叉双旋翼复合推力尾桨无人直升机"项目。

第六届冠军项目：北京理工大学"星网测通"项目。

经过6年的发展，中国"互联网+"大学生创新创业大赛已经成为覆盖全国所有高校、面向全体高校学生、影响最大的赛事活动之一。大赛就是"摇篮"，是给大学生提供一个爆发想象力的舞台，同时也是深化产教融合、促进产业转型升级的重要平台。

（二）"挑战杯"中国大学生创业计划竞赛

"挑战杯"中国大学生创业计划竞赛，简称"小挑"，是由共青团中央、中国科协、教育部、全国学联主办的大学生课外科技文化活动中一项具有导向性、示范性和群众性的创新创业竞赛活动，每两年举办一届。大赛旨在培养创新意识、启迪创意思维、提升创造能力、造就创业人才，深入学习贯彻习近平新时代中国特色社会主义思想，聚焦为党育人功能，从实践教育角度出发，引导和激励高校学生弘扬时代精神，把握时代脉搏，将所学知识与经济社会发展紧密结合，培养和提高创新、创造、创业的意识和能力，并在此基础上促进高校学生就业创业教育的蓬勃开展，发现和培养一批具有创新思维和创业潜力的优秀人才。

根据参赛对象，分普通高校和职业院校两类。设科技创新和未来产业、乡村振兴和脱贫攻坚、城市治理和社会服务、生态环保和可持续发展、文化创意和区域合作5个组别。大赛分校级初赛、省级复赛、全国决赛。校级初赛由各校组织，广泛发动学生参与，遴选参加省级复赛项目。省级复赛由各省（自治区、直辖市）组织，遴选参加全国决赛项目。全国决赛由全国组委会聘请专家根据项目社会价值、实践过程、创新意义、发展前景和团队协作等综合评定金奖、银奖、铜奖等项目。

（三）国家级大学生创新创业训练计划

国家级大学生创新创业训练计划，简称"国创计划"，旨在促进高等学校转变教育思想观念，改革人才培养模式，强化创新创业能力训练，增强高校学生的创新能力和在创新基础上的创业能力，培养适应创新型国家建设需要的高水平创新人才。"国创计划"内容包括创新训练项目、创业训练项目和创业实践项目三类。

创新训练项目是本科生个人或团队在导师指导下，自主完成创新性研究项目设计、研究条件准备和项目实施、研究报告撰写、成果（学术）交流等工作。

创业训练项目是本科生团队在导师指导下，团队中每个学生在项目实施过程中扮演一个或多个具体的角色，编制商业计划书、开展可行性研究、模拟企业运行、参加企业实践、撰写创业报告等工作。

创业实践项目是学生团队在学校导师和企业导师共同指导下，采用前期创新训练项目（或创新性实验）的成果，提出一项具有市场前景的创新性产品或服务，以此为基础开展创业实践活动。

国家级大学生创新创业训练计划项目面向本科生申报，原则上要求项目负责人在毕业前完成项目。创业实践项目负责人毕业后可根据情况更换负责人，或者是在能继续履行项目负责人职责的情况下，以大学生自主创业者的身份继续担任项目负责人。创业实践项目结束时要按照有关法律法规和政策妥善处理各项事务。

▶ 三、国家对大学生创新创业相关优惠政策

为引导大学生多渠道就业，尤其是鼓励自主创业和灵活就业，政府出台了《关于进一步做好普通高等学校毕业生就业工作的实施意见》。该实施意见规定，对于自主创业的毕业生，可以在注册登记、贷款融资、税费减免、创业服务等方面获得扶持。大学生创业可以放宽一定的行业限制，如申办个体工商户、个人独资企业、合伙企业时，除法律法规另有规定之外，将不受最低出资金额限制。对打算创业的大学生来说，了解这些政策，才能走好创业的第一步。相关政策如下：

（1）大学毕业生在毕业后两年内自主创业，到创业实体所在地的工商部门办理营业执照，注册资金（本）在 50 万元以下的，允许分期到位，首期到位资金不低于注册资本的 10%（出资额不低于 3 万元），1 年内实缴注册资本追加到 50% 以上，余款可在 3 年内分期到位。

（2）大学毕业生新办咨询业、信息业、技术服务业的企业或经营单位，经税务部门批准，免征企业所得税 2 年；新办从事交通运输、邮电通信的企业或经营单位，经税务部门批准，第一年免征企业所得税，第二年减半征收企业所得税；新办从事公用事业、商业、物资业、对外贸易业、旅游业、物流业、仓储业、居民服务业、饮食业、教育文化事业、卫生事业的企业或经营单位，经税务部门批准，免征企业所得税 1 年。

（3）各国有商业银行、股份制银行、城市商业银行和有条件的城市信用社要为自主创业的毕业生提供小额贷款，并简化程序，提供开户和结算便利，贷款额度在 2 万元左右。贷款期限最长为 2 年，到期确定需延长的，可申请延期一次。贷款利息按照中国人民银行公布的贷款利率确定，担保最高限额为担保基金的 5 倍，期限与贷款期限相同。

（4）政府人事行政部门所属的人才中介服务机构，免费为自主创业毕业生保管人事档案（包括代办社保、职称、档案工资等有关手续）2 年；提供免费查询人才、劳动力供求信息，免费发布招聘广告等服务；适当减免参加人才集市或人才劳务交流活动收费；优惠为创办企业的员工提供一次培训、测评服务。

为鼓励高校毕业生自主创业，以创业带动就业，财政部、国家税务总局发出《关于支持和促进就业有关税收政策的通知》，明确自主创业的毕业生从毕业年度可享受 3 年税收减免的优惠政策。其中，高校毕业生在校期间创业的，可向所在高校申领《高校毕业生自主创业证》；离校后创业的，可评毕业证书直接向创业地县以上人力资源和社会保障部门申请

核发《就业失业登记证》，作为享受政策的凭证。

▶ 四、人才培养的新探索

"互联网+"大学生创新创业大赛既是一场"双创"能力的展示与比拼，更是一次高校创新创业教育、人才培养模式的改革。

大赛举办5年来，各高校创新创业教育得到有力推动：打造创新创业教育线上线下课程，目前累计开课2.8万余门，其中示范高校开设2800余门线上线下课程、选课人数近630万人次；聘请各行业优秀人才担任创新创业教育专兼职教师，目前创新创业教育专职教师近2.8万人、兼职导师9.3万余人。

大赛举办5年来，改革活力得到进一步释放：各高校普遍开展教学和学籍管理制度改革，实施了弹性学制，支持学生创新创业；建立了创新创业学分积累与转化制度、在线开放课程学习认证和学分认定制度，大大激发了大学生的学习兴趣和创新创业的活力。

大赛举办5年来，高等教育人才培养模式呈现新格局：部部、部校、校校、校企、校所等各种渠道的协同育人模式更加成熟，系列卓越人才教育培养计划覆盖1000余所高校，惠及140余万学生；学科专业建设与经济社会发展紧密对接，增设物联网、大数据、轨道交通等新兴产业发展和改善民生急需专业。

"把创新创业教育融入教育各环节、融入人才培养全过程，实现了两个转变。"教育部高教司司长吴岩表示，一是从"就业从业"模式到"创新创业"模式的转变，以创新引领创业、以创业带动就业；二是从学科、院校壁垒向学科交叉、产教融合的转变，打破了学科专业之间、产业与学校之间的壁垒，让多学科交叉、跨专业学习、校内外协同成为可能。

5年，从20万大学生到947万大学生，从5万个团队到230万个团队，中国"互联网+"大学生创新创业大赛正生机勃勃，一代青年正激荡起创新创业的青春力量。

（来源：《人民日报》）

讨论思考

毕业开始创业

张婷，2010年9月—2012年7月在某职业学院学习动漫设计与制作，随后在大连安博实习期间学习Web2.0网页设计。在大二的时候，她开始对创业产生兴趣，凭着强烈的爱好，她要挑战自己的能力，实现自我价值。2013年2月，她一个人转战去了北京开始创业。在这一过程中，App开发列入了公司的主营项目，包括微信第三方、微商。公司坚信以诚待人，坚持以最好的服务给予客户，功夫不负有心人，公司在后来几年中快速发展。张婷的公司服务于部分政府网站、北京的国企、个体户等上百家企业，并逐步扩展到海外，得到客户的认可。

课后作业思考

请对学校的"互联网+"大学生创新创业大赛情况进行调查，并写出调查报告，对调查所得的材料进行整理、分析、思考。

劳动实践

企业短期生产实践活动方案

企业生产实践是职业院校人才培养计划中的一个重要实践教学环节。企业生产实践是指学生在学好专业基础课程和一定的专业课程的基础上进行的企业综合实践。通过生产实践，学生重点学习本专业相关工作岗位的管理机构、工作流程、管理规范及重要规章、人员晋升与奖罚措施等方面的知识，加深学生对所学基本理论与专业知识的理解，提高学生综合运用所学理论知识分析解决实际问题的能力。具体实践方案如下：

（一）活动目的

（1）了解企业工作环境和感受企业文化的意义，了解产品的生产大致模式和方法，了解工程师所要面对的问题。

（2）通过企业实践，初步了解行业和企业对本专业技术人才的素质结构、知识技能储备的要求，使自己的学习和技能提升更加具体明确。

（二）时间安排

本次短期企业生产实践可以企业生产调研形式进行，具体应安排在劳动专题理论知识学习之后进行，一般为一天左右。

（三）活动任务

（1）调研了解企业的基本情况，包括创业背景及发展历史、目前运作状况、将来发展规划、管理组织结构、员工发展途径等。

（2）了解企业各种设备台数、主要名称、牌号及含义，企业产品的生产类型；独立产品（包含工艺设计）、来料加工（主要针对工件调试）、生产纲领（批量件、单件），企业的人员构成及比例（技术人员、管理人员等）。

（3）了解企业的现行产品的生产工艺流程；调查、记录产品（零件）的生产工艺装备和工艺参数，绘制零件草图及主要夹具草图，记录加工中使用的工具类型及材料，记录零件切削参数，记录整套工艺文件的明细。

（4）学习企业管理的基本情况，如5S活动、定置管理等。

（5）了解生产管理部门的运作状况，包括生产计划制订、调度以及信息反馈等。

（6）了解质量管理部门的运作状况，包括工序岗位、车间、售后服务等不同层面在质量保证方面的检验方法、手段、措施。

（四）活动要求

（1）学生所调研的企业应当与专业对口，生产或经营运作比较正常，技术、管理比较先进。

（2）学生应认真学习参观实习计划、实习指导书、实习要求，明了企业生产调研任务。

（3）在调研过程中，学生应认真听取现场工程技术人员及教师的讲解，详细了解企业、车间或工地的生产组织、生产过程、相关设备及结构知识，并认真记好笔记。

（五）纪律要求

（1）严格遵守企业单位的管理制度，服从企业人员的管理和工作安排，必须遵从实践指导教师的统一指挥和安排，不允许擅自动用设备及其他装备和物品。

（2）遵守职业道德规范，保守调研企业的技术和商业机密，不做任何有碍企业利益的事情。

（3）学生必须严格遵守现场的劳动纪律及安全制度，时刻牢记安全第一，确保自己的安全。

（4）学生必须按实习要求穿好工作服，戴好防护用品，进厂期间不允许穿拖鞋、凉鞋，男女生都必须穿长裤。女生还必须戴帽子，并将头发盘好。

（5）在生产调研过程中，要认真听讲，记好现场的实习日记并整理。

（6）如果调研企业距离学校较远，学生应提前做好乘车准备，避免迟到。

（7）在企业调研过程中，不许擅自离队，闲谈打闹，更不许吸烟吃零食。不得迟到早退，有病有事应办好请假手续。

（六）活动考核

（1）企业生产实践活动的考核包括出勤及实践表现、实践报告等。

（2）生产实践报告报表正文内容必须包含以下几个方面：实践目的、实践单位及岗位介绍、实践内容及过程、实践体会。实践报告报表正文的内容必须与所学专业内容相关，且字数要求达到 1000 以上。

（七）行为要求

（1）梳理、总结本次劳动实践的体验、得失，以期在以后的学习、实践中改进、提升。

（2）自觉提高自己的劳动素养，不断培育自己对劳动的正向情感。

（八）评价提高

（1）实践指导教师、本次劳动的组织者对学生表现给出评价和建议（评价标准由活动组织者提供）。

（2）学生根据实践指导教师、劳动组织者的评价和建议，从认知、态度、技能等方面进行改进，不断提升自我。

第八章　社会服务性劳动

学习目标 >>>>> >>>>>

1. 了解社会服务性劳动的内涵和意义；
2. 掌握参与"三下乡"社会实践活动的流程；
3. 理解志愿服务的基本精神；
4. 了解社区服务的意义、目的。

课程导入 >>>>>> >>>>>>

服务基层谱华章

小芳，陕西某高校应届毕业生，在陕西省延川县城关小学完成一年的支教服务工作。在课余时间，她与支教团的其他小伙伴还积极组织、参加各种志愿活动。她们在延川县中心广场牵手延川县人民群众，解读十九大报告精神，将党的十九大精神传递给人民群众。她们在学校里给教师培训 PPT、Word、Excel 等办公软件的使用，教会学校教师更简洁高效地利用办公软件核算成绩。她们在学校成立科技社团，为孩子们教授简单的科学知识，激发孩子们的学习兴趣。她们对接东南沿海相关企业为当地学生带来书本、篮球、书包、衣服等生活学习用品。她们在支教小学设立支教团助学金，并将第一笔支教团成员亲笔书写的鼓励信发放给支教小学的 50 名学生。她认为青年一代应该接力扶贫勇担当，扎根基层筑梦想，用小我的力量为社会作一些力所能及的贡献。

【想一想】

你了解支教吗？毕业后你有服务基层的打算吗？

第一节　社会服务性劳动概述

学习目标

1. 了解社会服务性劳动的范畴；
2. 熟悉社会服务性劳动的过程安排。

▶ 一、社会服务性劳动内涵、类型和意义

（一）社会服务性劳动的内涵

1. 社会服务性劳动的概念

社会服务性劳动即社会实践类劳动，是培养学生创新精神和实践能力、提升学生综合素质的良好载体，是实施素质教育的有效途径。哲学上，社会实践是指人类认识世界、改造世界的各种活动的总和，即全人类或大多数人从事的各种活动，包括认识世界、利用世界、享受世界和改造世界等。社会服务性劳动是学生从象牙塔走向社会的一个重要的锻炼环节，也是高等教育与实践相结合的具体体现。参加社会服务性劳动，是大学生参加专业学习和课堂教育的延续。社会服务性劳动是高职院校人才培养的重要组成部分，主要以学生个人主动参与及体验为主，是巩固所学知识、吸收新知识、发展智力才能的重要途径，它不受专业、课程、学时的限制，学生可以在社会这个广阔的课堂里自由驰骋，用自己的眼睛去发现问题，用自己的脚步去丈量世界，用自己的思考去开拓创新，用自己的双手去改变世界。

2. 社会服务性劳动的特点

社会服务性劳动具有实践性、开放性、生成性和自主性等特点，为学生综合素质的提升，特别是创新精神和实践能力的培养，提供了广阔的空间。对于高等院校而言，教育教学的最终目的是培养德智体美劳全面发展的社会主义建设者和接班人。作为未来建设者和接班人的当代大学生在进行知识储备的同时，一方面要在社会实际生产、生活中去检验、应用，达到学以致用、知行合一；另一方面也要了解社会，了解社会发展和社会需求，来促进知识的学习和研究。这个双向了解的过程，对学生提高自己的知识应用能力、实践动手能力、服务社会能力都是很好的促进，对大学生日后融入社会生活是必要的铺垫和准备。

3. 社会服务性劳动的原则

大学生社会性劳动实践活动的总体要求是：全面贯彻党的教育方针，遵循大学生成长规律和教育规律，以了解社会、服务社会为主要内容，以形式多样的活动为载体，以稳定的实践基地为依托，以建立长效机制为保障，引导大学生走出校门、深入基层、深入群众、深入实际，开展顶岗实习、社会实践、志愿服务、公益活动等，在实践中受教育、长才干、作贡献，树立正确的世界观、人生观和价值观，努力成长为中国特色社会主义事业的合格建设者和可靠接班人。

工作原则是：一是坚持育人为本，牢固树立实践育人的思想，把立德树人作为首要任务；二是坚持理论联系实际，提高社会性劳动的针对性、实效性和吸引力、感染力；三是坚持课内与课外相结合、集中与分散相结合，确保每一个大学生都能参加社会性实践劳动；四是坚持受教育、长才干、作贡献，保证大学生社会服务性劳动实践活动长期健康发展；五是坚持整合资源，调动校内外各方面积极性，努力形成全社会支持大学生社会性劳动的良好局面。

（二）社会服务性劳动的类型

1. 以调查研究为主的劳动实践

调查研究能力是大学生必备的通用能力之一，无关文理无关专业。毛泽东曾经有两句名言

我们耳熟能详："没有调查，就没有发言权。""不做正确的调查同样没有发言权。"说的就是调查研究的重要性。对于当代大学生而言，生活在信息爆炸时代，具有分析判断能力、思考解决问题能力十分重要，调查研究就是最好的途径。学生在老师的指引下，针对某一社会现象、热点问题等进行资料查询、专家走访、实地考察，提出这一现象出现的缘由、现状、解决的办法等，进而形成调查研究报告。在这一过程中，学生从选题、调查的过程到形成报告，都需要认真地思索，不但要开动脑筋充分运用所学的知识，而且充分锻炼学生的资料收集能力、分析问题能力、观察能力、与人交往能力、写作能力等（见图8-1-1）。

图 8-1-1 以调查研究为主的劳动实践

2. 以社区服务为主的劳动实践

社区是城市社会的基本构成单元，是构建和谐社会的基础，是每一个人生活的家园。大学生作为即将步入社会的青年群体，应走出教室，进入真实社会情境，直接参与和亲身经历各种社会活动，开展各种力所能及的社区服务性、公益性、体验性的学习与实践，以获取直接经验，提高实践能力，增强社会责任感。大学生可以了解自己生活的社区，参与社区的相关劳动，如垃圾分类、清除非法广告、帮助孤残老人和儿童、慰问军属烈属等活动，在具体的劳动实践中进一步了解作为城市社会最基本单元的社区的运行情况，了解不同阶层人们的生活，在社区服务劳动中增强社会责任感（见图8-1-2）。

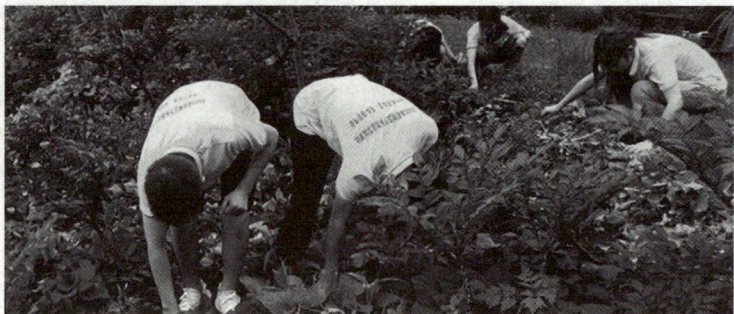

图 8-1-2 以社区服务为主的实践活动

3. 以社会公益为主的实践活动

公益活动就是有利于社会、他人的各种活动，大致可以分为环保、节能、教育、助学、扶贫、救灾、心理健康等种类。大学生可以利用节假日，走上街头，进行公益宣传，提高公众对某一社会现象的关注，增强公众的科学意识；可以走进乡村支农支教；可以参与慈善捐助等。大学生参加社会公益活动，对提高大学生助人为乐的高贵品质、激发关心公益的积极性、提高勇于承担的社会责任感、培养为社会无私奉献的精神都有着积极的作用。

知识拓展

什么是"西部计划"？

根据国务院常务会议和全国高校毕业生就业工作会议精神，从 2003 年起，团中央、教育部、财政部、人力资源和社会保障部联合实施大学生志愿服务西部计划，每年招募一定数量的普通高等学校应届毕业生或在读研究生，到西部基层开展为期 1~3 年的志愿服务。2022—2023 年度，西部计划紧紧围绕全面实施乡村振兴战略的有关部署，进一步深入实施乡村教育、服务乡村建设、健康乡村、基层青年工作、乡村社会治理、服务新疆、服务西藏 7 个专项（见图 8-1-3）。

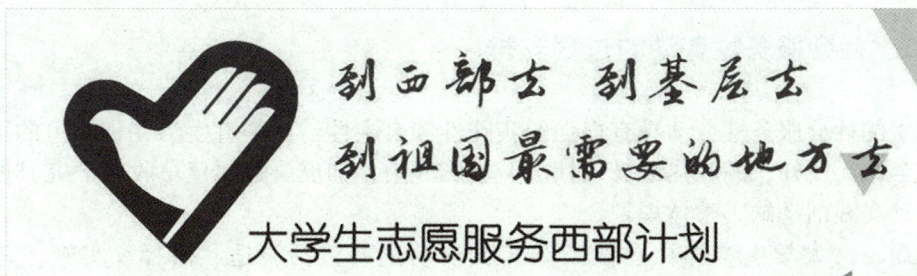

图 8-1-3　西部计划

西部计划实施 19 年来，已累计招募派遣 41 万余名大学生志愿者在 2000 多个县（市、区、旗）基层服务。西部计划已成为有效的就业促进工程、人才流动工程、协力振兴工程和实践育人工程，引导着一批批大学生将个人命运与国家发展有机结合，到祖国和人民最需要的地方去受锻炼、长才干、作贡献，在火热的基层实践中坚定理想信念、锤炼意志品格、增长本领才干。

（资料来源：中国青年网）

（三）社会服务性劳动的意义

对于大学生而言，参与社会服务性劳动是其成长成才的重要过程，其意义体现在以下几个方面：

1. 增强社会责任意识

社会服务性劳动对大学生而言，直接来看可能与专业能力提高无关，但它却与大学生的社会归属、责任意识提升关系紧密。大学生进行社区服务、义务劳动、助残扶弱、支农支教的过程就是一个接受思想教育、精神洗礼的过程，只有真实地参与到社会服务性劳动之中，才会懂得社会各领域、各阶层、各群体的真实状态，才会真正懂得换位思考，珍惜他人的劳动成果、珍惜美好的大学生活，从而提高学习的主动性、积极性，进一步增强社会责任意识。

2. 激发对社会问题的思考

社会性劳动，让青年学生从大学的象牙塔中走出来，离开书本，离开熟悉的校园环境，近距离与社会进行亲密接触，有助于大学生融入社会、贴近自然、感触生活，增加对社会的认识与理解、体验与感悟。大学生参与社会性劳动，在真实的社会服务过程中会以他们的视角发现问题，并在调查分析、发现问题、追根溯源解决问题的过程中，深刻反思社会现象，发展批评思考能力，并站在他们的立场上探寻解决的办法。

3. 促进个人成长

大学生社会服务性劳动是利用课余时间，主动步入社会，进行社会实践，发挥自己的聪明才智以求和社会有更大的接触，对社会作出贡献的活动。大学生通过参与、动手、思考、解决问题等过程，将所学的书本知识内化为自己的能力，全面提升自身的思想素质、求真精神和务实的品质；同时在社会实践的过程中，通过服务社会、帮助他人也激发大学生努力学习、丰富知识，进一步提升自己的知识和能力水平，提高服务社会的能力，促进个人的全面快速成长。

▶ 二、社会服务性劳动的过程安排

大学生的社会服务性劳动具有很强的实践性和自主性，而一直生活在校园里的很多大学生因对社会一无所知，满腔热情投入社会劳动实践中，却虎头蛇尾草草收场。究其原因，主要是对劳动实践活动缺乏整体规划。

一般而言，大学生参加社会性劳动实践活动主要包括调适、抉择、实施、总结四个环节。

（一）调适

大学生进行社会服务性劳动实践意味着大学生愿意走出自己的舒适区，去面对一个未知的领域。因此，在步入社会之前要首先做好应对各种书本上未曾遇到过的难题的准备，从心理上、思想上、能力上、知识上进行必要的准备。长期生活在"象牙塔"里的大学生，一旦步入社会，展现在面前的将是一幅五彩缤纷的社会画面，赤、橙、黄、绿、青、蓝、紫，五光十色，令人目不暇接，只有做好必要的准备，才能做好应对。

1. 知识调适

参加社会服务性劳动实践的过程，既是接触工农、了解社会、认识国情、提高觉悟的过程，也是运用知识、理论联系实际、服务社会的过程。因此，大学生自身合理的知识结构，直接影响社会服务性劳动实践活动的效果。所谓合理的知识结构，是指一个人知识体系的构成状况与组合方式。就大学生个体而言，无论在知识容量上，还是在知识构成上都是有限的，因此要按照社会服务性劳动的需要，从实际出发、从劳动实践的需要出发，快速补上短板，提高适应能力。

2. 能力调适

知识不等于能力。歌德曾尖锐指出："单学知识的人仍然是蠢人。"建立合理的能力结构，是提高劳动实践有效性的关键之一。任何的社会服务性实践活动都涉及自我融入社会的过程，不能融入就无法开展实践，都离不开与人打交道，都离不开与各类人的沟通，只有沟通顺畅才会事半功倍。可以说，大学生在社会服务性劳动实践活动中最关键、最重要的能力是社会适应能力、实践动手能力、语言表达能力、组织管理能力和分析观察能力等。因此，有针对性地做好能力调适十分重要。

3. 心理调适

从大学校园到社会的距离不只是简单到复杂的距离，而是从 1 到 X 的距离，很多未知、很多不同，诸多难题会一下子摆在大学生面前：一是生活难题，衣、食、住、行都要自理，这对自理能力较差的一些大学生而言是一大难关；二是行动难题，与学校各类工作的有序、可控不同，社会服务性劳动实践会涉及陌生人员、陌生工作，遇到的问题和发展情势不大相同，一旦碰到，就会无所适从，给实际行动带来不可想象的困难。因此，大学生社会服务性劳动实践活动就是帮助大学生提前演练适应社会的过程，提前做好心理调适会有助于各类问题的解决。

（二）抉择

抉择即选择，指从众多方案中挑选最佳方案。大学生可以参加的社会服务性劳动实践有很多种，能否在众多的可行活动中找到更适合自己、更能提升自己的最佳方案，直接影响到社会服务性劳动实践活动的实际效果。因此，首先要从自身的实际能力出发，量力而行，目标不宜太低，但也不宜太高；其次要从校内学习安排的紧张程度出发，合理安排，并要坚持就近、就便的原则。

（三）实施

社会服务性劳动实践的实施就是具体进行活动的过程。由于社会服务性劳动实践是高校教育教学体系中的一个重要内容，从实际实施来看，一般有两种形式，一种是由学校组织的统一活动形式，另一种是学生自发参与的形式。对于前一种形式，大学生应在教师的指导下，做好全面策划，应当根据社会服务性实践劳动需实现的目标和具体要求，确定能够实现或反映目标要求的具体内容、形式等，要贴近生活、贴近群众，使社会服务性劳动实践活动符合群众和社会的需求，并在推动实施中起到锻炼学生、感悟社会、提升情怀、增长才干的作用。对于后一种形式，大学生自身也要做好策划，在参与相关活动的过程中做好前期的相关准备和相关计划，并在实施中主动融入社会、提升自我、增长才干。

（四）总结

大学生社会服务性劳动实践的根本目的是在社会实践中育人。因此，要使社会服务性劳动实践的效果达到最佳，就一定要从教书育人的规律出发，要有总结、反思，要有升华。所谓升华，就是要使我们自身的思想觉悟、知识能力等诸方面在社会服务性劳动实践中得到提高和精炼。通过总结和反思，大学生应能够从劳动实践中总结收获、总结经验，反思自己思想、知识、能力的不足，从而树立远大目标，不断提升自我，砥砺前行，实现思想上的新飞跃，为成为新时代的建设者和接班人积极做好准备。

讨论思考

社会服务性劳动是大学生劳动精神培养、劳动品格塑造、劳动情怀提升的关键环节，是提高大学生实践能力和综合素质的重要途径。大学生在专业学习与实践之外参与社会服务性劳动，是大学生认识社会、服务社会的一个重要实践内容。通过走进社区、走进企业、走进乡村，通过社会调查、志愿服务、社区服务等多种实践方式，大学生能够融入社会、接触生活，通过参与、体验与感悟，增强对社会的认识和理解，培养批判性思维，增强学生的社会责任感。

课后作业思考

你愿意在业余实践参加社会服务性劳动吗？你想通过参加劳动实现怎样的锻炼目标？

第二节 "三下乡"社会实践活动

学习目标

1. 了解"三下乡"的内涵和意义；
2. 了解"三下乡"社会实践活动的类型；
3. 掌握参与"三下乡"社会实践活动的流程。

课程导入 ▶▶▶▶▶▶

"三下乡"社会实践带来满满收获

2021年暑期，为庆祝中国共产党成立100周年，响应学校"党史青年行"社会实践主题，招联金融·浙江大学云峰学园赴长兴暑期社会实践团进行了为期十天的"三下乡"社会实践活动。

队长徐婧霖告诉记者，整个实践过程是以入村宣讲、党史支教和红色传承三条主线进行，实践队员"兵分三路"，分别组成了小天使宣讲团、爱心支教团和老党员走访团。"在实践过程中，我们为村民和孩子们准备了丰富的党史课程和招联金融支持的礼物，很受大家喜欢。"

为铭记先贤，传承红色文化，支教团在授课时绘制了3幅原创漫画，用小朋友们喜爱的方式来讲述《毛主席为杨大娘和二婶家挑水》《鸡毛信》《小兵张嘎》三个故事。实践队员曹闻涛回忆说，小朋友们看完《鸡毛信》这幅漫画后纷纷惊讶道"原来抗日战争中还有这么多小朋友也是大英雄啊"！

在入村宣讲和党史支教顺利进行的同时，实践团于第三天开始了对老党员的走访慰问与交流。他们首先拜访了虹星桥镇的两位老党员杨长远和高建璋。与共和国同龄的杨长远在交流中对实践团成员说，作为年轻一代，要积极向党靠拢，把党的成功经验传承好、发扬好，把党的历史学习好、总结好。高建璋则嘱咐同学们要永怀一颗爱国心，把建设好伟大祖国作为自身的奋斗目标。

实践队员廖辰磊说，入村宣讲党史故事过程中，宣讲团带领村民重温了革命先辈的光荣事迹，大家在惊叹徐英、蒋忠等革命烈士不怕牺牲、无私无畏的革命精神时，也深刻意识到中国共产党百年历程之艰辛、中华民族百年发展之不易。

【想一想】

"三下乡"社会实践活动是什么？开展它的目的又是什么？

一、"三下乡"概述

（一）什么是"三下乡"

"三下乡"是指文化下乡、科技下乡、卫生下乡，本质上是现代化生产方式、生活方式和相关知识的"下乡"，是各高校在暑期开展的一项旨在提高大学生综合素质的社会实践活动。具体内容分为：

（1）文化下乡，指图书、报刊下乡，送戏下乡，电影、电视下乡，开展群众性文化活动。

（2）科技下乡，指科技人员下乡，科技信息下乡，开展科普活动。

（3）卫生下乡，指医务人员下乡，扶持乡村卫生组织，培训农村卫生人员，参与和推动当地合作医疗事业发展。

（二）"三下乡"发展情况

1996年12月，中央宣传部、中央文明办、国家教委、科技部、司法部、农业部、文化部、卫生部、国家人口计生委、广电总局、新闻出版总署、共青团中央、全国妇联和中国科协，联合印发《关于开展文化、科技、卫生"三下乡"活动的通知》。

1997年，为进一步引导青年学生在实践中了解国情、服务社会、大力推进农村两个文明建设，中宣部、中央文明办、国家教委、团中央、全国学联重点组织开展了全国大中专学生志愿者暑期"三下乡"社会实践活动。

自1997年开始，团中央在中宣部等部委"三下乡"活动框架下，联合相关部委组织全国大中专学生志愿者开展暑期文化科技卫生"三下乡"社会实践活动，至今已连续开展了25年。

多年来，参与"三下乡"社会实践活动的青年学生人数逐年增多，他们奔赴祖国的大江南北，广泛开展理论宣讲、教育帮扶、医疗服务、科技支农、文艺演出、法律援助、环境保护等实践活动，充分展现了当代青年学生良好的精神风貌和青春风采（见图8-2-1）。2020年，全国各大中专院校组织全国、省级、校级重点实践团队超过10万支，吸引青年学生超过800万人次。

图8-2-1 "三下乡"出征仪式

（三）大学生"三下乡"的意义

1. 能够受教育

"三下乡"社会实践首要目标是育人，贯彻党的教育方针，让大学生在社会实践中接受理想信念教育、改革开放教育、国情社情教育，激发大学生肩负起历史赋予的重任，引导大学生走与实践相结合、与人民群众相结合的正确成长道路。各实践团队深入青年密集场所，广泛开展宣讲报告、学习座谈、调查研究等主题教育活动，围绕中国特色社会主义普及理论知识，引领教育更多青年。在社会实践活动中，很多学生依据实践情况形成调研报告，这些报告体现了大学生在实地实践、认识国情中的思考成果、教育成果，是大学生"受教育"的生动体现。

2. 能够长才干

通过组织各实践团队深入农村工厂，开展田野调查、劳动教育，历史成就考察、科技支农帮扶等实践活动，大学生在田间地头参与劳动、在乡村基层开展调研、与父老乡亲积极沟通，提升自身的实践动手能力和社会适应能力，促进自身在实践中练本领，在磨砺中长才干，不断提高综合素质。

3. 能够推动大学生作贡献

在"三下乡"社会实践过程中，大学生能够充分发挥专业优势，力所能及地作贡献，开展志愿支教、医疗义诊、环境保护、乡村规划、产业开发、扶贫扶志、关爱儿童等活动，服务基层群众，助力基层发展。

▶ 二、"三下乡"社会实践活动的类型

"三下乡"社会实践活动主要可以分为考察调研、公益服务和职业发展三大类型。

（一）考察调研类

考察调研类社会实践活动是指通过科学的方法观察、调查有关社会现象的真实情况，并对相关材料进行收集、整理、分析、研究，从而阐释某种现象，得出某种结论，或揭示某种规律的社会实践活动（见图8-2-2）。

图 8-2-2 "三下乡"团队进行考察调研

考察调研类社会实践活动根据调查性质、内容、要求的不同可以分为参观考察和调查研究两种形式。

在参观考察形式的社会实践活动中，大学生需要深入社会、深入基层、深入群众，通过自身体验，对社会的某些领域或某些现象进行较为全面、客观的了解和学习，从而深化对国情、社情和历史的认识，开阔视野，促进全面发展，形成正确的世界观、人生观和价值观。

在调查研究形式的社会实践活动中，大学生需要针对相关课题运用社会调查的方法，通过发放问卷、访谈、记录等方式，有目的地对某类社会现象开展考察、分析和研究，进而了解现实情况，解释某种现象，得出某种结论，揭示某种规律，提出某种对策等。调查研究形式的实践活动对参与者的学术能力有一定的要求，通常需要提交专项调研报告，这也是大学生提升自身素养的有效途径。

（二）公益服务类

公益服务类社会实践活动是指具有公益性质和志愿服务性质的社会实践活动，旨在引导学生扎根中国大地，弘扬志愿服务精神，发挥青春正能量，培养社会责任感和为人民服务的意识。"三下乡"暑期社会实践活动中的公益服务类活动形式主要包括支教、支农、支医、助残、敬老、关爱留守儿童、义务劳动、环境保护、义务宣传宣讲、走访慰问、大型赛事志愿者活动等。

支教形式的公益服务类社会实践活动是指学生利用课余时间到教育资源相对匮乏的中小学有计划地开展教学相关活动。

支农形式的公益服务类社会实践活动是指农学专业学生利用课余时间到乡村田野中对农民群众开展专业指导和帮扶工作。

支医形式的公益服务类社会实践活动是指医学专业学生利用课余时间到资源相对匮乏的地区开展与专业相关的体检、义务诊疗工作。

助残、敬老、关爱留守儿童形式的公益服务类社会实践活动是指学生利用课余时间到敬老院、福利院、社区、偏远乡村等地，对需要帮助的老人、残疾人、留守儿童开展关怀慰问和服务工作等。

义务劳动形式的公益服务类社会实践活动是指学生利用课余时间到社区、乡村等地，帮助开展一些力所能及的生产劳动或服务工作等。

环境保护形式的公益服务类社会实践活动是指学生利用课余时间来到农村基层、城镇和社区，围绕环境污染、资源保护和节约、垃圾处理、气候异常等主题开展调研、保护实践和科普工作等，如"三下乡"重点团队中的美丽中国实践团等。

义务宣传宣讲形式的公益服务类社会实践活动是指学生利用课余时间深入广大人民群众，针对国家政策、法律法规等相关内容开展义务宣传、宣讲和普及工作，如"三下乡"重点团队中的依法治国宣讲团、禁毒防艾宣传团等。

走访慰问形式的公益服务类社会实践活动是指学生利用课余时间，到边防驻地、偏远地区、乡村基层等地，开展走访、慰问、资助或文化艺术表演等活动，如"三下乡"重点团队中的文化艺术服务团等。

大型赛事志愿者形式的公益服务类社会实践活动是指学生利用课余时间，参与政府组织的大型赛事活动的志愿者工作。

(三) 职业发展类

职业发展类社会实践活动是指学生为提升自身职业素养，了解专业领域情况和社会需求，促进职业发展而开展的学习参观、实习锻炼、创业实践、创新发明等实践活动。

学习参观是指学生在学校教学计划外自主安排的，深入企事业单位生产一线的学习参观活动。

实习锻炼是指学生为提升职业素养在企事业单位参加实习、挂职锻炼等活动。与学校组织的专业实习或生产实习不同，挂职锻炼与实习活动是基于学生就业兴趣的自主选择，是提升职业能力、获取就业信息的一个重要途径。

创业实践是指学生在校期间自主开展或参与的创业活动，如"三下乡"专项活动中"丝路新世界·青春中国梦"专项社会实践活动和大学生社会实践"执行促进计划"的创业项目等。

创新发明是指偏向于应用的发明研究，侧重于对实际生产生活问题的解决和创新，如技术改良、工艺革新、产品发明、先进实用技术传播等，是引导学生关注社会需求、理论联系实际、提升专业水平、促进职业发展的良好途径。

▶ 三、"三下乡"社会实践活动步骤

"三下乡"社会实践活动在共青团中央的直接指导下蓬勃发展，形成了前期筹备、中期实施、后期总结的较为成熟的工作机制和环节。

(一) 下发通知

每年五六月份，团中央学校部会下发全国"三下乡"社会实践活动通知。通知中会部署当年"三下乡"社会实践活动的实践主题、整体思路、重点实践内容、专项实践内容以及相关工作要求。同时，各省级团委学校部、各校级团委也会结合全国"三下乡"社会实践活动通知制定并下发本级"三下乡"社会实践活动通知。

(二) 选题立项

在收悉"三下乡"社会实践活动通知后，就可以按照学校社会实践工作进行部署。

1. 自行组队或参加已组建团队的招募面试

对于统一组队来说，各团队根据活动主题，确定实践调研课题，明确实践目标，规划实践方案，联系确定带队老师，招募团队学生。对于个人组队来说，学生根据自身的专业、兴趣、技能特长、地域优势，自由组队，允许跨校区、跨院系、跨年级、跨专业与在校学生组队。

2. 团队准备申请立项资料

团队准备申请立项资料包括申报书、实践地接收证明、个人责任书等。

(三) 确定团队

各层面根据工作部署，遴选确定全国、省、校、院系四个层面的重点实践团队。一般情况下，全国层面的重点团队由省级团委学校部推荐产生；省、校、院系层面的重点团队由各省级团委学校部、各高校、各院系结合实际工作自行遴选确定。全国层面的专项实践团队由

专项实践活动主办单位、承办单位遴选确定。

（四）团队报备

按照"三下乡"社会实践活动的要求，实践团队需要在"三下乡"社会实践活动官方网站上进行团队登记报备。登记报备的团队经"三下乡"官网审核通过后，可以获得在"三下乡"官网投稿的权限。未登记报备的团队，无法参加关于"三下乡"社会实践活动的各类总结评审活动。

（五）活动实施

"三下乡"社会实践活动实施阶段主要集中在每年7月份。可以根据已有的立项内容，在暑期开展社会实践活动。在实践过程中，学校要做好实践过程的监管和安全保障，帮助和指导学生解决遇到的各种问题或困难。

（六）活动评审

"三下乡"社会实践活动总结评审主要集中在每年9—11月份。全国层面的总结评审主要有"三下乡"社会实践总结通报，"千校千项"成果遴选活动和"镜头中的三下乡"活动三项工作。三项工作的通知将在"三下乡"官网、"创青春"官方微信公众号等媒体平台发布。除全国层面的总结评审外，各省级团委学校部、各高校团委也会结合实际工作开展各类实践成果总结评选活动。在开展评选活动的同时，各级团学组织也应积极做好实践经验交流及成果转化工作。

课后作业思考

在本节内容学习的基础上，任选一类"三下乡"社会实践类型，拟定主题，并撰写实践报告。

第三节 志愿服务

学习目标

1. 了解志愿服务的内涵和意义；
2. 了解志愿精神的含义；
3. 积极弘扬志愿服务精神。

课程导入

雷锋精神永放光芒

郭明义，1958年12月生，辽宁鞍山人，1977年参军，1980年入党，1992年复员到齐大山铁矿工作。多年来，先后获部队学雷锋标兵、鞍钢市劳动模范、鞍山市特等劳动模范、全国无偿献血奉献奖金奖、中央企业优秀共产党员、全国五一劳动奖章等荣誉，鞍山市无偿献血形象代言人，中共十八届中央候补委员，中华全国总工会兼职副主席，被中央精神文明建设指导委员会授予"当代雷锋"荣誉称号。

郭明义从身边的点滴小事做起，从服务社区开始，让志愿服务成为一种习惯、一份责任、一种担当，让雷锋精神融入他的血脉中，成为发自内心的思想自觉。郭明义积极参与社会公益事业，被人民群众亲切地誉为"爱心使者"和"雷锋传人"。

希望大家从"赠人玫瑰，手有余香"中感受善的力量，以实际行动书写新时代的雷锋故事，为实现中国梦贡献自己的力量。

【想一想】

你是如何理解新时代雷锋精神的？

▶ 一、志愿服务

（一）志愿服务的内涵

《志愿服务条例》（以下简称《条例》）作为我国首部志愿服务行政法规，自 2017 年 12 月 1 日起正式施行，为我国志愿服务事业健康发展提供了基本遵循和重要保证。《条例》明确指出，志愿服务是指志愿者、志愿服务组织和其他组织自愿、无偿向社会或者他人提供的公益服务。

志愿服务是社会文明进步的重要标志。党的十八大以来，广大志愿者、志愿服务组织、志愿服务工作者积极响应党和人民号召，弘扬和践行社会主义核心价值观，走进社区、走进乡村、走进基层，为他人送温暖、为社会作贡献，充分彰显了理想信念、爱心善意、责任担当，成为人民有信仰、国家有力量、民族有希望的生动体现。

（二）志愿精神

志愿精神概括起来就是奉献、友爱、互助、进步。

1. 奉献

奉献是志愿精神的核心，更是志愿精神的内核和要义。谈及奉献，就应该不计回报、不求名、不求利，满怀深情地为他人服务，为社会的发展作出积极的贡献。一个人，对国家、社会、人民，就应该有所担当、有所付出，从而呈现出最丰富的人格魅力。通过奉献，可以增加人与人之间的彼此信任，构建平等友爱的交流渠道，蓄积社会前进发展的正能量。"我为人人，人人为我"，正是志愿服务中奉献精神的生动写照，而奉献所带来的必然结果就是共赢。具有奉献精神，志愿服务就有了活的灵魂和行的力量。

2. 友爱

友爱是志愿服务精神的源泉，是心灵深处真实情感的流露。从本质上说，每个人的内心都是孤独的，在孤独的背后，都隐藏着一种对爱渴求和对归属感的盼望。正是这种内心深处强劲的渴求和盼望，才让人们源源不断地付出友爱，并在友爱中得到别人的安慰、支持和帮助。然而，现实中，人与人之间的隔阂却日益加重，关系日疏渐远，虽心里渴望友爱，却不愿主动敞开心门。而志愿精神就是要把对爱的渴求转化成爱本身，主动打开心门，去接纳无数需要爱的人。因为友爱，志愿精神让整个世界充满光明与温情，志愿者们彼此之间，志愿者与服务对象之间，永远是亲密的朋友，是兄弟姐妹，他们在细微的服务中传递着人与人之间的关心、爱护与帮助。志愿者们用源于内心的爱愿让彼此都得到满足，用自己的行动感召周围的人，使更多的人加入这个队伍，进而不断壮大。

3. 互助

互助是志愿服务精神的延伸。互助是一种集体文化，其核心就是要求集体成员互相帮助，齐心协力，密切配合，这样，将每个集体成员的积极性都发挥出来，充分调动起来。志愿服务包含着深刻的互助精神，它提倡"互相帮助、助人自助"。志愿者凭借自己的双手、头脑、知识、爱心开展各种志愿服务活动，帮助那些处于困难和危机中的人。志愿服务者以"互助"精神唤醒了许多人内心的仁爱和慈善，使他们付出所余，持之以恒地真心奉献。"助人自助"帮助人们走出困境，自强自立，重返生活舞台。受助者获得生活的能力后，也会投入关心他人、帮助他人，为社会作贡献的志愿活动中。这些志愿活动都涵盖着深刻的"互助"精神。

4. 进步

进步是志愿服务精神的目的，是指志愿者通过参与志愿服务，使自己的能力得到提高，同时促进社会的进步。在志愿者服务活动中，志愿者可以得到机会发挥锻炼自己的能力，同时在活动中发现自己的种种不足，加以及时、适当的弥补，以提升自己的综合素质。进步的更大意义，是通过志愿服务，促进社会整体事业的进步发展。志愿者通过精神的感召、情感的传递、现实的行动，让周围洋溢着一股正能量，也让更多人知道，从而加强社会对志愿服务机构的支持。在志愿活动中无处不体现"进步"精神，正是这一精神使人们甘心付出，追求社会和谐之境的实现。

知识拓展

志愿者日

1971 年，联合国志愿人员组织正式成立，它的宗旨是动员具有献身精神并有一技之长的志愿人员，帮助发展中国家尽快实现其发展目标。

1985 年，第 40 届联合国代表大会确定从 1986 年起把每年的 12 月 5 日规定为国际志愿者日（IVD）。它是联合国法定的国际志愿者日（国际志愿人员日），中国的港台地区和东南亚等地将其称作国际义工日。

2000 年，共青团中央确定每年的 3 月 5 日为中国青年志愿者服务日，各地团委、中国青年志愿者协会组织青年集中开展内容丰富、形式多样的志愿服务活动。

（三）志愿服务的意义

开展志愿服务，是创新社会治理的有效途径，是加强新形势下精神文明建设的有力抓手。每个人都有参与社会事务的权利和促进社会进步的能力，同样，每个人都有促进社会繁荣进步的义务及责任。参与志愿服务是表达这种"权利"及"义务"的积极和有效的形式。在服务他人、服务社会的同时，自身得到提高、完善和发展，精神和心灵得到满足。

对社会而言，志愿活动具有以下积极意义：

（1）志愿服务传递爱心，传播文明。志愿者在把关怀带给社会的同时，也传递了爱心，传播了文明，这种"爱心"和"文明"从一个人身上传到另一个人身上，最终会汇聚成一股强大的社会暖流。

（2）志愿服务有助于建立和谐社会。志愿工作，提供了社交和互相帮助的机会，加强了人与人之间的交往及关怀，减低彼此间的疏远感，促进社会和谐。

（3）志愿服务促进社会进步。社会的进步需要全社会的共同参与和努力。志愿服务鼓励越来越多的人参与到服务社会的行列中来，对促进社会进步有一定的积极作用。

对志愿者个人而言，志愿服务具有以下积极意义：

（1）志愿服务是奉献社会。志愿者通过参与志愿服务，有机会为社会出力，尽一份公民的责任和义务。

（2）志愿服务丰富生活体验。志愿者利用闲余时间，参与一些有意义的工作和活动，既可扩大自己的生活圈子，更可亲身体验社会的人和事，加深对社会的认识，这对志愿者自身的成长和提高是十分有益的。

（3）志愿服务是提供学习的机会。志愿者在参与志愿工作过程中，除了可以帮助他人，还可培养自己的组织及领导能力、学习新知识、增强自信心及学会与人相处等。

▶ 二、学生志愿服务

（一）学生志愿服务的内涵

学生志愿服务，是指学生不以获得报酬为目的，自愿奉献时间和智力、体力、技能等，帮助他人服务社会的公益行为（见图8-3-1）。志愿者，是指以自己的时间、知识技能、体力等从事志愿服务的自然人。志愿服务组织，是指依法成立，以开展志愿服务为宗旨的非营利性组织。志愿者可以将其身份信息、服务技能、服务时间、联系方式等个人基本信息，通过国务院民政部门指定的志愿服务信息系统自行注册，也可以通过志愿服务组织进行注册。志愿者提供的个人基本信息应当真实、准确、完整。志愿服务组织可以采取社会团体、社会服务机构、基金会等组织形式。志愿服务组织的登记管理按照有关法律、行政法规的规定执行。志愿服务组织可以依法成立行业组织，反映行业诉求，推动行业交流，促进志愿服务事业发展。在志愿服务组织中，根据《中国共产党章程》的规定设立中国共产党的组织，开展党的活动。志愿服务组织应当为党组织的活动提供必要条件。

图8-3-1 学生志愿服务

知识拓展

《中国注册志愿者管理办法》有关规定

《中国注册志愿者管理办法》规定：团组织、志愿者组织根据服务对象的需求，向注册志愿者发布服务信息、提供服务岗位，志愿者按照相关要求开展志愿服务。注册志愿者也可按照相关规定自行开展志愿服务。提倡具有相同服务意向和志趣爱好的注册志愿者在团组织、志愿者组织指导下结成志愿服务团队开展服务。各级团组织、志愿者组织可依托服务需求相对集中的社会公益机构，通过签订协议、命名挂牌等形式创建志愿服务基地，探索建立志愿者经常性、就近就便开展志愿服务的有效机制。

（二）学生志愿服务的内容

《学生志愿服务管理暂行办法》（教思政〔2015〕1号）第四条规定："学生志愿服务内容主要包括：普及文明风尚志愿服务、送温暖献爱心志愿服务、公共秩序和赛会保障志愿服务、应急救援志愿服务以及面向特殊群体的志愿服务等。"

（三）学生志愿服务的程序

《学生志愿服务管理暂行办法》第十条规定了学生志愿服务程序："（一）学生志愿服务负责人向学校工作机构提交志愿服务计划等材料；（二）学校工作机构进行登记备案，包括进行风险评估、提供物质保障、技能培训等；（三）学生开展志愿服务活动；（四）学校工作机构按照规定程序对学生志愿服务进行认定记录。有条件的学校应实行学生志愿服务网上登记备案、认定记录。"

知识拓展

志愿服务礼仪，你了解吗？

1. 着装礼仪

大型赛会及活动，主办方通常会提供统一的服装，志愿者应穿着统一的服装。注意外观整洁，没有异味，并且不宜佩戴过多的装饰物品，更不能佩戴花哨和张扬个性的工艺饰品以及名贵的珠宝饰品，以免影响志愿服务。如果没有统一的服装，志愿者应该选择干净整齐、颜色明亮的衣服。

2. 仪容礼仪

对于男士来说，应注意下列仪容：

（1）每天洗澡及更换衣服，勿在服务中出现异味。

（2）若无特殊的宗教信仰或民族习惯，要养成每日修面剃须的好习惯，切忌不修边幅。

（3）男士的发型要长短适当。要求做到：前发不覆额，侧发不掩耳，后发不触领。不允许在工作之时长发披肩，或者梳起发辫。尽量不使用气味过大的定型水。

对于女士来说，应做好下列仪容：

（1）保持自己身体的干净、清爽，避免在服务中出现异味；面部的修饰要自然，工作中要求化淡妆，切忌浓妆艳抹；注意口腔的洁净。

（2）注意保持手的干净，不留长指甲。工作中，不穿露趾的凉鞋或拖鞋，以免显得过于散漫。

（3）头发整洁，发式要清爽，如过长应把头发盘起来，或者束起来，或者编起来，或者放在工作帽之内，不可以披头散发，也不要过度染发。

3. 站姿礼仪

（1）男性志愿者基本站姿：身体直立，抬头、挺胸、收腹，下颌微收，双目平视，两腿分开，两脚平行，宽不过肩，双手自然下垂贴近腿部或交叉于身后。

（2）女性志愿者基本站姿：身体立直，抬头、挺胸、收腹，下颌微收，双目平视，两脚平行，膝和脚后跟尽量靠拢，两脚尖张开距离为两拳，双手自然放下或交叉。

4. 接待礼仪

（1）问候礼仪。志愿者在迎接客人时，可根据客人的习惯致以问候。常见的问候方式主要有握手礼和鞠躬礼。

（2）称呼礼仪。志愿者在服务中要使用恰当的称呼礼仪。在不知道对方姓名及其他情况（如职务、职称、行业）时可采用泛尊称，如"夫人""先生""同志"等。

（3）引领礼仪。志愿者应走在客人的前方，步速适中，并不时回头观察客人是否跟上。在拐弯或有楼梯台阶的地方，应用右手手掌指向正确方向，手指并拢，手心朝上，提醒客人"这边请"（见图8-3-2）。如碰有门的地方，要遵循"外开门客先入，内开门己先入"的原则。

（4）递接礼仪。志愿者递送物品时动作要点：双手五指并拢，两臂夹紧，递送时上身略向前倾，自然地将两手伸出。接物时，应点头示意或道声谢谢。假如自己坐着的话，还应在递物时起身站立为好。

图8-3-2 志愿服务礼仪

▶ 三、积极弘扬志愿服务精神

（一）围绕"关爱他人"开展志愿服务活动

融洽和谐的人际关系，是社会道德水平的重要体现。要突出人文关怀，积极组织开展敬老志愿服务行动，为空巢老人提供家政服务、应急救助、心理抚慰、健康保健等志愿服务；组织开展爱幼志愿服务行动，为留守儿童提供生活照料、亲情陪护、学业辅导等志愿服务；组织开展帮扶农民工志愿服务行动，为农民工提供技能培训、文化服务、权益维护等志愿服务；组织开展助残志愿服务行动，为残疾人提供生活救助、潜能开发、缺陷补偿等志愿服务；大力倡导团结互助、见义勇为的精神，推动形成扶贫济困、扶弱助残的社会氛围。

（二）围绕"关爱社会"开展志愿服务活动

良好社会风尚是社会文明程度最直接的反映。要广泛开展普及文明礼仪知识、维护公共秩序、文明交通、平安建设便民利民志愿服务活动，引导人们知礼仪、重礼节、讲道德，营造规范有序、文明祥和的社会环境。依托重点文化惠民工程，扎实推进社区文化建设志愿服务，鼓励专业文化工作者和社会各界人士义务参与基层文化建设和群众文化活动，丰富人民群众精神文化生活。广泛开展网络文明传播志愿服务，结合文明网站创建，组织志愿者文明上网，引领网上良好道德风尚。组织优秀运动员、教练员和社会体育指导员深入城乡基层，开展全民健身志愿服务。

（三）围绕"关爱自然"开展志愿服务活动

生态文明建设是事关经济社会可持续发展的重大战略问题。要着眼促进人与自然和谐相处，大力开展普及生态文明理念的志愿服务，组织志愿者宣传环境保护知识，倡导资源节约、环境友好的生产方式和消费模式，提高人们的环境道德修养，提升全社会生态文明水平。要大力开展绿化美化志愿服务，组织动员人们参加义务植树、认养绿地、巡逻护林，参与公园、旅游景区、重要河流和水资源地生态环境治理，培育崇尚自然、善待环境的理念。大力开展清洁环境卫生志愿服务，倡导垃圾分类，清除卫生死角，创造优美怡人的城乡生活环境。

课后作业思考

1. 简述志愿服务的概念及原则。
2. 通过网络搜索、资料搜索等形式了解当今新涌现出来的志愿服务类型。

第四节 社区服务

学习目标

1. 了解社区服务的内容和作用；
2. 了解参与社区服务的方式。

课程导入

党的十九届四中全会指出"健全社区管理和服务机制，推行网格化管理、服务"的具体要求。社区是最小的活动单元，通过聚焦服务目标、结构化设置活动流程，不断提升个体的劳动意识、劳动技能和自我效能感，形成紧密的互助共同体，从而增强对自身的认同、对社区服务文化圈的认同、凝聚对生活的共同愿景，逐步构建"自组织、自管理"的社区服务模式，引导学生在社区服务实践中受教育、长才干、作贡献。

【想一想】

大学生能为社区做哪些服务工作？

▶ 一、社区与社区服务

（一）社区定义

社区是若干社会群体或社会组织聚集在某一个领域里所形成的一个生活上相互关联的大集体，是社会有机体最基本的内容，是宏观社会的缩影。社区是具有某种互动关系和共同文化维系的、在一定领域内相互关联的人群形成的共同体及其活动区域。

作为城市社会的最基本单元，社区具有一定的地理区域、有一定数量的人口、居民之间有共同的意识和利益、较密切的社会交往等特点。

（二）社区服务

社区服务，就是指政府、社区居委会以及数字社区等其他各方面力量为满足其成员物质生活与精神生活需要而进行的社会性福利服务活动（见图8-4-1）。随着我国经济发展，生活方式、社会组织形式和就业形式的日益多样化，越来越多的"单位人"转为"社会人"，大量退休人员、下岗失业人员和流动人员进入社区，社区居民群众的物质、文化、生活需求日益呈现出多样化、多层次的趋势。经济社会的发展和居民群众的多方面需要给社区服务提出了新的更高的要求。

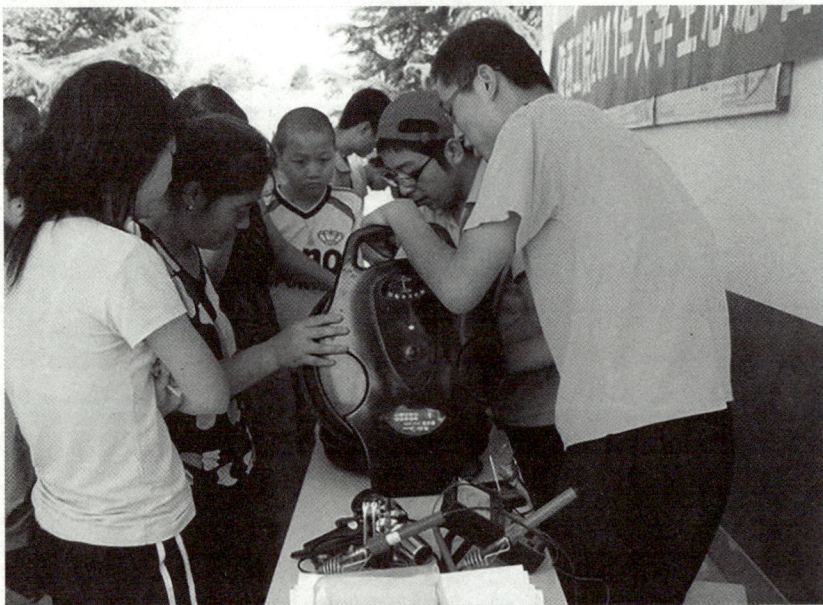

图8-4-1 社区服务

（三）社区服务的内容及特征

根据社区服务需求的方向，社区服务的内容可以概括为"四个面向"：一是面向社区老年人、残疾人、孤儿、妇女、社区贫困户、优抚对象的社会救助、社会福利和优抚保障服务；二是面向社区居民的便民利民服务；三是面向社区单位的社会化服务；四是面向下岗职工的再就业服务和社会保障社会化服务。

社区服务也表现为以下三个特征：

（1）社区服务不只是一些社会自发性和志愿性的服务活动，而是有指导、有组织、有系统的服务体系；

（2）社区服务不是一般的社会服务产业，它与经营性的社会服务业是有区别的；

（3）社区服务是仅由少数人参与的为其他人提供服务的社会活动，它是以社区全体居民的参与为基础，以自助与互助相结合的社会公益活动。

（四）社区服务的作用

（1）社区服务对社区物质文明与精神文明建设有着很大的推动作用。

（2）社区服务以使社区成员拥有更多的公共服务、社会福利和闲暇时间，让人们从繁重的家务劳动中解放出来，提高人们的生活质量。

（3）社区服务可以使人们更集中精力从事生产劳动和其他社会活动，创造出更多社会财富。

（4）社区服务通过广泛群众参与，能够培养高尚的社会道德与社会风气。

（5）社区服务有利于人们的主体意识、协作意识、法纪意识和文化意识的建立和形成，有利于提高人的素质。

知识拓展

大学生乡镇社区忙防疫：愿为乡亲们健康尽绵薄之力

新冠肺炎疫情牵动全国人民的心，在全国各乡镇社区中，出现了一群青年人的身影，他们是寒假返乡的大学生。他们走街串巷，查疫情、发物资、做劝导，这群青年学子牺牲寒假时间参与志愿服务，为乡亲们的健康尽绵薄之力。

从河南省启动重大突发公共卫生事件一级响应的第二天开始，郑州商学院学生王润凡就报名成为志愿者，参加社区防疫工作，一直坚持到现在。王润凡服务的社区在河南焦作武陟县，工作期间，他主要的任务就是检查社区内的疫情，每天对进出小区人员进行登记和测体温，发现有发烧人员，立即通知医护人员进行进一步检查，同时对非本小区人员车辆进行劝返。

王润凡说，刚开始人们不太重视防疫工作，他和同伴每天需要登记500到600人，后来疫情发展严重，他们就挨家挨户上门检查，登记常住人口，人员出入小区的次数也迅速减少。

"因为我们是24小时轮替，有的小区居民就会过来给我送一些热水和吃的。"王润凡渐渐感觉到，国家遇到困难的时候，大家的心都是在一起的，这让他更加坚信自己的工作是值得的，"这场全民战役中，青年无疑是一股重要而又强大的力量，对于这段时间的志愿服务工作，我永生难忘"。

"张贴了 20 余份横幅，30 个展板，50 余份宣传画……"近期，在辽宁沈阳某社区里，中国石油大学（华东）学生赵晨曦持续开展支援防疫工作。他认为，作为志愿者能为家乡奉献力量，哪怕苦点累点都值得。

赵晨曦每天工作 6 小时左右，前期主要工作是挨家挨户排查，通过居民户籍卡上的信息，逐户进行信息收集，疫情排查，每天需要打 200 个左右电话。后期主要进行对老旧小区的封闭式管理，对小区出入人员进行询问登记和测体温等。

对于参加疫情防护工作的感受，赵晨曦说："在社区的志愿服务使我深深地感受到基层工作强大的动员力量，正是这种实事求是、依靠人民的工作方法，才能够在源头上减少病毒的传播。"

（资料来源：中国青年网，2020 年 2 月）

▶ 二、大学生参加社区服务的方式

大学生参与社区服务的方式有多种，总结起来主要有以下方面：

（一）社会服务

立足于具体社区人民群众开展活动，为广大群众的精神文明建设和生活劳动建设服务，可以开展以下服务项目：

（1）为社区打扫部分街道卫生的实践活动；

（2）开展敬老助残、救助弱势群体的实践活动（见图 8-4-2）；

（3）开展爱心家教等有益社区儿童的志愿活动；

（4）宣传志愿者精神及其他综合活动。

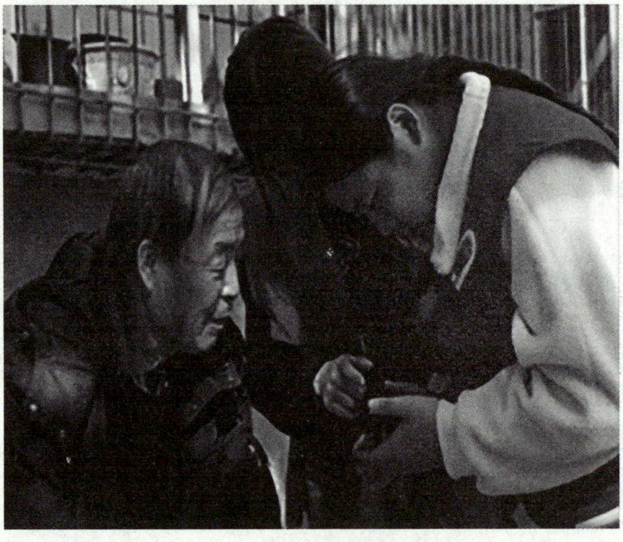

图 8-4-2　智慧助老

（二）绿色服务

针对当前社会最为关注的环境问题，主要开展以下几个方面的社区服务活动；

（1）开展植树造林的实践活动；
（2）开展垃圾分类的实践活动；
（3）开展清理白色垃圾的实践活动；
（4）开展动物保护的宣传活动；
（5）开展对环保方面的宣传活动。

（三）健康服务

宣传健康及公共卫生知识，提高全民对健康及公共卫生的重视程度，可以配合社区及公共卫部门开展以下几个活动：
（1）参与献血、捐献骨髓等服务活动；
（2）开展健康方面的公益演出；
（3）编制健康知识、公共卫生知识宣传小手册，并向社区群众发放。

讨论思考

大学生社区服务困境

大学生志愿者是青年志愿者的主力军，志愿者参与社区服务是当代中国高校顺应社会经济体制转型发展的迫切需要。小夏就是顺应大潮的一名共青团员，在某高职学校的健康管理专业学习两年后，按照学校安排进入了社区一家养老院做志愿服务。随着人口老龄化问题的逐渐加剧，面对养老服务人才短缺的困境，引导培育大学生参与养老志愿服务具有重要意义。但是，小夏面临了一系列的问题。首先是养老院里的老人脾气特别大，总是埋怨小夏干活不利落；其次是老人们嗓门大，说话基本在吼，搞得小夏异常疲惫；再次是自己的专业技能始终没有顺畅发挥出来。另外，养老院用人的高峰时间恰巧与学业时间冲突。心灰意冷的小夏，已经没有了当初报名志愿服务的那股子热情了。通过社区服务，他希望提升"奉献、友爱、互助、进步"精神，但是现实状况并未尽如人意。

思考：你参加过哪类社区服务？你认为怎样才能提高大学生参加社区服务的效果？

（四）文艺宣传

开展文艺活动，主要有节目主持、声乐、器乐、戏剧、相声、小品等，对本地的风土人情、风俗习惯、传统文化等进行宣传。

（五）赛会服务

负责为社区组织的各种大赛活动服务，服务内容有以下几个方面：
（1）外语翻译；
（2）计算机操作；
（3）礼仪服务；
（4）安全保卫；
（5）体力服务。

（六）公益服务

公益服务主要针对各类社会福利机构提供服务，如为福利院、敬老院、慈善机构、红十字会、纪念馆、医院、图书馆、博物馆等提供服务。

（七）一对一服务

志愿者可与社区内帮扶对象一对一定点服务，根据需要的不同、志愿者能力的特点，针对不同形式的需要开展社会服务。服务对象包括孤寡老人、残疾人、生活困难的人、离退休人员、下岗员工、特困未成年人、教育行业的弱势群体等。大学生志愿者及团队可以根据服务对象的不同制定不同的实施方案，为他们提供帮助，例如扶贫帮困、文化教育、法律援助、文体娱乐、生活家政、医疗卫生、环境保护等。

讨论思考

社区服务项目概览

1. 心灵港湾

开展 Youth 悦读拾光——7 天共读学习圈活动。社区学生志愿者发起"7 天共读"活动，一本好书，一群书友，一种自发的想要改变的强烈意愿，足以让社区文化共读空间成为守护心灵港湾的一方安静的书桌，让理性、平和、静心、启智浸润心田，也让一对多、多层次、可持续的思政教育成为可能。

2. 艺起青春

社区大舞台，有梦你就来——定期举办社区文艺秀小剧场，给学生提供才艺展示平台，并连接社区居民，加入剧场演出，构建一个共享、共创的社区大舞台。

3. 勤劳改造家

学生社区举办寝室照片墙活动，营造书香宿舍氛围；社区开启"美好行动"的千人大扫除"快闪"活动；跳蚤市场，旧物交换，设置"亲子摊位"进行玩具和闲置物品的分享；"邻居，你好""邻居，干杯"的社区下午茶活动，被激活的社区中正孕育着新的交集。

4. 党建引领+

党员亮身份、学生党员寝室挂牌、建立"支部同盟"，牢牢构筑"社区党建+服务"的坚强堡垒。举办"大学生红色文化宣讲团""普法进社区、进基层、进乡村的'三进'活动"等。

5. 社区火种节

可以通过模拟创业过程的体验（寻找伙伴、创意发想、原型打造、项目路演等），激发学生创新精神、创新理念的培养，鼓励学生发现不可能，积极与身边的资源、机会互动，学会在不确定性的风险社会中顺势而为，点亮心中的火种；还可以通过"创业早餐会""梦想加速营""小小科学家""创新小玩意儿"等进阶版创业体验活动，让社区儿童切身体验创新的乐趣，激活创新创业因子，形成浓厚的创新创业文化氛围。

6. 社区微志愿

连接校友资源，推动社会创新，通过发起社区小而美的微志愿、微环保活动，创新社会志愿服务呈现方式，引领互助、共享新风尚。

7. 社区学苑

精准对接社区文化需求，定期举办灵活多样的"专业性+通识性"滚动式学术沙龙、文化讲堂、健康知识普及等，提升知识迁移能力。

8. 专业特色活动

如法学院利用形象生动的案例，采用单口相声方式，创办形式多样的线上"行走的法律微课堂"和线下法律诊所；艺术设计学院设计社区文化长廊、书法国画教学、舞蹈和合唱团训练等，营造浓郁的文化氛围；环境学院科学倡导垃圾分类、建筑学院致力于旧区改造、外国语学院举办社区英语角、师范生进行"朋辈小课堂"学业辅导、亲子关系构建等。让专业转化为能力，让能力提升为素质，进一步吸引青年群体参与社区善治，丰富辖区群众精神文化生活，缓和社区矛盾，激活社区内在活力。

课后作业思考

什么是社区服务？社区服务的内容一般有哪些？

第九章　日常生活劳动实践

1. 熟悉并掌握生活技能劳动、勤工助学劳动、文体活动劳动实践的主要内容；

2. 知晓日常生活劳动的类型，并结合个人日常生活实际熟悉并掌握各项劳动实践技能；

3. 注重在日常生活、学习、工作中，主动融入各项日常生活实践中去，不断提升自己的综合能力和水平。

开展劳动实践课的现实意义

1. 有利于锻炼学生的动手能力及个人品格

校内劳动实践课程是学生社会实践学分的重要组成部分，纳入学生校内志愿服务活动记录。校内劳动实践课程能够有效地提高学生的生活自理意识以及动手能力，能够使他们在劳动过程中逐步克服社会对于大学生"高分低能"的刻板印象。在具体的动手实践过程中，教师们认为"我们这一代是从庄稼地里走出来的，吃得了苦，但现在的很多孩子就说不准了。"只有经过事先的吃苦教育，才能够在社会上立足，通过劳动实践课的教学，学生在遵守作息时间、个人自律、工作责任心、团队协作等基本职业素养方面，都有一定的提高。

2. 有利于生态校园的建设

开展校内劳动实践课，是落实教养工程的重要举措，有助于更好地将学生素质养成教育落到实处，有助于培养爱护环境、珍惜环境的个人品质，有助于推动学生自主参与校园环境保护工作，更好地培养学生的主人翁意识。同时全员参与校园劳动，可以倡导全员师生共同关注和爱护校园环境的良好氛围，对保障正常的教学秩序、促进良好的校风学风的形成都有十分重要的意义。

3. 有利于培养学生劳动观念以及感恩意识

先进国家的高校，后勤工作几乎由学生完成；反观国内高校现状，学生的劳动习惯、吃苦耐劳精神都大不如前。通过积极开展劳动实践课，学生以前随手乱扔垃圾的习惯明显得到改善，他们会自觉地将垃圾放置在规定的地方；同时对校内的环卫工人态度也有明显的改善；更重要的是，在学校参加简单劳动，能使学生体会到长辈们的艰辛，在感恩父母的同时，更加珍惜今天的劳动成果。

【想一想】

你觉得开展劳动实践课的主要意义有哪些？你参与过日常生活中哪些劳动实践？分享一下你参与后的感受。

第一节 生活技能劳动实践

学习目标

1. 了解生活性劳动的范围、生活性劳动能力培养的意义和培训途径；
2. 掌握生活中最基本的劳动技能，提升自己最基本的生活能力；
3. 通过参与生活性劳动，塑造正确的世界观、人生观和价值观。

生活技能
劳动实践

案例导入

因生活不能自理而遭劝退的大学生

近些年，报纸、新闻和网络上经常会出现某名大学生因生活不能自理被某高校劝退的消息。如曾经 13 岁考上重点大学、17 岁硕博连读的湖南省华容县的魏同学，在 20 岁时却被退学了。无独有偶，还有一位同学曾经以全市第一名被录取的学生，也因在校生活不能自理在研究生期间被学校进行劝退……而近几年也爆料出少部分学生不能适应大学生活，无法住校学习，需要家人在校外租房子进行陪读。这些学生有一个相同之处就是，他们日常生活不能自理，或者自理能力极差。他们除了读书，自己不会乘坐公交车、不会洗衣服、不会收拾自己的床铺，甚至个别学生不会系鞋带、不会与其他同学进行正常交往……离开了家人的陪伴，离开父母的照顾，他们变成了毫无生活能力的巨婴，很难想象在未来竞争不断加剧的社会他们该如何正常生存下去。

问题导学

案例中的同学之所以被学校劝退，是因为这些学生除了读书，严重缺乏生活自理能力。对于每一个学生而言，除了获得学习的本能，还要注重增长生活技能，进行生活性劳动。生活性劳动主要是日常生活中涉及衣食住行的劳动，是保障我们能够独立生活、健康生活、幸福生活的方方面面的劳动，也是我们每个人生活能力的重要衡量和扮演好生活中的角色、处理好日常人际关系、获得未来幸福生活的重要保障。

▶ 一、自我服务劳动

（一）概念

自我服务劳动是料理自己生活的各种劳动，自我服务劳动是最简单的日常劳动，是从我做起，从小事做起，从自我服务开始，逐步能为他人、为集体服务，逐渐培养自己的责任感和社会适应能力的劳动。日后不管我们从事何种生产劳动，自我服务都将成为我们的义务和习惯。

（二）自我服务劳动技能

自我服务劳动技能是人人必须具备的技能。在我国，尽管各民族、各地区人们的生活习惯有所差异，但卫生习惯、生活自理、学习自理应当是共同的。自我服务劳动技能最基本的包括洗手、洗脸、刷牙、洗脚、剪指甲、洗头、梳头、洗澡、穿脱衣服、系鞋带、铺床、叠被、洗小件衣物、洗碗筷、洗茶杯、钉纽扣、缝补衣物、晒被褥、洗外衣、叠放衣服、收拾书包、修补图书和整理学习用品等，无论长幼都应将最基本技能熟练掌握。

这类劳动项目重在养成学生自己动手丰衣足食的良好习惯，从而认识劳动光荣，为从事其他各类劳动打下基础。生活性劳动技能可促进自己进行充分的自我服务，更加独立，自主地规划自身的生活，解决学习生活中遇到的各种困难。

知识拓展

如何巧妙洗掉衣服上的各种污渍？

在冬天的时候我们都会穿上一件好看又漂亮的羽绒服，但是有时候羽绒服穿的时间长了就容易产生各种污渍，那么如何快速除掉衣服上的污渍呢？以下是清理羽绒服上的污渍小窍门。

1. 普通污渍

洗羽绒服的时候最好是用温水，在温水中加入洗衣液，将有污渍的地方放入里面浸泡30分钟，再加入少量的米醋，轻轻地搓一搓，或者用浴球或者小牙刷擦拭都可以，污渍很快就会被洗掉，有污渍的地方进行局部清洗，会特别干净，再用清水清洗两遍就可以了。

2. 发霉污渍

衣服放在衣柜里都快一年了，拿出来一看，上面有不少的霉渍，是不是想过不再穿了，把它扔了呢？不着急，这时候我们可以用洗米用的淘米水，将有霉渍的地方放进淘米水里浸泡一夜，第二天再来搓洗，发霉的污渍就不见了。因为淘米水里有蛋白质，可以有效地吸附上面的发霉物质。

3. 染色

碰到这种问题大家都会特别的烦躁，因为自己的粗心，可能和深色的衣服放在一起清洗，这样不小心就染上的颜色，怎么办呢？这个时候建议大家用84消毒液，根据说明的稀释倍数，浸泡清洗。要根据你衣服的染色程度来定，多以稍低浓度漂洗，去除染色，因为漂白过度会影响本来的颜色无法恢复。

（三）自我服务劳动的意义

自我服务劳动是一个学生全面发展、成人成长的最基本条件和最基本要求。一个人，先要从小学会料理自己的生活，长大后才能从事生产劳动。所以，生活性劳动是未来从事其他劳动的基础。日常生活中自我服务方面的劳动也是培养我们劳动能力的必要手段和基本途径，为我们未来成长为合格公民、诚实合法劳动、创造成功生活奠定基础。

1. 有利于劳动能力和劳动习惯的培养

劳动能力即会劳动，掌握劳动的基本技能技巧。爱劳动一直是中华民族的传统美德，会劳动能促使我们爱上劳动、积极参与各种劳动，逐步克服自身惰性。现代戏剧之父易卜生告诉后人："你的最大责任就是把你这块材料铸造成器。"而铸造成器的过程就是一个不断打磨自己、提升自己的过程。生活性劳动就是一个培养自身劳动能力和劳动习惯的过程，或者说，从事自我服务劳动是培养劳动能力和劳动习惯的重要途径。

2. 有利于提升幸福感和创造力

有教育家说过，个人的才能和天赋的起源在自己的指尖上。形象地说，从我们的手指淌出涓涓细流，汇成创造思想的源泉。换句话说，不动手不利于动脑，不利于聪明才智的发挥。可以说，一个人会生活才会懂生活，才会爱生活，爱生活才会创造生活；同样，一个人会生活才会工作，会工作才会做好工作，才会取得更好的工作业绩。其中会生活的基础是具备一定的劳动能力，有了劳动能力我们才能用双手去创造我们的幸福生活。

3. 有利于培养对劳动人民的思想感情

一个人只有付出了辛勤劳动，才能懂得珍惜劳动成果。因为付出了劳动，我们就懂得了劳动的艰辛，我们就能够主动换位思考，产生同理心，从而珍惜和爱护他人的劳动成果，也就建立了对劳动人民朴素的思想感情。

4. 有利于促进个人意志品质的形成

生活中的劳动虽然难度不大，却是我们每天的日常，需要我们始终如一、坚持不懈，而坚持的过程也是良好习惯的养成过程、意志品质的形成过程。伟大的品格、丰硕的成果都来自良好的意志品质，所谓"不以善小而不为""一屋不扫何以扫天下"就是这个道理。

（四）自我服务劳动能力提升的途径和方法

提升自我服务劳动能力是提高生存能力、竞争能力和自我发展能力的基础。很难设想，一味地依赖别人，把自己的命运寄托在他人身上，时时事事靠别人指点才能过日子的人，会有什么大的作为。而且生活不能自理，样样由别人操心代劳，也是懒惰与无能的表现。虽然随着年龄的增长，我们的生活自理能力会有所提高，但自理能力不是自发产生的，它需要我们有意识地加以培养，需要我们从一件件小事上来要求自己去完成，去做到，去实现。

1. 思想上真重视

自我服务劳动是每一个人成长的必备能力，是每一个人立足家庭、立足社会的最基本能力。很多大学生不具备这个基本能力，不是因为难以掌握，是因为思想上不重视，有依赖的心理、有惰性。因此，思想上重视才能主动学习、主动接受训练。

2. 情感上真尊重

中华传统美德是劳动最光荣，我们要从情感上尊重劳动，劳动没有高低贵贱之分，要摒弃"万般皆下品，唯有读书高"的旧思想；尊重劳动者，是劳动者创造了社会财富，他们是最美的。

3. 行动上肯动手

在生活性劳动中，要多学多做，自己的事情自己做，不能由他人包办代替。生活性劳动随处可见，要勤于动手、主动去做，从小事做起，在不断尝试、反复训练中不断提高劳动兴趣、提升劳动质量、总结劳动经验、掌握劳动技巧、提高劳动能力。

4. 生活中善学习

自我服务劳动具有普遍性，只要愿意，我们可以通过多种渠道进行学习和实践，可以通过学校的教育进行相关劳动项目技能的培训，也可以主动跟家长和同学学习一些关于劳动的方法，并要求家长和同学多给予指导。

▶ 二、日常家务劳动

（一）洗衣常识

1. 洗衣要分类

洗衣服时，不仅要按颜色分类，还要看衣服的材质、种类。颜色方面，衣物可分为纯白色、浅色（包括带白色条纹的衣物）、深色（黑、蓝、褐等）、艳色（红、黄、橙等）四类；材质方面，一定要将毛绒多的衣物（毛巾、毛衣、灯芯绒衣物等）和容易起球的衣服分开洗，避免把衣服洗坏；贴身衣物，如内裤、秋衣裤等，要单独洗涤。

（二）熨烫技巧

1. 熨烫步骤

（1）熨烫机内注水。注水时应往熨烫机内灌注冷开水，以减少水垢的产生，避免喷气孔堵塞。

（2）选择温度。熨烫机上一般会有调节温度的旋钮，使用时可根据衣物的材质选用不同的温度，也可根据衣物上的熨烫标识选用合适的温度。

（3）熨烫。熨烫过程中应保持衣物平整，以免熨烫过后衣物再次留下褶皱。同时，应在水温达到所调温度后再开始熨烫，因为在温度条件不够时，无法形成水蒸气。

（4）熨烫完的衣服不要马上挂入衣柜，而应先挂在通风处，待衣服完全干透之后再挂进衣柜，以免衣物发霉。

2. 不同布料衣物的熨烫方法

（1）棉麻衣物的熨烫方法：

熨烫温度：160 ℃~200 ℃

熨烫手法：①动作敏捷，但不能过快；②往返不宜过多；③用力不宜过猛；④熨烫淡色棉麻织品时应保持匀速，以免衣料发黄。

（2）丝质衣物的熨烫方法：

熨烫温度：110 ℃~120 ℃。丝质衣物需低温熨烫，过高的温度容易导致衣物褪色收缩、软化、变形，严重时还会损坏衣物。

熨烫手法：①垫布熨烫，或熨烫衣物反面；②熨烫时，熨烫机要不断移动位置，不能在一个地方停留时间过久，以免产生烙印水渍，影响衣物美观。

（3）皮衣的熨烫方法：

熨烫温度：80 ℃以下。

熨烫手法：①垫干燥的薄棉布进行铺平；②熨烫时用力要轻，以防止损坏皮革。

（4）老织衣物的熨烫方法：

熨烫温度：薄款150 ℃以下，厚款200 ℃以下。

熨烫手法：①先将湿布盖在布料上，再熨烫；②熨烫时，平稳地在衣服上移动，不宜移动过快。

（5）合成纤维衣物的熨烫方法。合成纤维种类繁多，不同的合成纤维衣物的耐热程度也各不相同。初次熨烫的可先找衣物里面不明显的部位试熨，在掌握了适合的熨烫温度后再进行大面积熨烫。

（三）针线绝活

做好针线活的前提是要学会常用的针法。缝制衣物常用的针法有平针法、锁边缝、藏针法、缩缝法等。

（1）平针法是最基础的针法，也是最常用的针法。这种针法主要用于拼接布料和缝制布料。缝制时要注意针脚间隔均匀，间隔一般为3毫米左右，也可根据实际情况调整。

（2）锁边缝一般用于缝制织物的毛边，以防织物的毛边散开。

（3）藏针法一般用于两块布料的缝合。这是一种很实用的针法，能够有效隐匿线迹，常用于衣服上不易在反面缝合的区域。

（4）缩缝法可以在缝制过程中拉出松紧度，一般用于缝制缩口。

（四）衣服收纳

各式各样的衣服随意堆放在衣柜里，既不美观也不便于拿取，那么，应如何合理使用衣柜空间收纳衣服呢？

（1）将衣物照样式进行分类，分为裤子、裙子、衬衫、短袖、毛衣、外套、内衣裤。

（2）将分类好的衣服一一折叠。

（3）将折叠好的衣服按季节进行分类。属于当季的衣服，可放于衣柜中易于拿取的位置；属于其他季节的衣服，可放于衣柜顶层或收纳盒、收纳袋中。另外，内衣裤、袜子等小衣物可放于抽屉中收纳。

（4）衣柜没有隔断时，可以加上衣柜隔板，划分出合适的区域，充分规整空间。此外，还可以在衣柜中放一些多层收纳挂筐，这样既充分利用了收纳空间，又能将贴身衣物、帽子、包等分类收纳。

（五）饮食文化

我国地大物博，在饮食上总体呈现出风味多样、讲究美感、食医结合等特点。

1. 风味多样

我国幅员辽阔，物产丰富，各地区由于气候、物产、习俗、生活环境等的不同，发展出了各式各样、具有地方风味和特色的菜系，其中最著名的有川菜、鲁菜、粤菜、闽菜、苏菜、浙菜、湘菜和徽菜等八大菜系。各个菜系在原料选用、烹调技艺、口味等方面特点鲜明。

2. 讲究美感

我国菜系众多、菜品多样，但无论哪种菜系，都追求色、香、味俱全。菜的色彩、卖相是运用了各种食材、配料和烹调方法，调配好一道菜肴的色彩，是一种让食物赏心悦目的艺术。

3. 食医结合

我国烹饪讲究食医结合，认为食物与医疗保健有着密切的联系，在几千年前就有"医食同源""药膳同功"的说法。许多食物原料都具有药用价值，利用这些原料做成的菜肴，不仅美味，还能达到防治疾病的目的。例如，绿豆具有清热解暑、止渴利尿的功效；苦瓜具有清热解暑、明目解毒的功效；胡萝卜具有补肝明目、清热解毒的功效；梨具有清热镇静、化痰止咳的功效。

（六）饮食健康

烹饪不仅关注的是美味，更应该做到营养均衡。均衡的膳食、合理的营养搭配不仅可以保证人体正常生理功能的需要，还可以提高机体的抵抗力和免疫力，有利于预防和控制某些疾病的发生与发展。

根据中国营养学会编制的《中国居民膳食指南（2016）》，一般人群的膳食可遵循以下六个原则：食物多样，谷类为主；吃动平衡，健康体重；多吃蔬果、奶类、大豆；适量吃鱼、禽、蛋、瘦肉；少盐少油，控糖限酒；杜绝浪费，兴新食尚。

（七）烹饪基础

1. 烹饪原料

烹饪的原材料可分为蔬菜、水产品、畜禽、粮食作物和果品五类。

（1）蔬菜是人体维生素、矿物质和膳食纤维的主要来源。

（2）水产品富含蛋白质、脂肪、矿物质和维生素。

（3）畜禽是人体优质蛋白、脂类、脂溶性维生素和B族维生素的主要来源。

（4）粮食作物是对谷类作物、薯类作物和豆类作物的总称。谷类作物主要为人体提供淀粉、植物蛋白、维生素等；薯类作物主要为人体提供淀粉、维生素等；豆类作物主要为人体提供蛋白质、脂肪等。

（5）果品主要为人体提供维生素、矿物质和人体所需的微量元素。

2. 烹饪调料

烹饪常用的调料有油、盐、酱油、醋、料酒等。

（1）盐。盐是最基础的调料，素有"百味之王"之说。在菜肴中加入盐，不仅有增鲜味、解腻的功效，同时还有杀菌防腐作用。

盐一般分为精盐和粗盐，精盐是经过加工而成的颗粒细小、洁白无杂质的盐，日常调菜肴时使用。粗盐是天然的大粒海盐，一般用来腌制咸菜、肉类等食品，可以增添咸鲜的味道和延长食品保存期限。

（2）油。油在烹饪中有重要作用。油的传热作用可以缩短食物的烹调时间，使原料保持鲜嫩或酥脆。由于油温不同，还可以使菜肴呈现出洁白、金黄、深红等不同颜色。油分子渗透到原料的内部，使菜肴散发出诱人的芳香气味，从而改善菜肴的风味，使得菜肴润滑可口，并且补充某些低脂肪菜肴的营养成分，从而提高菜肴的营养价值。

一般使用的油有花生油、菜籽油、大豆油、玉米油等。

（3）酱油。酱油是一种色、香、味俱佳而又营养丰富的调味料，其中氨基酸的含量多达17种。此外，还含有各种B族维生素和棕红色素。

酱油按照提取时间不同可以分为生抽和老抽。生抽颜色较淡，在炒煎蒸煮或凉拌时按照需要加入适量酱油，就会使菜肴色泽诱人，香气扑鼻，味道鲜美。老抽是在生抽的基础上，再晒制2~3个月，经沉淀而成，颜色很深，呈棕褐色。老抽一般用来给食品着色，如做红烧等肉类菜肴上色时使用。

（4）醋。醋不适宜单独使用，因为醋的酸味不像咸味和甜味可以单独构成一种美味，醋能与多种味道交融组合。醋在烹调的作用主要是：调和菜肴的滋味，增加菜肴的香气；能够调和刺激食欲，促进消化和吸收；在原料加工中可防止某些果蔬类"锈色"的发生；在炖汤时加点醋，可以使肉类食品更容易熟。

醋有陈醋、香醋、米醋、白醋等几种。陈醋色泽黑紫，醋香浓郁，适合烹制凉拌菜，可以增加菜肴的鲜香。香醋酸而不涩，香而微甜，适合佐食包子、水饺或炒螃蟹、虾等。米醋酸味醇正，香味柔和，适合炒制菜肴或者烹制海鱼时使用。白醋用于烹制本色菜肴和浅色菜肴。

（5）料酒。料酒可以增加食物的香味，去除鱼、肉类的腥膻味，增加菜肴的香气，有利于咸甜各味充分渗入菜肴中，还可以减少烹饪对蔬菜中叶绿素的破坏。另外料酒富含人体需要的 8 种氨基酸，可以为人体提供有益的营养成分。

料酒的种类有啤酒、白酒、黄酒、葡萄酒等。最常用的料酒是添加黄酒、花雕酿制的料酒，其酒精浓度低，含量在 15% 以下。

（6）糖。糖在烹调中不光可以增味，还有去腥、解腻、提鲜的作用。烹饪时糖的甜味如果调配得当，可以让菜肴更有味道。

糖分白砂糖、绵白糖、红糖、冰糖等几种。白砂糖是洁白有光泽的细小颗粒，用于烹制菜肴时的佐料，或饮料的甜味剂。绵白糖质地绵软、细腻，结晶颗粒细小，用于一般饮品、点心及其他糖制食品，或作为拌凉菜时用的调味料。红糖是甘蔗经榨汁和澄清处理后经浓缩煮炼制成的糖，用于煮甜食或者甜品。冰糖是清白色或黄色的大块结晶体，有滋阴生津、润肺止咳的功效，用来烹制滋补类的食品。

3. 火候

烹饪时的火候一般根据两种方式确定：

（1）根据原料的质地确定。原料质地较软、嫩、脆的，多用旺火速成；原料质地较硬、老、韧的，多用小火长时间烹调。

（2）根据烹调的技法确定。炒、爆、烹、炸等技法多用旺火速成；烧、炖、煮、焖等技法多用小火长时间烹调。

（八）物品摆放

1. 分类收纳物品

常用的物品放在显眼处，不常用的物品收纳在柜子内。例如，厨房内台面上放置油、盐、酱、醋等常用物品，备用油、盐等放在橱柜中；将每天使用的拖鞋置于易拿取处，换季的鞋子放在不易拿取处；将每天出门需要换的衣服、帽子等挂在随手可拿的地方，换季的衣服放在柜子里或收纳箱中。

2. 借助收纳盒

厨房的抽屉内，可配置大小合适的分餐盒，将筷子、勺子等分别置于其中；书桌的抽屉内，可以借助不同的小盒子划分区域，使小物件井然有序。

3. 垂直收纳

利用家或寝室内空着的墙面收纳物品。例如，在书桌的上方放置两层或者三层的隔板架，在厨房墙面悬挂收纳篮等。

4. 利用好角落空间

沙发、餐厅、卧室等地的角落是很好的收纳空间，好好利用这些角落空间（如放置移动的收纳架），不仅不会使我们的住处显得拥挤，还会营造出一种特别的美感。

讨论思考

我们在日常生活、学习中应注意养成哪些良好的习惯？

课后作业思考

请根据自己家庭的具体情况制订家务劳动计划，并严格执行计划。通过照片、微视频的形式记录自己的劳动过程，并在班级内展示、评比。具体内容如下：

（1）具体计划。

（2）实施过程。

（3）实施过程中的难点及解决方案。

（4）自我评价。

第二节　勤工助学劳动实践

学习目标

1. 了解勤工助学的内涵和重要意义；

2. 结合自身实际，在校寻找适合自己的勤工助学岗位，磨砺思想意识，增强社会认同；

3. 主动了解国家、政府对勤工助学的政策。

案例导入

勤工助学开启梦想之花

耿同学是一名建档立卡家庭学生，两年多来，她利用课余时间在学校的就业处进行勤工助学，通过自身的努力，基本每个月的生活费足够了。同时，她还虚心向就业处的老师学习Word、Excel 等基本办公软件的应用，全面提升自己的综合能力。

在大三顶岗实习的时候，经过就业指导处老师的推荐以及自身的努力，她顺利拿到一家国有企业的录用函。耿同学认为学校搭建平台开展的勤工助学活动非常有用，不仅缓解了她的家庭经济负担，更解决了她的就业难的问题。目前她已经成为公司的中层高管，她说正是勤工助学改变了她的人生命运，给自己的人生梦想插上了翅膀。

问题导学

耿同学利用课余时间通过自己的劳动，不仅减轻了家庭的经济负担，同时在勤工助学的过程中促进德、智、体、美等品德全面发展，增长才干。像耿同学一样的同学还有很多很多，她只是众多勤工助学学生的一个缩影。

作为新时代的大学生，我们要正确、客观认识勤工助学。勤工助学作为缓解学生经济负担的一种方式，通过细化管理和服务，引导大学生正确认识勤工助学对个人成长成才的重要作用，培养正确的劳动观点，引导大学生将磨难转化为契机，将贫困转化为财富，展示大学生自立自强的良好品质的手段。因此，希望同学们踊跃参与其中。

▶ 一、勤工助学的概念

勤工助学是指学生在学校的组织下利用课余时间，通过劳动取得合法报酬，用于改善学习和生活条件的社会实践活动。在我国，勤工助学是贯彻教育与生产劳动相结合的一种教育活动，勤工助学对于推动学生素质教育，构建新的人才培养模式，促进学生成长成才有着重要意义。

▶ 二、勤工助学的内涵

勤工助学源于"济困"，通过俭学来达到完成学业的目的。随着社会进步和对人才需求标准的提升，我国大中专学校的勤工助学工作已由"济困"为主的阶段过渡到"济困与成才相结合的"社会实践阶段，越来越多的学生把勤工助学作为主动适应社会、参与社会实践、提升自身综合素质和能力的有效手段，勤工助学的内涵也越来越丰富、充实，完成了从纯粹"经济功能"到"人的全面发展教育功能"的转化。

1. 功能上由单纯解困向助困育人发展

如今，随着市场经济的发展和高等教育体制的改革，社会对复合型人才的需求不断扩大，学生价值观念和社会取向也在发生变化，成才意识日渐增强。勤工助学活动作为一项特殊的社会实践活动，其功能、内涵和作用不断得以拓展和延伸，育人功能更加突出。

2. 对象上由家庭贫困学生向全体学生发展

随着勤工助学活动的深入发展，学生对勤工助学活动的多重功能有了更深入的理解，勤工助学活动逐渐被学生群体广泛认同，一些非贫困学生从实践锻炼的角度出发，也主动加入勤工助学活动。因此，参加勤工助学的学生群体也逐渐由贫困学生和非贫困学生共同组成。

3. 类型上由普通型向专业型发展

学校在开展勤工助学活动的过程中，更加注重开发学生智力，发挥专业特色和优势，提高人才培养质量。学生参加勤工助学活动由主要从事劳务型、服务型、事务型工作岗位的志愿逐渐向从事专业型、技术型、管理型工作岗位转变，实现了专业学习、能力培养和经济资助三者的有机统一。

4. 形式上由个体自发向集体组织发展

过去学生参加勤工助学往往呈现自发性、分散性特点，存在一定的安全隐患，合法权益容易受到侵害。目前高等院校普遍建立了统一的管理和服务机构，制定了详细的管理规定和运行机制，同时注重勤工助学基地建设，积极拓展勤工助学市场，使勤工助学有了更加广阔的发展空间，为大学生创造了良好的勤工助学环境。

▶ 三、勤工助学的意义

1. 勤工助学实现了"济困"的功能

目前学校中很大一部分时间是由学生自由支配的，勤工助学能够让学生在业余时间展示其价值，通过自己的劳动来获取报酬、缓解经济压力，同时勤工助学能帮助贫困学生改善学习和生活条件，已成为学校实现"济困"的重要手段。学生通过勤工助学劳动，增加自己的经济收入，在实际工作中认识到生活的艰辛，减轻家庭的经济负担，实现自我价值；同时也能体会到父母养育之恩的不易，从自身勤工助学劳动中增强感恩父母的意识，激励自己好好地学习、奋发图强，更好地报效祖国。

2. 勤工助学锻炼了当代学生的思想品格

当下"90后""00后"大学生普遍害怕吃苦，缺乏服务精神和团队意识，责任意识不强。因此，通过勤工助学实践活动能够让学生感受到生活的艰辛，懂得什么是责任和担当，明白什么是感恩和奉献，有利于他们树立自信心，形成劳动光荣的观念，有利于他们树立正确的世界观、人生观和价值观。在团队中学会面对激烈的竞争，提高他们的心理承受能力，培养危机意识。同时，在长期的勤工助学实践中，培养学生的自我约束力、劳动意识和职业道德，这些都将成为他们以后人生路上的宝贵财富。

3. 勤工助学提高了学生综合能力和素质

通过勤工助学实践活动，学生的学习能力、社会能力及内省能力都得到了进一步提高。从校内岗位到校外岗位，从懵懂盲从到独立选择，从忐忑上岗到独当一面，学生的实践能力、创新意识和独立分析问题、解决问题的能力明显提升。学生提前接触社会，了解社会规则，调整自己的预期，改进自身不足，契合社会需求，团队意识、自律能力、心理素质明显提升，社会适应能力显著提高。另外，通过勤工助学，学生的学习能力和专业素质也得到了增强，学生把学到的专业知识很好地运用到实践中去，边学习边实践，不仅可以让自己的专业知识更扎实与稳健，同时还可以从专业出发去扩展专业相应的特长，增加个人能力。

4. 勤工助学增强了学生创新创业能力

勤工助学引导带动学生从课堂到课外，从学校到企业，从学生到职员，从兼职到就业创业，开阔了视野。学生在自己熟悉的领域经过长期实践已趋于理性，从创新的角度重新审视身边的各种资源，寻求资源的更佳配置，谋求更大的发展。学生在勤工助学过程中容易迸发出创新想法和创业激情，结合团队管理、项目运作、人际管理、目标管理等，进入一个融会贯通、将所学所思转化为所想所为的新境界，创新创业能力大大提升。

5. 勤工助学促进了学生就业

勤工助学能够不断提升学生的管理组织能力和为人处世能力，使学生的职业素质和职业能力全方位提升，帮助他们储备优质就业和自主创业所需要的身心素质和技能。

▶ 四、勤工助学遵循的原则

1. 遵守法律

参加勤工助学活动的学生，要认真学习和遵守国家的相关法律、法规，要以诚信为本，不做违法乱纪的事情，要学会用法律武器来维护自己的合法权益；要主动了解用人单位是否合规、合法，要与用人单位签订用工劳动协议，要明确用人单位工作要求和协议中的条款，是否合法合情合理，以防上当受骗。

2. 做好防范

参加暑寒假勤工助学，如果需要校外租房要通过正规的房产中介，并签订房屋租赁协议，参加重体力劳动的勤工助学工作，要注意个人的人身财产安全，不能掉以轻心，清楚掌握所从事工作相关的安全预防知识。要自觉遵守工作中的各项规章制度，避免产生事故。

3. 及时报告

勤工助学发生意外情况时，要及时向学校、家长、当地公安部门报告，寻找正确的解决途径和方法，确保个人的合法利益不受侵害。

4. 坚持"立足校园、服务社会"的宗旨

勤工助学活动按照学有余力、自愿申请、信息公开、扶困优先、竞争上岗、遵纪守法的原则，由学校在不影响正常教学秩序和学生正常学习的前提下有组织地开展勤工助学活动。

▶ 五、勤工助学相关政策要求及权益保护

随着我国经济发展和教育改革，高校勤工助学不再局限为一种经济资助的手段，更成为大学生实践的重要组成部分。近年来，除了家庭经济贫困学生，许多家境较为富裕甚至是优越的学生也竞相加入高校勤工助学的行列。因此，了解和熟知勤工助学的相关政策及权益保护，对于想从事勤工助学的学生是非常有必要的。

1. 活动管理

学生在学有余力的前提下，向学校提出勤工助学的申请，接受必要的勤工助学岗前培训和安全教育，再由学校统一安排到校内或校外的岗位上进行勤工助学活动。学校不得安排学生参加有毒、有害和危险的生产作业以及超过身体承受能力、有碍健康的劳动。任何单位和个人未经学校同意，不得聘用在校学生打工。

2. 时间安排

学生参加勤工助学不应当影响学业，原则上每周不超过 8 小时，每月不超过 40 小时。寒暑假勤工助学时间可根据学校的具体情况适当延长。

3. 劳动报酬

学生参加校内固定岗位的勤工助学，其劳动报酬由学校按月计算。每月 40 个小时的酬金原则上不低于当地政府或有关部门制定的最低工资标准或居民最低生活保障标准，可以适当上下浮动。学生参加校内临时岗位的勤工助学，其劳动报酬由学校按小时计算，每小时酬

金原则上不低于 12 元。

4. 权益保护

学生在开始勤工助学活动前应当与有关单位签订协议，保护自身的合法权益。学生在进行校内勤工助学前，应当与学校的学生勤工助学管理服务组织签订具有法律效力的协议书。学生在进行校外勤工助学前，应当与代表学校的学生勤工助学管理服务组织、用人单位签订具有法律效力的三方协议书。协议书应当明确学校、用人单位和学生三方的权利和义务，意外伤害事故的处理办法以及争议解决方法。

知识拓展

勤工助学岗位选择和面试准备

1. 勤工助学岗位一般分为固定岗位和临时岗位

（1）固定岗位是指持续一个学期以上的长期性岗位和寒暑假期间的连续性岗位。

（2）临时岗位是指不具有长期性，通过一次或几次勤工助学活动即完成任务的工作岗位。

岗位类型主要包括管理助理、教学助理、科研助理和辅导助理等。学生可通过学校网站查询或者到学校负责管理的相关部门查询详细岗位信息，根据自身情况选择合适的岗位进行申请。

2. 勤工助学岗位的面试准备

任何面试都是面试者对求职者筛选的过程。对方需要从你提供的信息中判断你是否适合当前的岗位。作为一名求职者，无论面试何种岗位，都要注重沟通效率，在短时间内充分展示自己的特长、个性、优势、能力等，给对方留下较好的印象。

（1）请简单介绍一下你的相关情况。

（2）你先前对该工作岗位了解吗？你有这方面的工作经验吗？

（3）你的特长是什么？你觉得你自身最大的优点和缺点是什么？

（4）你为什么认为自己适合这份工作？

▶ 六、应对大学生校外勤工助学安全问题采取的必要措施

既然学生安全事件无法回避，那么积极采取有效措施预防便是最好的方法。

1. 加强对于勤工助学学生的安全教育

很多的安全事件发生源于学生安全防范意识淡薄，高校资助管理中心应该加强这方面的培训和教育。首先，要对学生进行交通安全意识培训，教会他们外出要遵守交通规则，晚上应当结伴而行，女生不单独在夜晚外出，等等。其次，要在学生中开展防诈骗、防盗意识教育，要使学生懂得"天下没有免费的午餐"，杜绝占小便宜的心理，培养学生自力更生、吃苦耐劳的品性，提高公众场合的防盗意识，学会判别各种打工陷阱。最后，组织专门的勤工助学相关法律知识培训，使学生懂得在遇到安全问题时如何用法律武器保护自身权益，掌握一些基本的自卫方法和自我保护技巧。

2. 建立高校直接监管支持下的社会化、市场化勤工助学基地

目前，高校大部分校外勤工助学活动是由学生个人组织的，学校极少参与。有些高校即

便是有勤工助学基地，也是挂靠到某个部门名下，这一类勤工助学基地一般只负责校园内的勤工助学岗位安排，根本没有更多的校外勤工助学岗位供学生参与，而且普遍管理不善，流于形式。在这样一种高校勤工助学模式之下，很难保证学生校外的合法权益和人身安全得到保障，必须有一个能够涉及校外勤工助学工作的勤工助学基地。如此一来，学生勤工助学的前期培训、岗位开拓、人员组织、权益维护、勤工助学工作就有一个实体，学生的合法权益和人身安全的保证就有了坚定的后盾。

3. 签订临时劳务合同，使勤工助学活动法制化

大学生勤工助学的权益维护在法律上存在困境，大学生在校期间的外出勤工助学在《劳动法》中是不视为就业的，不适用于《劳动法》，不能得到《劳动法》的保护。在《中华人民共和国民法通则》与《民法典》中，大学生勤工助学活动却是适用的，勤工助学过程中大学生提供了劳务，在这个过程中大学生与雇主签订的不是劳动合同而是劳务合同，而雇主违反劳务合同一般只承担民事赔偿责任，却不承担行政或刑事责任，因而大学不能到劳动争议仲裁委员会申请仲裁。

综上所述，大学生的校外勤工助学合法权益保护在法律上存在缺陷，为了更大限度地保障个人利益，勤工助学基地一定要教会大学生在勤工助学时必须与用人单位签订临时劳务合同，以保障双方权益。

4. 引入校外校方责任险，寻求保险公司为学生校外勤工助学安全问题提供担保

校方责任险，是一种保险的名称，是由学校作为投保人，因校方过失导致学生伤亡的事故及财产损失，由保险公司来赔偿，学校也是受益方，是一种责任保险。校方责任险的保险责任，主要为学生在校活动中或由学校统一组织安排的活动（学校活动包括体育课、实验课、课间操、课外活动、春游等）过程中，因学校非主观过失导致注册学生的人身伤害和财产损失，依法应由学校承担的直接经济赔偿责任。这类保险可以保障学校的利益，一旦发生安全事故时，由保险公司承担，这样学校才有积极性组织学生外出勤工助学。

大学生走出校园，凭借自身能力，自食其力地勤工助学将愈发成为一种潮流和趋势。他们的合法权益和人身安全保护问题也将越来越重要，如何有效地来完成相关保障工作，并非一个法令、一个规章、一个部门所能解决，这是一个完整的系统工程，有待各方共同努力，共同构建大学生校外勤工助学的绿色空间。

讨论思考

结合自己的专业实际，判断自己是否适合参与勤工助学。

课后作业思考

利用课余时间、寒暑假参加一项校外勤工助学活动

活动主题：自觉培养劳动意识，树立正确的劳动价值观。

活动目标：通过参加校内外勤工助学劳动活动，感受国家对教育的重视程度，感受社会主义大家庭的温暖，亲身投入社会生活中去，参与到国家和社会的建设中，培养热爱祖国、热爱集体、热爱劳动的品质。

适用对象：职业院校学生。

遵守原则：安全性原则、真劳动原则、结合专业开展勤工助学原则。

组织者：年级辅导员。

具体过程：

（1）组织者要对学生所要参加勤工助学工作单位的性质、资质、企业注册资金、工作范围、劳动强度等做全面排查，要对用人单位的岗位设置进行监督，不要对学生的身体造成伤害，尤其是生产安全方面的要求要细化，保证学生的人身安全。

（2）学生对所从事的勤工助学工作岗位，也要做充分的准备，认真学习劳动手册，遵守劳动安全要求。

（3）要与勤工助学工作单位签订兼职劳务合同，避免上当受骗。

（4）按照约定诚信参加兼职劳动，把自己所学到的知识和技能运用到劳动中。

（5）完成约定的工作任务。

活动评价：

（1）参与勤工助学的学生，结合本次勤工助学工作中的得与失，总结经验，线上提交总结。

（2）活动组织者结合学生的总结，对学生的劳动状况进行点评。

（3）活动组织者对学生劳动的评价结果记录进入学生劳动教育档案中。

改进提高：根据劳动组织者的评价反馈意见、建议，结合自己的体验、感悟，在以后的劳动实践中不断改进工作，并在劳动中全面提高自己。

第三节　文体活动劳动实践

学习目标

1. 知晓国家加强文体劳动实践的重要意义；
2. 结合自身实际，积极参与校园文体活动劳动实践，增强劳动感受；
3. 主动了解国家、政府在文体活动劳动实践方面的政策。

案例导入

搭建美育平台，助力学生成才

2021年5月12日，全国第六届大学生艺术展演活动在成都圆满落幕，陕西工业职业技术学院入围全国大学生艺术展演的三个项目——朗诵《一条路一盏灯》、舞蹈《红船》、案例《"化美育德，艺技融合"理念下高职美育课程改革的创新与实践——以陕西工业职业技术学院为例》与本科院校同台竞技，荣获全国"一等奖"两项、"二等奖"一项、"优秀创作奖"一项，学院荣获"优秀组织奖"，是全国唯一荣获两项一等奖的高职院校，也是陕西省唯一荣获全国奖项的高职院校，展演成绩创学院历史新高。

全国大学生艺术展演活动由教育部主办，每三年一届，是我国目前规格最高、规模最大、影响最广的大学生艺术盛会，是全国高校艺术教育展示的最高舞台。本届大学生艺术展演我校所取得的优异成绩，真正提升了大学生的审美与人文素养，让学生真正成为美育工作的参与者和受益者，以美育工作促进学院德育、体育、劳动教育工作全面提升，强化美育育人成效，以美育促进学生成长成才，适应素质教育的新要求。

2020 年 3 月 20 日，中共中央国务院发布《关于深化教育改革全面推进素质教育的决定》，明确指出："实施素质教育，必须把德育、智育、体育、美育等有机地统一在教育活动的各个环节中。要加强体育、美育、劳动技术教育和社会实践，促进学生的全面发展和健康成长。"

加强体育、美育、劳动教育是实施素质教育的重要内容，是培育和践行社会主义核心价值观的有效途径，要培养德智体美劳全面发展的社会主义建设者和可靠接班人，就必须提升学校体育、美育、劳动教育工作水平，重视文体活动劳动实践育人作用，努力办好人民满意的教育。

▶ 一、加强文体活动劳动实践的重要意义

1. 加强体育、美育、劳动教育是全面贯彻党的教育方针的根本要求

以习近平新时代中国特色社会主义思想为指导，全面贯彻党的教育方针，落实全国教育大会精神，坚持立德树人，坚持培育和践行社会主义核心价值观，把劳动教育纳入人才培养全过程，贯通大中小学各学段，贯穿家庭、学校、社会各方面，与德育、智育、体育、美育相融合，紧密结合经济社会发展变化和学生生活实际，积极探索具有中国特色的劳动教育模式，创新体制机制，注重教育实效，实现知行合一，促进学生形成正确的世界观、人生观、价值观。

2. 加强体育、美育、劳动教育是促进学生全面发展的必然要求

全面发展表现为各方面素质的全面提升，全面提升学生各方面的素质，要依靠德智体美劳全面发展的教育。其中，思想道德素质是灵魂，智力素质是核心，身体素质是基础，审美修养素质是精华，劳动技能素质是助力。体育教育，可以促进学生身心健康、体魄强健；审美教育，可以以美养德、以美启智、以美健体；劳动教育，可以以劳树德、以劳增智、以劳强体、以劳育美、以劳创新。要切实转变教育观念，遵循教育规律和学生身心健康成长规律，全面落实国家课程标准，构建健全完善的体育、美育、劳动教育工作体系和科学高效的工作机制，将体育、美育、劳动教育贯穿于教育的全过程。

国家为什么要重视文体活动实践？谈谈你的看法。

▶ 二、加强文体活动劳动实践的指导思想和原则

1. 指导思想

全面贯彻党的教育方针，以立德树人为根本任务，落实全国教育大会精神，按照《国家中长期教育改革和发展规划纲要（2010—2020 年）》要求，将培育和践行社会主义核心价值观融入学校体育、美育、劳动教育全过程。树立健康第一的教育理念，让学生在体育锻炼中享受乐趣、增强体质、健全人格、锤炼意志；坚持以美育人、以文化人，提高学生的审美和人文素养；弘扬劳动精神，教育引导学生崇尚劳动、尊重劳动，懂得劳动最光荣、劳动最

崇高、劳动最伟大、劳动最美丽，培养和造就德智体美劳全面发展的社会主义建设者和接班人。

2. 基本原则

（1）坚持育人为本，面向全体的原则。遵循体育、美育、劳动教育特点和学生成长规律，使学生注重因材施教和快乐参与，让每个学生都享有接受体育、美育、劳动教育的机会。

（2）坚持课堂教学与课外活动相结合的原则。在体育教育活动中保证课程时间，提升课堂教学效果，强化课外练习和科学锻炼指导，确保学生每天锻炼一小时。

（3）坚持改革创新，协同推进的原则。加强美育教学改革，促进德智体美劳有机融合。结合院系专业特点，鼓励特色发展，在审美教育活动中形成"一系一品""一系多品"。

（4）坚持思想引领，实际体验的原则。在劳动教育活动中要通过劳动帮助学生形成健全的人格和良好的思想道德品质，要让学生直接参与劳动过程，增强劳动感受，体会劳动艰辛，分享劳动喜悦，掌握劳动技能，养成劳动习惯，提高动手能力和发现问题、解决问题的能力。

▶ 三、抓好文体活动劳动实践的关键环节

1. 构建科学的课程体系

科学定位体育、美育、劳动教育课程目标。按照专业人才培养方案和课程标准，开设丰富优质的课程，科学安排课程内容，加大实践活动比例。在学生掌握基本运动技能的基础上，大力推进足球、篮球、排球等集体项目；开设音乐、美术、戏剧、戏曲、舞蹈、影视等美育课程，参与社区文化艺术活动，学习优秀民族民间艺术，欣赏高雅文艺演出，参观美术展览等作为课外培养内容；上好《劳动实践》课程，开展校内外劳动活动，在学校的日常运行中渗透劳动教育，积极组织学生参与校园卫生保洁和绿化美化。

2. 加强渗透与融合

将体育、美育、劳动教育贯穿于学校教育的全过程，德育、智育、体育、美育、劳动教育相融合，与各专业教学和社会实践活动相结合。挖掘不同课程所蕴含的美育资源，充分发挥各门课程的美育功能，在教学中要加大动手操作和劳动技能、职业技能的培养，尤其是实践教学。建立与体育、美育、劳动教育有关的兴趣小组、运动队、社团，开展丰富多彩的实践活动。

3. 注重校园文化的育人作用

充分利用广播、电视、网络、教室、走廊、宣传栏等，营造格调高雅、富有美感、充满朝气的校园文化环境，以美感人、以景育人。结合学校的办学理念、育人目标、人文资源，充分发挥学校文化的美育功能，创新美育载体，丰富美育内涵，打造各具特色的美育文化，使学生获得审美愉悦，接受美的熏陶，形成正确的审美观。

4. 加强师资队伍建设

构建全员体育、美育、劳动教育机制。着力培育美育师资，通过骨干教师培训、外出参观考察、课题研究、开展教学竞赛等途径，提升教师的职业素养。加强师德建设，增强体育、美育、劳动教育教师的职业荣誉感，积极探索建设专兼职结合的教师队伍，广开渠道，

开门办学，聘请能工巧匠、专业技术人员担任兼职教师。

5. 加强教科研工作

要将学校体育、美育、劳动教育作为系统教科研课题开展理论研究和实践探索，制定教科研方案，确定课题，指导教师实施体育、美育、劳动教育。各教学单位要通过教科研提高师资水平，充分发挥骨干教师的作用，营造浓厚的教科研氛围，不断提升体育、美育、劳动教育效果。

▶ 四、抓好体育活动实践的具体措施

以全国学校体育工作会议精神，及教育部、国家体育总局、共青团中央关于开展全国亿万名学生阳光体育运动的决定为指导，积极贯彻"健康第一""每天锻炼一小时，健康工作五十年，幸福生活一辈子"的现代健康理念，全面实施《学生体质健康标准》，大力推动体育工作。

1. 体育课程改革

（1）进一步优化体育课程结构。依据《全国普通高等学校体育课程授学指导纲要》的规定，讲足、开好体育课程，促进课内外、校内外体育活动的有机结合。面向大一、大二学生，开设不同层次、多种类型、内容丰富的体育课程，形成大一建立基础，大二根据兴趣爱好、技术基础以及任课教师进行专项提高的课程体系和自主选课模式，真正赋予学生选择课程内容、上课时间和任课教师的自主权。

（2）深化体育课程教学方法改革。在遵循体育教育规律和体质健康发展规律的基础上，主张教学方法个性化和多样化，提倡师生之间、学生与学生之间的多边互助活动，努力提高学生参与活动的积极性。不仅要注重教法的研究，还要加强对学生学习方法的指导，提高学生自学、自练的能力。要充分发挥学生的主体作用和教师的主导作用，努力形成开放式、探究式教学。

2. 课外体育活动实施

（1）加强课外体育活动的管理。创新课外体育活动管理模式，制定阳光体育运动工作方案，将课外体育活动纳入学校教学计划，健全制度、完善机制、加强保障，保证学生每天锻炼一小时。学校认真组织落实每年的春季运动会、秋季体育节和系列学生体育比赛活动，参与体育节和运动会的学生人数要达到总人数的 50% 以上。学校在制订教学计划时，必须为当天没有体育课的学生预留课外体育活动时间，学生每周至少参加三次课外体育锻炼。

（2）充分发挥学生体育社团的纽带作用。加强校园体育文化建设，成立的学生体育社团不少于 8 个，采取鼓励和支持的态度定期开展活动。在体育教师的指导下，为培养学生自我组织、自我管理、自我锻炼的能力，要求学生在校期间每人加入一个及以上体育社团组织，并要求体育社团组织周周有活动、月月有安排，并建立考评奖励机制。

3. 运动队训练和竞赛管理

（1）加强学生课余训练与竞赛工作。注重培养学生的体育特长，充分发挥体育特长生和学生体育骨干的示范作用，组建学生田径、篮球、足球、乒乓球体育运动队，制定学习与训练相长、激励与约束并存的学籍管理制度，强化科学训练，不断提高体育竞赛水平，积极组织学生参加教育和体育部门举办的体育竞赛。

（2）有效激发教练员、运动员训练的积极性。将各级各类课余训练竞赛纳入教学计划

管理，校运动队教练员的日常训练纳入教学课时，参照学校制定的《辅导学生参加学科竞赛》标准发放课时补贴。加入课余训练竞赛运动队的学生，参照体育选修课的管理方式，按照要求为他们提供相应的公共选修课学分。

4. 学生体质监测

（1）全面实施《国家学生体质健康标准》。安排专门人员负责每年对大一、大二学生进行体质健康测试，测试成绩向学生反馈，并将测试结果上报至国家学生体质健康标准数据管理系统，形成本校学生体质健康年度报告，及时在校内公布学生体质健康测试总体结果。

（2）加强学生体质健康监测的评价。把学生体质健康状况列为衡量学校办学水平的重要评估指标和学生综合素质评价的重要内容。将学生的测试成绩列入学生档案，并作为对学生评优、评先的重要依据。毕业时，学生体质健康测试成绩达不到 50 分者按结业处理（因病或残疾学生，凭医院证明向学校提出申请并经审核通过后可准予毕业），毕业年级学生体质健康测试成绩及格率须达 95% 以上。建立学生体质健康状况分析和研判机制，要根据学生体质健康状况制定干预措施，切实改进体育工作。

▶ 五、抓好美育活动实践的具体措施

以习近平新时代中国特色社会主义思想为指导，落实《意见》的美育工作目标，全面加强和改进美育，适应素质教育的新要求。树立学院美育工作"一个体系、一种文化、一个品牌"的工作目标，一个体系即"三模块、三类型"美育课程体系，一种文化即"以文化人、以景育人、以美感人"的校园文化，一个品牌即"三全育人"美育特色品牌。以美育工作促进学院德育、智育、体育、劳动教育工作全面提升。

1. 构建以审美和人文素养培养为核心、以创新能力培育为重点的三模块、三类型美育课程体系

美育知识的来源包括通识教育、公共艺术教育、专业艺术教育等课程，也包括相关的社会实践，其中，公共艺术教育是最重要的美育载体。

整合校内外优势资源，完善美育课程模块，建设专门美育课程模块（中华传统文化模块、音乐模块和美术模块），将美育课程划分为必修课、限选课和公选课三种类型，通过美育促进德育、智育，潜移默化地提升广大大学生的综合素质。

（1）开设传统文化教育课程。在已开设课程的基础上，增添"中华传统文化""茶文化""中华民族精神""音乐赏析"等人文素养课程，进一步挖掘中华传统文化中的美育理念。我国传统文化中的"六艺"指的是"礼、乐、射、御、书、数"，根据这一传统，学校增加了音乐、美术、书法等课程，体现了美育的民族性，完善了美育课程体系，并将美育作为浸润学生心灵的重要途径。

（2）深化主体课程教学改革。强化"语文""音乐赏析"等主体课程的美学功能。"语文""音乐赏析"等课程教学对于全面培养和提高人文素质具有其他课程无法替代的优势；而在人文素质的培养中，美育教育的培养显得尤为重要，对于全面提高学生的综合素质，提高学生的逻辑思维能力、语言鉴赏能力以及审美能力都有着非常积极的推动作用。"音乐赏析"等课程应该进一步精选课程教学内容，创新教学设计和教学方法，引领学生深入挖掘和培养经典作品的高雅、优美、和谐、律动、友爱的美学情感，引导学生不断扩展作品的美学因素，由表及里地帮助学生获得人生感悟、陶冶性情、美化心灵。

（3）注重专业课程美育建设。在各专业课程中引入美育元素，将美育与工匠精神相融合，结合专业特点，让学生感受到巨匠大师的艺术魅力，从建筑之美、设计之美、雕琢之美中汲取营养，营造努力学习专业知识的良好氛围。

（4）抓好美育的网络教学。积极探索"互联网+"美育新模式，使用好超星、尔雅平台、智慧树平台，将选取优秀美育网络课程作为必修课或公选课，利用教学平台开展线上线下教学活动，推动信息技术与美育深度融合。

（5）建设特色美育师资团队。一流的师资队伍是推进美育工作的重要保障，学院要有一批语文、美术、音乐等科目的教学人才，在未来的美育工作中发挥基础保障作用；同时，充分利用艺术设计类专业已有的多名外聘教师的资源优势，聘请能够承担相关美育课程的线上线下教学任务的艺术界知名人士，开展各种美育讲座。

2. 形成格调高雅、富有美感、以美感人、以景育人、充满朝气的校园文化环境

深入挖掘校史资料和校友名人，重新规划建设校史馆；选取合适位置建设特色文化景观，展示行业、专业特色之美；进一步完善媒体宣传体系建设，加强美育与引导，宣传各单位在美育方面开展的工作。

（1）从源头整理校史，邀请已退休的学院老领导、教师和知名校友共同参与，回顾历史事件，挖掘著名校友和历史名人，进一步梳理校史资料，整理校史故事、校史人物的文字资料。

（2）对校史馆进行规划，结合校园室内外环境充分利用现有条件进行改造，分多个区域采用全开放和半开放的展示形式，组织师生广泛参与设计建设和后期开展讲解工作，形成"校史在身边"的浓厚文化氛围。

（3）打造校园特色文化景观。展现学院特色，体现校企文化融合行业这一特色，设置1~2处具有新技术特色的标志性景观。

（4）利用好校园内各类宣传阵地，宣传习近平新时代中国特色社会主义思想、中华优秀传统文化、工匠精神等内容；及时更新校园网相关栏目的内容，宣传美、营造美；微信、微博开设相关美学栏目，鼓励师生广泛参与，发现美、传递美；充分调动信息员和网络宣传员的力量，及时宣传各单位开展的各项美育活动；拓展学院媒体联盟的宣传方式，创新栏目形式。

3. 通过开展相关主题活动，形成"三全育人"的美育特色品牌

充分发挥校园文化的美育功能，创新美育载体，丰富美育内涵，广泛激发师生参与的热情，发挥社团作用，提供展示平台。

（1）在学雷锋月、五四、毕业季、新生入学、十一等重要节点开展"礼赞新中国奋进新时代"主题活动，弘扬中华优秀传统文化、革命文化和社会主义先进文化，融入区域文化、地方特色，展示行业、专业特色，引高雅艺术、国粹经典进校园。

（2）深入开展学院大讲堂活动，国学讲坛、道德讲堂、辅导员大讲堂等以弘扬中华优秀传统文化、深化社会主义核心价值观建设、弘扬工匠精神和劳模精神等为主题，邀请社会名人和知名校友来校讲座，培养学生发现美、接受美、欣赏美的能力。

（3）通过在全院范围内开展的"爱党、爱国、爱企、爱校、爱家"五爱精神文明建设系列活动，激发学生了解党史、国史，感受企业、学院以及家乡的发展变化之美，促进美育工作。

使学生长期处在"立体美"的"大美育"之中，营造一种浓厚的美育工作氛围，创新美育载体，丰富美育内涵，打造各具特色的美育文化。将美育贯穿于学生教育的全过程，挖掘不同课程中所蕴含的美育资源，充分发挥各门课程的美育功能，健全完善美育工作体系和科学高效的美育工作机制，提高师生参与的广度和深度，使学生获得审美愉悦，接受美的熏陶，形成正确的审美观。

知识拓展

綦江农民版画的美育与劳动教育价值

綦江农民版画起源于明清年间的木版年画，随后继续发展，产生了粉印农民版画和水印农民版画。因自身独特的文化内涵和地域特色，綦江农民版画于 2011 年被列为重庆市第三批非物质文化遗产项目。綦江农民版画拥有浓郁的民间风情和生活气息，是巴渝传统民间艺术的代表。其表现手法大胆粗犷，色彩厚重丰富，具有鲜明的个性特征和浓厚的乡土气息。作品大多取材于綦江人民的生产生活实践，而这些实践活动又离不开綦江人在劳动创造过程中对美的认知。綦江人正是在生活美、艺术美的精神引领下进行劳动创造，同时，又在劳动过程中创造着艺术，这种美术劳动顺其自然造就了著名的綦江农民版画。

綦江农民版画不仅是美术作品，而且是人民群众创造的劳动产品，教育价值颇高。其一是美育价值非常典型。綦江农民版画的构图完整饱满、造型夸张多变、色彩艳丽厚重，洋溢着浪漫的民间情调，艺术化的视觉感受和强烈的乡土气息赋予其极高的美育价值。其二是劳动价值十分突出。綦江农民版画是本地劳动群众在日常生活和劳动实践中创造出的具有地域性特征的文化产品，表现了当地人独特的劳动思维、劳动技能、劳动情感、劳动创造能力。可见，綦江农民版画具有淳朴的艺术特色和较高的艺术价值，在美术课堂中以其为载体进行教学，既能帮助学生提高审美能力、开阔美术视野、加强美术认知，又能培养他们的劳动意识，使之获得劳动技能，进而增强学生的民族自豪感和乡土情怀，促进其综合素质的全面发展。

课后作业思考

在日常学习生活中你参与的文体劳动实践活动有哪些？与同学们分享一下参与后的感受。

参 考 文 献

[1] 谢宏兰，刘英. 高职院校劳动教育学习与训练 [M]. 北京：北京理工大学出版社，2020.
[2] 朱忠义，等. 劳动教育与实践 [M]. 北京：北京理工大学出版社，2020.
[3] 青增计，等. 新时代劳动教育教程 [M]. 北京：航空工业出版社，2020.
[4] 陈森，等. 劳动教育 [M]. 成都：电子科技大学出版社，2020.
[5] 沈冠娟，等. 新时代劳动教育与实践 [M]. 成都：电子科技大学出版社，2020.
[6] 冯喜成，等. 新时代劳动教育理论与实践教程 [M]. 北京：首都师范大学出版社，2020.
[7] 李淑宁，等. 大学生劳动教育教程 [M]. 长沙：湖南师范大学出版社，2021.
[8] 霍江华，等. 大学生劳动教育 [M]. 北京：中国纺织出版社，2021.